Henri Troyat
Rasputin

Zu diesem Buch

Wunderheiler oder Scharlatan, Heiliger oder Wüstling, bauern-
schlauer Intrigant oder klug taktierender Politiker? Der Faszi-
nation dieses düster dreinblickenden Charismatikers mit dem
stechenden, etwas irren Blick kann man sich auch heute nur
schwer entziehen. Wie war es Rasputin, dem analphabetischen
Bauernsohn aus der entlegensten sibirischen Provinz, möglich
gewesen, eine solche Macht über den Zaren und seine Gattin
und damit in einem Riesenreich wie Rußland zu gewinnen? Be-
rühmt wurde er unter anderem dadurch, daß er mit vermeint-
lich magischen Kräften den an der Bluterkrankheit leidenden
Thronfolger zu heilen vorgab. Er wurde schließlich zu einer so
starken Belastung der Monarchie, deren Untergang er nicht
nur vorausgesagt, sondern maßgeblich beschleunigt hatte, daß
er 1916 ermordet wurde. – Henri Troyat zeichnet ein fundiertes
Bild dieser schillernden Persönlichkeit, ihrer Ausschweifungen, ihres Machtinstinkts und ihrer hellseherischen Gaben.

Henri Troyat, geboren 1911, französischer Schriftsteller armeni-
scher Herkunft, hat etwa zwanzig Biographien großer russischer und französischer Persönlichkeiten sowie dreißig historische Romane geschrieben, die weltweit übersetzt wurden.

I

POKROWSKOJE

Ein Junge wie viele andere auch, streitsüchtig, lügenhaft, langfingrig und ungebärdig, den die Bewohner des sibirischen Dorfes Pokrowskoje als ersten verdächtigen, wenn ein Huhn aus dem Hühnerhof, ein Schaf aus dem Schafstall verschwindet. Dabei fehlt es der Familie des angeblich Schuldigen, des kleinen Grigorij Rasputin, an nichts. Seine Eltern, Jefim und Anna, sind wohlhabende Bauern. Ihr Haus hat acht Zimmer, zu ihrem Gut gehören mehrere Dekatinen[1] Land, sie besitzen genügend Vieh und gute Arbeits- und Zugpferde. Der Vater ist Landwirt und Fuhrunternehmer. Er verdient gut. Die Mutter hat zwei kräftigen, aufgeweckten Jungen das Leben geschenkt: zunächst Michail und zwei Jahre darauf Grigorij. Letzterer, am 10. Januar 1869 geboren, trägt seinen Vornamen zu Ehren des heiligen Gregor von Nizäa, der von der orthodoxen Kirche an diesem Tag gefeiert wird. Woher der Name Rasputin kommt, weiß niemand so genau. Er könnte auf das Wort *rasputstwo* zurückgehen, das Ausschweifung bedeutet, oder auf *rasputje,* Wegkreuzung, oder auf *rasputat:* verwickelte Beziehungen und Situationen klären. Und tatsächlich rechtfertigt der Ruf von Grigorijs Vater all diese Auslegungen: Er schaut gern zu tief ins Glas, er ist als Fuhrmann mit den großen Verkehrswegen vertraut und schlau genug, um kleine Streitfälle unter seinesgleichen zu entwirren. Die Erziehung seiner Kinder kümmert ihn nicht. Da es noch keine Schulpflicht gibt und sich der Klerus vor allzu wissensdurstigen Muschiks eher hütet, sieht Jefim durchaus keinen Grund, weshalb er seine Sprößlinge zur Schule schicken sollte. Seiner Meinung nach werden sie mehr lernen, wenn sie mit offenen Augen durch die Welt laufen, als wenn sie mit anderen Bengeln zusammen auf den Schulbänken ihre Hosenböden durchscheuern. Michail und Grigorij wachsen also auf den Feldern auf, helfen so gut es geht bei der Arbeit mit, lernen weder lesen noch schreiben und sind bei allen Spielen und Streichen der Schlingel ihres Alters mit dabei. Ihre Schule ist das Land mit seinen grenzenlosen Weiten, mit dem Geheimnis seiner Wälder und Ebenen, der List seiner Wildtiere und dem Aberglauben eines Volkes, das zutiefst mit seinen ländlichen Traditionen und dem orthodoxen Glauben verbunden ist.

Tatsächlich liegt Pokrowskoje am Ende der bewohnten Welt. Man weiß hier kaum etwas davon, daß es weit weg, in Rußland, riesige Städte wie Sankt Petersburg oder Moskau gibt, die von Geschäftigkeit, Reichtum, Lichtern und Uniformen strotzen, aber man beneidet die »Privilegierten« nicht, die dort leben. Die Bewohner des Dorfes, das sich am linken Ufer der Tura, eines Nebenflusses der Tobol, entlangzieht, wandern mit ihren Gedanken nicht über Tobolsk und Tjumen hinaus. Anderswo ist unbekanntes Land, ein anderer Planet. In Pokrowskoje lockt es keinen, nachschauen zu gehen. Es lebt sich so gut in dieser bäuerlichen, vertrauten Welt hinter den Bergen, die nie die Leibeigenschaft kannte und durch die natürliche Schranke des Urals vor den Übeln der Zivilisation gefeit ist! Ein Paradies für Kinder, denen nichts über frische Luft und Freiheit geht! Michail und Grigorij wissen das genau und verpassen keine Gelegenheit herumzustreunen: auf ihren Streifzügen außerhalb des Elternhauses paßt niemand auf sie auf. Eines Tages, während sie sich lachend auf der Uferböschung der Tura balgen, verlieren sie in einer falschen Bewegung das Gleichgewicht und purzeln in den Fluß. Sie werden von der Strömung mitgerissen, schaffen es jedoch, das Ufer wieder zu erreichen. Aber sie haben sich im Wasser erkältet. Eine Lungenentzündung kommt zum Ausbruch. Es gibt keinen Arzt in der Nähe. Die Dorfhebamme pflegt die beiden zähneklappernden und phantasierenden Kranken auf ihre Art.

Michail stirbt, und Grigorij kämpft mehrere Wochen lang gegen das Fieber und herzzerreißende Husten- und Erstickungsanfälle an. Ganz Pokrowskoje betet für ihn. Man hat sein Bett in die Küche gestellt, damit er von der Wärme der Herdes profitieren kann. Eines Morgens, als man auch ihn schon verloren glaubt, setzt er sich in seinen Decken auf und sagt mit kaum hörbarer Stimme: »Ja! O ja! Ich will es, ich will es!« Dann fällt er auf sein Kopfkissen zurück und schläft friedlich ein. Beim Aufwachen lächelt er seinen Eltern zu, die über diese wunderbare Auferstehung völlig verblüfft sind. Von Fragen bestürmt, erzählt der Kleine, eine schöne Frau in einem weißblauen Kleid sei ihm im Schlaf erschienen und habe ihm befohlen, gesund zu werden. Der zur Bestätigung des Phänomens herbeigerufene Pope zeigt sich überzeugt: Dem Kind ist die Heilige Jungfrau erschienen. Es wurde von ihr für ein großes Schicksal auserwählt. Und vor dem staunenden Jungen zieht er daraus den Schluß: »Eines Tages wird sie wiederkommen und dir sagen, was sie von dir erwartet.«[2]

Die Prophezeiung macht im Dorf die Runde. In dieser abgelegenen Provinz bildet die Religion die Grundlage des Alltagslebens. Keine Bewegung, die nicht im Himmel ihren Widerhall fände. So glauben die Frauen und Männer trotz ihrer zügellosen Instinkte an Wunder, an Erscheinungen, an warnende Fingerzeige aus dem Jenseits, an die heilsame Wirkung gewisser Pflanzen, an die magische Kraft des Kreuzzeichens, an das Gespräch der Seelen mit Gott, vor den Ikonen. Die derbe Leiblichkeit geht bei ihnen mit dem reinsten Glaubenseifer einher. Mag man sich auch zuweilen aufführen wie ein Schwein, so ist man doch des Herrgotts liebstes Kind.

Mehr als irgend jemand sonst ist der kleine Grigorij überzeugt, von den himmlischen Mächten mit besonderer Aufmerksamkeit bedacht worden zu sein. Seine Krankheit hat ihn geschwächt, er ist manchmal wirr im Kopf, hat schwache Nerven. Er schläft schlecht, weint oft grundlos und beklagt sich, daß »die schöne Frau im blauweißen Kleid« ihn nicht mehr besucht. Dazu hat Michails Tod ein großes Loch in sein Leben gerissen. Er wundert sich, daß er keinen Bruder mehr hat und fragt sich, was wohl aus diesem so pfiffigen, fröhlichen Spielgefährten geworden ist. Warum hat ihn die Heilige Jungfrau in ihren Armen weggetragen und ihn selbst auf der Welt zurückgelassen?

Er sinnt über dieses Rätsel nach, während er auf dem Hof die Fohlen füttert und striegelt. Im Stall verkrochen, spricht er mit ihnen wie mit Menschen. Und er ist überzeugt, daß die Tiere ihn verstehen. Die Tiere, denkt er, sprechen die gleiche Sprache wie er: die Sprache der Einfachheit. Mehrmals schon hat er, als das Pferd eines Nachbarn verschwand, spontan den Namen des Diebs und das Versteck erraten. Um ihn herum flüstert man, er besitze trotz seines jugendlichen Alters das Zweite Gesicht.

Im Laufe der Zeit fühlt er sich immer mehr zu den Vagabunden hingezogen, die im Land herumstreunen, sich als »Starez«, als Auserwählte Gottes ausgeben, die Gastfreundschaft der Isbas, der Holzhütten, in Anspruch nehmen und den staunenden Bauern von ihren Reisen in weit entfernte Klöster erzählen, von Wundern, die sie auf den Gräbern der Seligen erlebten, und von Erleuchtungen, die sie im Gebet erfuhren. Die bärtigen, blutarmen, in Sackleinen gekleideten Gesellen mit ihrem Pilgerstab in der Hand haben das ganze Licht des Himmels in ihren Augensternen und in ihrer Stimme die ganze Weisheit des Evangeliums. Sie haben aus freiem Willen die Armut gewählt, sie leben vom Brot der anderen und bezahlen ihre Wohltäter mit erbaulichen Geschichten, mit düsteren Prophezeiungen und mit Genesungsformeln. Jefim Rasputin nimmt sie gerne bei sich auf. Dann sitzt jeweils die ganze Familie um den Neuankömmling zusammen und hört seinen Reisegeschichten zu. Bei diesen Boten von der Rückseite der Welt ist Grigorij ganz Auge und Ohr. Er träumt davon, es ihnen einst nachzutun, und zwar so bald wie möglich. Mit seinem Bündel auf der Schulter, einem Knüttel in der Faust endlos auf Wanderschaft sein, kreuz und quer, sich den Lebensunterhalt erbetteln und unbekannten Menschen Gottes Wort verkünden, während man zugleich neue Gegenden entdeckt! Was tut es, daß er nichts ist als ein unwissender Analphabet: Er hat eine Kraft in sich, denkt er, eine innere Weisheit, die ihm der Allerhöchste während der Krankheit eingab, an der er beinah gestorben wäre. Er möchte rasend werden, daß er noch zu jung ist, um seinen Angehörigen entwischen zu können. Aber die Jahre vergehen. Aus dem Kind wird ein labiler Heranwachsender, der zu Träumereien neigt, die Halluzinationen gleichen. Mit der Zeit kann er seine Eltern von seiner Berufung zum Pilger überzeugen, und von dieser Tag für Tag sich festigenden inneren Gewißheit beeindruckt, läßt ihn sein Vater schließlich ziehen.

Grigorij beginnt damit, zu den Heiligtümern der Umgebung zu pilgern, sucht die Einsiedler der Gegend auf, wundert sich über das Elend, den Dreck, in dem sie leben, und über die Kasteiungen, die sie sich auferlegen, um den Leiden Christi näherzukommen. Nach seiner Rückkehr ißt er jeweils eine Zeitlang kein Fleisch mehr und verzichtet auf Süßigkeiten. Aber es gibt Versuchungen, denen selbst eine gestählte Seele nicht widersteht. Mit neunzehn Jahren lernt er auf dem Fest des benachbarten Klosters Abalatsk ein bezaubernd sittsames junges Mädchen kennen, dessen blonde Haare und tiefschwarze Augen ihn augenblicklich entflammen. Praskowja ist vier Jahre älter als er. Er heiratet sie. Wie der Brauch es will, zieht die junge Frau ins Haus ihres seit kurzem verwitweten Schwiegervaters ein.

Die Ehe beginnt friedlich, aber Praskowja beklagt sich darüber, daß Gott ihre Verbindung allzu lange nicht mit einer Geburt segnen will. Weder Grigorijs Gebete noch die Salben der Hebamme können sie von ihrer Unfruchtbarkeit heilen. Endlich bringt sie einen Sohn zur Welt. Grigorij frohlockt. Aber der Säugling stirbt im Alter von sechs Monaten.

Dieses unverdiente Leid empört Grigorij zutiefst. Als wollte er sich für einen Verrat des Ewigen Vaters rächen, verfällt er in ein Leben der Ausschweifung und der Räuberei. Er, der Gläubige, der Enthaltsame beginnt zu trinken, mit Frauen zu schlafen. Praskowja darf nur eins: den Mund halten. 1892 klagt man ihn an, Zaunpflöcke gestohlen zu haben. Die Dorfversammlung verurteilt ihn zu einer einjährigen Verbannung. Er benützt die Gelegenheit, um zum Kloster von Werchoturje zu pilgern, das vierhundert Kilometer nordwestlich von Pokrowskoje liegt. Zu dieser langen, mühseligen Reise bricht er ohne Zorn, in einem Geist der Bußfertigkeit und der Neugier auf. Er ist dreiundzwanzig Jahre alt. Zweifellos hat er den Alltagstrott des väterlichen Hofes und Praskowjas Gejammer satt. Sie ist wahrhaftig nur zum Tratschen und für den Haushalt zu gebrauchen. Aber wo ist die Seele, in alledem? Grigorij hat, wie man in Rußland sagt, eine »großzügige Natur«. Nach jahrelangem Stubenhockerdasein verspürt er das Bedürfnis, den Horizont zu wechseln, sich im Umgang mit gelehrten Eremiten das Herz reinzuwaschen und sich selbst zu beweisen, daß er imstande ist, sich auf der Suche nach der Wahrheit die Füße wundzulaufen. In der Nähe von Werchoturje macht man ihn auf einen Asketen aufmerksam, den Starez Makarij, der einsam im Wald lebt und sich Fesseln anlegt, um sein Fleisch abzutöten. Nach dem Volksglauben ist der Starez nicht immer ein Mönch. Es kann auch ein Mensch aus bescheidenen Verhältnissen sein, dem Gott die Gabe verliehen hat, seinen Mitmenschen Licht zu bringen. Er muß nur das Zweite Gesicht besitzen und es verstehen, das Leid und die Zweifel derer, die

1: Rasputin mit seinen Kindern auf dem Hof in Pokrowskoje.

ihn um Rat anflehen, mit Worten zu lindern. Mehr verlangt man nicht von ihm. Im besten Fall sollte seine Kenntnis der Heiligen Schrift seiner Kenntnis des menschlichen Herzens ebenbürtig sein. Je einfacher und armseliger er selber ist, desto mehr Macht hat er über die Sünder, die seinen Segen erbitten.

Wie viele andere vor ihm unterwirft sich Grigorij, dankbar und verwundert, Makarijs starkem Einfluß. Der Starez bringt ihm die Grundbegriffe des Lesens und des Schreibens bei, hilft ihm, die Bibel zu entschlüsseln, und erzählt ihm so beredt von der anderen Welt, daß Grigorij völlig verwandelt ins Dorf zurückkehrt. Manche finden sogar, er sei nicht ganz richtig im Kopf. Oft zeigt er einen verstörten Gesichtsausdruck. Er ist so nervös, daß er manchmal jäh beginnt zu gestikulieren, sich zu bekreuzigen und ein Kirchenlied zu singen. Bald niedergeschlagen, bald krankhaft erregt, gibt er zusammenhanglose Sätze von sich, stolpert stotternd über Wörter und beruft sich bei jeder Gelegenheit auf den Willen Gottes. Praskowja hat den Eindruck, daß ihr Mann weder ganz ein Mensch noch ganz ein Heiliger ist. Sie wagt ihm nicht zu widersprechen, wenn er verkündet, er müsse unbedingt von Zeit zu Zeit dem Haus entfliehen. Selbst wenn er in der Holzhütte ein und aus geht, hat man den Eindruck, er sei anderswo. Makarij hat ihm vorausgesagt, daß er sein Heil in der Wanderschaft finden werde, und so macht er sich wieder auf den Weg.

Er pilgert ohne bestimmtes Ziel von Kloster zu Kloster, schläft bei den Mönchen oder bei den Bauern, ißt, was ihm aufgetischt wird, und dankt es seinen Gastgebern mit Gebeten und Predigten. Er ist ein Landstreicher, ein *Strannik* geworden, und es zieht ihn immer weiter in die Ferne. So unternimmt er eine Pilgerfahrt nach Nordsibirien, ins Kloster von Bolok. Dann, 1893, beschließt er, mit Dmitrij Petschorkin, einem Freund, die Heimat der tugendhaftesten und strengsten aller Mönche, den heiligen Berg Athos in Griechenland zu besuchen. Eine lange Wanderung durch ein Land, dessen Sprache er nicht spricht. Was nicht hindert, daß ihn alles ungemein entzückt, was er in diesen Zufluchtsstätten der orthodoxen Frömmigkeit zu sehen und zu hören bekommt. Petschorkin ist von der Ordensregel der Zönobiten derart fasziniert, daß er bei der Bruderschaft bleibt, aber Grigorij, den die Überraschungen der weiten Welt mehr locken als die geistigen Freuden des Asketentums, macht sich wieder auf, um neue Gegenden und Menschen zu entdecken.

Nach Rußland zurückgekehrt, unternimmt er noch eine dreijährige Pilgerreise zur Lawra der Dreifaltigkeit des Heiligen Sergius von Kiew, auf die Inseln Solowki, Walaamo, Sarow, Potschaew, zu den Einsiedeleien von Optina und Nilow und zu anderen kirchlichen Wallfahrtsorten und Wunderstätten. Aber er richtet es immer so ein, daß er im Sommer einmal in Pokrowskoje auftaucht. Während dieser kurzen Aufenthalte zu Hause arbeitet er auf dem Hof und auf den Feldern mit, wendet mit seinem Vater das Heu, bringt die Ernte ein und erfüllt seine eheliche Pflicht gegenüber seiner Frau. In diesen Zeiten ruhigen Familienlebens sammelt er Kraft für neue Pilgerreisen. Außerdem haben seine Aufenthalte in Pokrowskoje zur Folge, daß Praskowja dreimal schwanger wird: Im Jahr 1895 kommt Dmitrij zur Welt, 1898 Matrjona, genannt Maria, und 1900 Warwara.

Grigorij freut sich zwar über diese dreifache Vaterschaft, Vorrang aber hat für ihn die Verbreitung von Gottes Wort. Seitdem er die verschiedenen heiligen Stätten der Orthodoxie besucht hat, fühlt er sich mit einer noch unklaren, aber sehr dringlichen Mission betraut: den anderen die lichtvolle Gewißheit zu vermitteln, die ihn erfüllt. Er ist von einer Aura des Vertrauens umgeben. Viele Dorfbewohner sehen in ihm schon einen Heiler von Leib und Seele. Durch diese Popularität ermutigt, mietet er in der Nähe seines Hofes ein Haus und baut dessen Keller zu einer Art unterirdischer Betkapelle aus. Mit Hilfe einiger Nachbarn wird der Raum an den Seiten mit Steinbänken ausgestattet, man gräbt Nischen in die Wände, welche die bescheidenen Reliquien aufnehmen sollen, die Grigorij von seinen Reisen mitgebracht hat. In dieser verborgenen Kapelle empfängt er all jene, die das Bedürfnis verspüren, durch seine Stimme Trost zu finden.

Vor allem Frauen drängen sich zu diesen mystischen Versammlungen. Man erörtert Bibelsprüche, kommentiert jedermanns Unglück, sucht Trost im Gebet. Dann lassen die Anhänger, vom heiligen Eifer beflügelt, ihrer Nächstenliebe freien Lauf und man tauscht zwischen »Brüdern« und »Schwestern« Küsse aus. Zuweilen begibt sich auch die ganze Gruppe ins Schwitzbad. In der Hitze des Dampfes nehmen Männer und Frauen reinigende Waschungen vor. Man geißelt sich sanft mit Zweigen, um die Blutzirkulation anzuregen, wie es in den öffentlichen Bädern üblich ist. Man liebt sich sogar manchmal auf dem nassen Boden, außerehelich, und dankt Gott für die Freuden, die er seinen elenden Geschöpfen solcherart gewährt.

Rasputin hat jedoch nicht nur Anhänger im Dorf. Manche finden, er gehe zu weit und paktiere mit dem Bösen. Das Echo seiner Saturnalien verhallt nicht ungehört in der Umgebung. Durch die Ausschweifungen seiner Schäfchen und die Konkurrenz, die ihm Grigorij mit seinen Predigten macht, beunruhigt, verfaßt der Pope Pjotr Ostroumow 1901 einen Bericht, den er an Seine Exzellenz Antonij, den Bischof von Tobolsk abschickt. Darin prangert er Rasputin unumwunden als Mitglied der *Chlysten* an. Eine überaus schwerwiegende Anschuldigung, denn diese auch als Geißlersekte bekannte Glaubensrichtung, die im 17. Jahrhundert nach der vom Patriarchen Nikon unternommenen Reform der liturgischen Bücher entstand, erkennt die neuen Riten der orthodoxen Kirche nicht an.

Die Moral der *Chlysten* war anfänglich von strenger Askese geprägt. Aber bei ihren Versammlungen gab es Anlässe zu

2: Rasputin und seine Anhängerschaft in Pokrowskoje.

»Inbrunstanwandlungen«, die bald in Orgien ausarteten. Man gab sich zunächst rhythmischen Tänzen hin. Weiß gewandete Männer und Frauen drehten sich rings um einen mit »Weihwasser« gefüllten Trog immer rascher um sich selbst, bis der Wirbel sich in einer hysterischen Szene entlud, die der »Ausgießung des Heiligen Geistes« entsprach. Auf dem Höhepunkt dieses Taumels suchten sich die Körper zugleich mit den Seelen. Und die Zeremonie ging nicht selten mit kollektiven Geißelungen und Kopulationen zu Ende. Mit diesen gehäuften Ekstasen zielten die Schismatiker nicht auf eine simple erotische Befriedigung ab: Es ging ihnen vielmehr um die Vernichtung der Sünde durch die Sünde selbst. Sie erhoben sich zu Gott, indem sie sich in den Schmutz herabließen. Von der Kirche verflucht, mußten sie sich verstecken, um den Verfolgungen zu entgehen. Aber die Irrlehre zog trotz aller Anstrengungen des Klerus und der Polizei immer weitere Kreise im Land.

Es steht nicht fest, daß Rasputins Anhänger es mit ihren Provokationen und Ausschweifungen so weit trieben. Der von Seiner Exzellenz Antonij zur Untersuchung herbeorderte Priester äußert sich jedenfalls beruhigend. Weder beim Besuch der unterirdischen Betkapelle noch bei der Inspektion der Schwitzbäder hat er Spuren der von Pope Pjotr Ostroumow geschilderten Bacchanale gefunden. Mangels Beweisen verzichtet man darauf, Rasputin zu verhaften. Aber sein Dossier wird im Archiv des Bischofssitzes aufbewahrt, um, falls es erneut zu Klagen kommen sollte, dem Heiligen Synod in Sankt Petersburg überstellt zu werden.

Unterdessen versammelt Rasputin weiterhin »Brüder« und »Schwestern« um sich, die das Bedürfnis verspüren, in der Sünde wie in der Gnade miteinander zu kommunizieren. Sicher nimmt die allzu brave und allzu naive Praskowja nicht an den Praktiken der Eingeweihten teil. Obgleich sie Grigorij im Verdacht hat, eine persönliche Religion zu predigen, hütet sie sich, ihn zu kritisieren oder auch nur zu überwachen. Ein Ehemann hat grundsätzlich jedes Recht. Und der ihre hat ein solches Feuer im Blick, daß er nichts anderes als ein moderner Apostel auf dieser Erde sein kann. Als Ehefrau hat sie nur die Pflicht, ihn in keiner Weise zu behindern. Im übrigen ist er bestimmt in der Wahrheit, denn seine Lehre findet in der Gegend mehr und mehr Anklang. Sein Andachtskeller steht allen offen, die den inneren Frieden suchen. Er lehrt sie die rituellen Gesänge und Tänze der *Chlysten*. Und mit wachsender Selbstsicherheit drückt er auch seine von dieser Sekte inspirierte Lehre klarer aus: Das Böse ist notwendig, damit das Gute triumphieren kann. Der Herr liebt seine Geschöpfe nur, wenn sie sich durch ein Bad im Sündenpfuhl gereinigt haben. Diese freizügige Theorie kommt dem kräftigen, urwüchsigen Temperament Grigorijs entgegen. Unfähig, Keuschheit und Enthaltsamkeit zu üben, entscheidet er, daß die irdischen Freuden dem Himmlischen Vater lieb und wert sind. Viel lieber jedenfalls als die verhärtende Tugend der Gerechten! Was wäre die Reue ohne Sündenfall? Nur wer bis zu den Knien im Schmutz steckt, kann sich mit der Aussicht, Gottes tröstendem Blick zu begegnen, wieder aufrichten. Gott selbst drängt seinen Diener Grigorij, Unzucht zu treiben, sich zu betrinken und bis zur Erschöpfung zu tanzen. Sobald er dieses Abführmittel eingenommen hat, wird er für einige Zeit wieder würdig sein, den Rat von oben zu vernehmen. Indessen zieht man im Dorf wieder über ihn her. Um Rasputins Haus hängt ein brenzliger Geruch in der Luft. Wird es zu einer zweiten Denunzierung kommen?

Rasputin, für den der Besuch des ermittelnden Priesters ein warnender Fingerzeig war, hält es für besser, sich einige Zeit abzusetzen, und bricht zu einer langen Reise auf. Fast drei Jahre lang führt ihn sein frommer Pilgerweg von Stadt zu Stadt, vom heiligen Kiew, wo er das Höhlenkloster besucht, nach Kasan, dem Sitz einer der vier Theologischen Akademien Rußlands. In dieser ganz von Gebetsgemurmel summenden, ganz von Glockenklängen vibrierenden Stadt lernt er einen Pelzwarenhändler kennen, der ihn, von seinem durchdringenden Blick und seiner sturzflutartigen Beredsamkeit beeindruckt, einigen Geistlichen aus seinem Freundeskreis vorstellt: Vater Michail vom Großen Seminar, Vikar Chrysanthe, dem Leiter der russischen Mission in Korea, und Bischof Andrej. Von den Weissagungen dieses zugleich ungebildeten und inspirierten Neuankömmlings fasziniert, rät ihm Vater Michail, die Theologische Akademie von Sankt Petersburg aufzusuchen, wo er sicher aufmerksame Ohren finden werde. Damit sich ihm auch die Türen öffnen, gibt er ihm sogar ein Empfehlungsschreiben für den Archimandriten Theophanes persönlich mit. Darin heißt es ausdrücklich, besagter Grigorij Rasputin sei ein überzeugter Starez und ein aufrichtiger Seher.

Mit solcher Wegzehrung versehen, zögert Rasputin nicht länger. Vergessen ist die Chlystenepisode, vergessen das Geschwätz der Nachbarn und die Mißgunst des kleinen Popen im Heimatdorf! Wenn die offizielle Kirche ihn unterstützt, muß er handeln, sich über alle Hindernisse hinwegsetzen, die Hauptstadt erobern.

So wie er das sieht, ist das durchaus nicht ein vom Ehrgeiz diktiertes Manöver. Ihn lockt nicht Petersburgs Glanz, sondern die außerordentlich große Zahl von Männern, die im Geruch der Heiligkeit stehen und sich hier zu ihren Tagungen versammeln. Bei ihnen wird er seine Gaben als Heiler und seine Kenntnis der wahren Religion vervollkommnen können. Alles, was er künftig unternimmt, davon ist er überzeugt, wird nur zum Ruhme Gottes geschehen. Er hat ein wenig Geld von zu Hause mitgenommen. Gerade genug, um sich die Reise mit Schiff und Eisenbahn leisten zu können, ohne lange Fußmärsche machen oder betteln zu müssen. Für ihn beginnt ein neues Leben. Und vielleicht, denkt er, für das fromme, selige Rußland auch.

II

GRIGORIJ, EIN MANN GOTTES

Als Rasputin im Frühjahr 1903 in Sankt Petersburg eintrifft, ist er vierunddreißig Jahre alt. Ein Bauer von schöner Gestalt, mager, mit langen, glatt anliegenden Haaren und einem buschigen Bart. Auf der Stirn ein Wulst und eine Narbe, darunter eine lange Riechernase. Aber vor allem seine Augen fesseln die Aufmerksamkeit. Sein Blick hat einen stählernen Glanz und eine magnetische Starre. Ein in der Taille mit einem Gürtel zusammengeschnürter Leinenkittel reicht ihm bis halb auf die Oberschenkel hinunter. Seine weite Hose steckt in Stiefeln mit hohen Schäften. Trotz dieser bäurischen Aufmachung fühlt er sich in jeder Umgebung wohl. Was sein Gesprächspartner auch für einen gesellschaftlichen Rang haben mag, er fragt ihn, von einer seelenruhigen Indiskretion getrieben, sogleich über seine intimen Lebensprobleme aus. Und während der andere verdutzt und so gut es geht zu antworten versucht, mustert er ihn mit unersättlicher Neugier. Dieses Verhalten entspringt bei ihm keineswegs dem Drang, sich aufzuspielen, sondern dem echten Bedürfnis, das Geheimnis der Menschen zu ergründen, denen er begegnet. Die Tatsache, daß er sozusagen Analphabet ist und gewisse Schwierigkeiten beim Sprechen hat, hindert ihn nicht, bei jeder Gelegenheit mit Predigten und Weissagungen loszulegen. Er spricht stoßweise, verstümmelt Worte, verknüpft die Sätze nicht, aber sein rednerischer Schwung schlägt selbst Skeptiker in Bann. Manchmal unterbricht er seine Rede, macht ein paar Schritte, stellt sich an ein Fenster, faltet die Hände und betet. Was manche für demonstratives Gehabe oder für eine Pose halten, entspricht in seiner Vorstellung der Notwendigkeit, sich von Zeit zu Zeit zurückzuziehen, um besser mit demjenigen zu kommunizieren, der ihn inspiriert. Indem er sich in Gedanken mitten in einem Salon oder einer Holzhütte von der Welt absondert, konzentriert und verstärkt er seine Energie im Hinblick auf neue Kämpfe.

Dieselbe Gleichgültigkeit dem Gerede der Leute gegenüber kennzeichnet auch seine Tischsitten. Getreu seinem Jugendgelübde ißt er weder Fleisch noch Süßigkeiten. Fisch ist seine Lieblingsspeise. Er schlürft geräuschvoll seine Suppe und ißt gern mit den Fingern. Er liebt auch hartgekochte Eier, Gemüse, mit Salz bestreutes Schwarzbrot und trinkt zu jeder Tageszeit Tee. Trotz seines schlampigen Äußeren ist er körperlich einigermaßen sauber, dank der ländlichen Sitte der Schwitzbäder sogar gepflegter als manche Städter.

Ganz zu Anfang machen ihm das ungeheure Gewimmel in Sankt Petersburg, die Höhe und Schönheit der Bauten, der Glanz der Kirchen, der Luxus der Geschäfte und Equipagen, die gewichtigen Mienen der Passanten, die Überfülle an Uniformen und die diffuse Präsenz der kaiserlicher Allmacht schon Eindruck. Ob auf der Straße oder im Innern eines Hauses, es kann einem unmöglich verborgen bleiben, daß der Zar, die Minister, die Gendarmen überall sind, alles sehen, alles hören. In Pokrowskoje ist man meilenweit von den Machthabern entfernt; hier riecht man ihre Anwesenheit heraus, wie einen Geruch in der Luft, die man atmet. Man muß sich daran gewöhnen, wenn man vorwärtskommen will. Aber vorwärts – wohin? Rasputin weiß es selber nicht recht. Aber wie in Werchoturje, wie in Kiew, wie in Kasan vertraut er auf Gott, der versprochen hat, ihn auf den rechten Weg zu führen. Als erstes geht er in die Alexander-Njewskij-Lawra, verneigt sich vor den Reliquien, läßt für drei Kopeken eine Messe lesen und spendet

3: St. Petersburg, Newskij-Prospekt, im Hintergrund der Turm der Alten Admiralität, um 1900.

zwei für eine Kerze. So gestärkt bricht er zum Sturm auf die geistlichen Kreise der Hauptstadt auf.

Dank seinem Empfehlungsschreiben wird er vom Inspektor der Geistlichen Akademie von Sankt Petersburg, Seiner Exzellenz Theophan, empfangen. Der von einem glühenden Mystizismus beseelte, strenggläubige Prälat ist von der urtümlichen Begeisterung seines Besuchers beeindruckt. Er hat die mondänen Priester satt und sieht in ihm ein reines Produkt der russischen Erde, einen Christen der ersten Stunde, welcher der Lehre Jesu noch nahe steht. Nicht einen Mann der Kirche, sondern einen Mann Gottes. Die Tatsache, daß es sich um einen Bauern ohne Manieren handelt, der sich in einer fehlerhaften Sprache ausdrückt, macht ihn in den Augen des Archimandriten nur noch glaubwürdiger. Seit langem sucht die geistliche Obrigkeit Mittel und Wege, das Gewissen der höheren Kreise wachzurütteln, die unter westlichem Einfluß und durch die Auswüchse der Zivilisation den Sinn für die wahren Werte der Orthodoxie verloren haben. Um diese allzu zivilisierten Leute zum Glauben ihrer Vorfahren zurückzuführen, braucht es einen geistigen Schock. Und kann dieser Schock nicht von Rasputin kommen? Ist er nicht der von der Vorsehung geschickte Mann, der die Ungläubigen mit dem Himmel und das Volk mit dem Zaren versöhnen wird? Auf einmal erfüllt Theophan die Gewißheit, den Seelenerwecker, nach dem er seit Jahren schon vergeblich verlangte, in Reichweite vor sich zu haben. Er lädt bedeutende Vertreter des Klerus ein, das Phänomen zu prüfen. Einer nach dem andern lassen sich Bischof Sergej, der Rektor der Geistlichen Akademie, Vater Benjamin, der den Religionsunterricht erteilt, Bischof Hermogen, der Wortführer der Orthodoxie, der Mönchpriester Iliodor (mit seinem richtigen Namen Sergej Trufanow) von den Tugenden des frisch aus Sibirien hereingeschneiten Predigers in Kaftan und Stiefeln bezwingen. Der Neuankömmling kennt die Heilige Schrift und bringt seine Glaubensgewißheiten in einem Ton zum Ausdruck, dessen Derbheit belebend wirkt. Die Originalität seiner Aufmachung und seiner Äußerungen könnte ihn für ein blasiertes Publikum zum idealen Vorkämpfer für die Sache Christi machen. Er ist die Verkörperung der russischen Scholle, des russischen Volksbewußtseins ... Er wird für würdig befunden, sogleich Vater Johannes von Kronstadt vorgestellt zu werden, den das ganze Land als Heiligen verehrt.

Während Rasputin hinten in der Kirche zwischen ein paar zerlumpten Pilgern kniend der Messe beiwohnt, die Johannes von Kronstadt vor einer Versammlung vornehm gekleideter Gläubiger zelebriert, geht plötzlich eine Bewegung durch die Menge. Am Ende des Gottesdienstes tritt ein weiß gekleideter Offiziant zu Grigorij heran und führt ihn nach vorn zum Altar. Da fordert Vater Johannes von Kronstadt ihn auf, als erster zu kommunizieren, segnet ihn und bittet ihn seinerseits um seinen Segen, was bedeutet, daß er ihn als seinen Nachfolger bezeichnet. »Mein Sohn«, sagt er zu ihm, »ich habe deine Anwesenheit gespürt. Du trägst den Funken der wahren Religion in dir.«[3] Gewissen Zeugen zufolge fügt er hinzu: »Aber paß auf, deine Zukunft ist in deinem Namen.«[4] Diese Anspielung auf die mutmaßliche Herkunft von Rasputins Familiennamen (*rasputstwo,* die Ausschweifung) würde, wenn sie wirklich stimmt, allein schon den Ruf des Hellsehers rechtfertigen, in dem Vater Johannes von Kronstadt stand. Unbestreitbar ist, daß der Gottesmann wie andere vor ihm in seiner Meditationssphäre die Nähe eines Menschen spürte, der den Durchschnitt überragte. Als Rasputin sich nach der außerordentlichen Konsekration, die ihm mitten in einer voll besetzten Basilika zuteil geworden ist, zurückzieht, zweifelt er nicht mehr an seiner Bestimmung. Mehrere Geistliche schlagen ihm vor, ein Studium aufzunehmen, um sich zum Priester weihen zu lassen. Er lehnt ab. Obwohl er der orthodoxen Hierarchie mit Ehrerbietung begegnet, mißtraut er den allzu starren Dogmen, die für seinen Geschmack zu beengend sind. Aus Prinzip und Veranlagung steht er langen Fastenübungen, Kasteiungen, blindem Gehorsam gegen die Gebote der Geistlichkeit, kurz der Staatskirche feindlich gegenüber. Er bleibt lieber ein einfacher Starez, ein Vagabund, ein Freischärler der offiziellen Religion. Hinter dieser vorgeblichen Demut verbirgt sich in Wirklichkeit der sagenhafte Ehrgeiz eines Autodidakten, der überzeugt ist, allein im Besitze der Wahrheit zu sein. Seit er in den kirchlichen Kreisen Sankt Petersburgs aufgetaucht ist, weiß er, daß die Kirche ihn nötiger hat als er sie. Wo er auch ist, was er auch tut, er wird sich Gott und nicht den Priestern zur Verfügung halten. Von nun an gibt es zwischen ihm und dem Himmel keinen Vermittler mehr.

Nach fünf Monaten im lärmenden, geschäftigen Petersburg verspürt er das Bedürfnis, in ländlicher Ruhe neue Kraft zu schöpfen, um Ordnung in seine Gedanken zu bringen. Im Januar 1904 macht er sich nach Pokrowskoje auf. Da findet er die weiten, verschneiten Ebenen wieder, die Stille, die Einsamkeit, seine Familie, die ihn wie einen Glaubenshelden empfängt, und die kleine unterirdische Betkapelle, in der sich immer mehr Gläubige versammeln.

Kurz nach Rasputins Abreise trifft indessen Bischof Antonij von Tobolsk in Sankt Petersburg ein. Als er hört, welche Lobeshymnen die Vertreter der Geistlichkeit auf Rasputin anstimmen, gerät er in Zorn. In den Auskünften, die er inzwischen erhalten hat, ist von zahlreichen Skandalen die Rede, die der angebliche Starez in den Dörfern und sogar in Kasan verursacht hat. Es geht das Gerücht, daß Rasputin ein lasterhaftes Leben führe und unter dem Vorwand, sie auf die Freuden der Kommunion mit dem Herrn vorzubereiten, »auf den Frauen reite«. Trotz dieser ausführlich dargelegten Beschwerden hält Theophan an seiner Überzeugung fest, daß sein Schützling ein echter Seher sei. Mit ein paar Schwächen vielleicht …
Aber wer hat schon keine? Jedenfalls ist er durch seinen ein-

fachen Glauben und seine unverblümte Sprache besser als sonst irgendwer geeignet, den schädlichen Einflüssen entgegenzuwirken, die in der Aristokratie, am Hof und im Schatten des Throns um sich greifen.

Tatsächlich hat Theophan bei seinem Kalkül vor allem die merkwürdige Haltung der Zarin Alexandra Fjodorowna im Sinn, deren mystische Verirrungen ihm Sorgen bereiten. Es ist in seinen Augen dringend nötig, daß die höchsten Vertreter des Staates aufhören, sich für die Machenschaften gewisser Magier und Spiritisten herzugeben. Sie müssen in den Schoß der Orthodoxie zurückkehren, und Rasputin kommt wie gerufen, um diese Funktion eines seine Schäfchen um sich sammelnden Hirten zu erfüllen. Wenn er nur so schnell wie möglich wieder nach Sankt Petersburg kommt! Dieser Wunsch wird Rasputin diskret zu Ohren gebracht. Und Anfang 1905 trifft er wieder in der Hauptstadt ein.

Er findet die Gesellschaft in heller Aufregung vor. Der absurde russisch-japanische Krieg, der im Vorjahr ausgebrochen ist, quält die Gemüter. Der Mann aus dem Volk begreift nicht, warum man ihn ans äußerste Ende des Zarenreichs schickt, um sich abschlachten zu lassen, wo doch die Japaner gar nicht die Absicht haben, das Vaterland zu überfallen. In hochstehenden Kreisen munkelt man, das Blutbad sei leichtfertig angezettelt worden, weil das Ganze unlauteren Finanzinteressen diene. Die ersten Niederlagen der russischen Armee beim Überraschungsangriff des Feindes, die Belagerung und dann die Kapitulation von Port Arthur stellen den Nationalstolz auf eine harte Probe. In den Salons und auf der Straße wird die Regierung offen kritisiert. Am 9. Januar 1905[5] hat sich die Unzufriedenheit der Massen in einer friedlichen Demonstration der Arbeiter Luft gemacht, deren Anführer, ein gewisser »Pope Gapon«, womöglich von der Polizei gedungen war. Auf öffentlichen Befehl wurde die Menge der Demonstranten mit einer Kavallerieattacke und danach mit einer vorschriftsmäßigen

Schießerei empfangen. Hunderte von Toten und Verletzten blieben auf den Straßen liegen. Als erstes hat dieser »Blutige Sonntag«, wie man ihn bereits nennt, zur Folge, daß der Zar bei seinen Untertanen in Mißkredit gerät, zur Freude der Progressisten und vor allem der Terroristen, die nur auf einen Vorwand warteten, um zuzuschlagen. Es folgt ein Attentat aufs andere. Am 4. Februar 1905 kommt Großfürst Sergej, Onkel von Nikolaus II. und Kommandant des Militärdistrikts Moskau, bei einem Bombenanschlag ums Leben. Das einzige tröstliche Ereignis in dieser Serie von Katastrophen ist die Geburt des Zarewitschs Alexej am 30. Juli 1904, des ersten männlichen Nachkommen des Herrscherpaars nach der Geburt von vier Töchtern. Aber das für die Dynastie so heilsame Ereignis wird in der Erinnerung sogleich durch die von den Revolutionären heraufbeschworenen Wirren hinweggefegt, die der Regierung mit Versammlungen, Streiks, Flugschriften und Mordanschlägen keine Ruhe lassen. Auf dem Höhepunkt der Unruhen kommt es auf dem Panzerkreuzer *Potemkin* zur Meuterei, die Mannschaft massakriert die Offiziere und kreuzt mit der weithin sichtbaren roten Fahne am Mast in Odessa auf. In der Stadt bricht ein Aufruhr aus. Die Garnison schlägt zurück. Auf den Straßen häufen sich die Leichen. Die Angelegenheit wird erst mit der Entwaffnung des Kreuzers im rumänischen Hafen Constanza ein Ende finden. Unterdessen steckt die russische Armee im Fernen Osten eine Niederlage nach der andern ein. Das Zarenreich bekommt überall Risse. Von Rückzug zu Rückzug sieht sich Rußland in die Enge getrieben und muß schließlich mit Japan den traurigen Friedensvertrag von Portsmouth unterzeichnen. Eine weitere Kränkung für den Zaren. Das Volk macht ihn für das vergossene Blut und die mit Schmach bedeckte Fahne verantwortlich. Dank der Repression, mit der man verdächtigen Kreisen zu Leibe rückt, bleibt dem mondänen Leben doch noch schlecht und recht etwas Raum für seine hoffärtigen Paraden. Die Salons sind beliebt wie eh und je, die

Theater stets vollbesetzt. Man darf hoffen, daß die erbarmungslos verfolgten Agitatoren es schließlich satt bekommen werden.

Auf Theophans Betreiben wird Rasputin von ein paar Familien des Großbürgertums und des Adels empfangen. Der Mönch Iliodor, der sein Cicerone geworden ist, stellt ihn Olga Lochtina, der Gattin eines Ingenieurs und Staatsrats vor. Sie leidet an Neurasthenie, und die Ärzte haben es einer nach dem andern aufgegeben, sie heilen zu wollen. Rasputin erkennt auf den ersten Blick die Ursache ihrer Melancholie. Er redet ihr lange väterlich zu, und da sie allein vom Klang seiner Stimme schon ganz aus dem Häuschen gerät, kommt er endlich zu dem Schluß, er könne sie von ihrer chronischen Angst und Traurigkeit nur befreien, indem er sie nicht nur seelisch, sondern auch körperlich besitze. Das Mittel wirkt Wunder. Die Erfahrung hat Rasputin gelehrt, daß es in der Gymnastik des Beischlafs zwischen einer Bäuerin und einer Frau von Welt keinen Unterschied gibt. Ob sie ein Bett mit bestickten Leintüchern zur Verfügung haben oder einen Strohsack, auf dem eine grobe Leinwand liegt, das Geheimnis ihrer Lust ist dasselbe. Man braucht sie bloß in ihrem Fleisch zu befriedigen und hat im selben Atemzug ihren Durst nach dem Absoluten gestillt.

Nachdem sie die Geliebte des Starez geworden ist, bezeigt ihm Olga Lochtina ihre Dankbarkeit, indem sie ihm Lese-, Schreib- und Anstandsunterricht erteilt. Dann stellt sie ihn ihren Freundinnen als Heiler und Propheten vor. Sie empfiehlt ihn der Gräfin Kleinmichel, die ihn ihrerseits in den sehr exklusiven und reaktionären Salon der Gräfin Ignatjewa einführt, deren Mann unter Alexander III. Minister war. Die Gräfin hat sich leidenschaftlich dem Okkultismus verschrieben. Bei ihr sind Medien eingeladen, man läßt Tische rücken, ruft die im Jenseits schwebenden Geister an. Bei dieser mehrheitlich weiblichen, exaltierten Zuhörerschaft macht Rasputin Furore. Er teilt mit den Damen der besten Gesellschaft die Bewunderung für Zar Nikolaus II., den gesegneten Vater der Nation, und die Vorstellung, daß man sich zwischen den Gästen des Himmels und jenen der Erde gegenseitig gute Dienste erweist. Man hängt an seinen Lippen, man verschlingt ihn mit den Augen, atmet ihn ein. Selbst die Männer sind fasziniert. Die Besucher der Gräfin Ignatjewa sehen in ihm einen heiligen Erzieher, für den die Bibel nicht mehr nur den Vorwand für abstrakte Gebete darstellt, sondern ein Buch aus Fleisch und Blut, ein Buch, das den Sündern offensteht, ein Buch des Trostes bis in das Laster hinein. In der ersten Reihe dieser hingerissenen Zuhörerschaft finden sich die beiden montenegrinischen Großfürstinnen Miliza und Anastasia. Von den beiden Töchtern des Königs von Montenegro ist die eine mit Großfürst Pjotr Nikolajewitsch, einem Onkel von Nikolaus II., und die andere mit Prinz Romanowski, Herzog von Lichtenberg[6], verheiratet. Beide organisieren in ihren Palais spiritistische Séancen. Nun wird auch Rasputin eingeladen zu ihren Versuchen, mit den Toten ins Gespräch zu kommen. Zwar nimmt er an der Befragung der Klopfgeister nicht teil, aber er zeigt sich allen Arten von Mysterien gegenüber offen und begeistert die jungen Frauen durch seine Kenntnis der Heiligen Schrift und mehr noch durch seine Gabe, den Charakter und die Zukunft eines Menschen zu lesen, indem er nichts anderes tut, als ihm tief in die Augen zu schauen. Nun stehen Miliza und Anastasia auch der Zarin Alexandra Fjodorowna sehr nahe, deren religiöse Schwärmereien sie unterstützen.

Am 1. November 1905 empfängt Miliza in ihrer Residenz von Znamenka den Zaren und die Zarin. Mit Begeisterung stellt sie den beiden ihren famosen Schützling vor. Rasputin ist angesichts des Herrscherpaars weder erstaunt noch verlegen. Es geschieht alles, denkt er, so, wie Gott es will. Jeder hat seine Rolle auf Erden. Nikolaus ist Zar, Grigorij ist Starez. Sie haben einander beide gleichermaßen nötig. Immer noch mit seinem

Kaftan und seinen Muschikstiefeln angetan, ist sich Rasputin bewußt, daß er als eine Verkörperung des lebendigen Rußland vor dem Zaren steht. Er duzt ihn, ohne zu zögern, nennt ihn *Batjuschka,* »Väterchen«, und duzt auch Alexandra Fjodorowna. Und sie erschauert vor so viel Vermessenheit und Einfalt. Selbstgefällig erzählt er dem Zarenpaar von Sibirien, vom dunklen Leben in den Dörfern, vom Elend der kleinen Leute und ihrer unendlichen Geduld, von der Gegenwart Gottes schließlich im geringsten Ereignis eines Tages. Nikolaus II. ist bezaubert von diesem mystisch-volkstümlichen Zwischenspiel. Am Abend notiert er in sein Tagebuch: »Lernte einen Mann Gottes kennen, Grigorij, aus dem Gouvernement Tobolsk.«

III

Mystizismus und Autokratie

Solange er in seiner weltabgeschiedenen Provinz wohnte, wußte Rasputin kaum etwas über den Zaren. Für ihn war Nikolaus II. eine Art höheres, von einem geheimnisvollen Nimbus umgebenes Wesen, das über eine unbeschränkte Macht verfügte. Aber in Sankt Petersburg macht er sich aus dem, was er in den Salons und auf der Straße erfährt, allmählich ein Bild des Herrscherpaars. Was ihm seine verschiedenen Gesprächspartner enthüllen, verblüfft und beunruhigt ihn.

Es gibt jene, die sich, wie er selbst, weigern, den Monarchen zu kritisieren, und jene, die nicht zögern, flüsternd durchblicken zu lassen, daß Nikolaus II. nur ein rechtschaffener, von seiner Frau beherrschter Mann ohne echte Willenskraft sei, der ein ruhiges, bescheidenes Familienleben dem Prunk und der Verantwortung vorziehe, die mit der Macht verbunden sind. Man munkelt, es seien schon zu Beginn seiner Herrschaft unheilvolle Vorzeichen erschienen. Kaum hatte er sich, sehr jung noch, mit der deutschen Prinzessin Alix von Hessen-Darmstadt verlobt, starb sein Vater Alexander III. mit 49 Jahren an einer Nierenerkrankung. Die junge Frau reiste auf die Krim, wo sich der kranke Zar aufhielt, und traf gerade rechtzeitig ein, um seinem letzten Atemzug beizuwohnen. Sie war überzeugte Protestantin und mußte ihrem Glauben abschwören, um unter dem Namen Alexandra Fjodorowna eine echte orthodoxe Großfürstin zu werden. Zur Beisetzung des Zaren in Sankt Petersburg erschien sie ganz von Trauerschleiern verhüllt, was böse Zun-

4: Grigorij Jefimowitsch Rasputin mit Segensgestus.

gen sogleich zum Anlaß nahmen, sie als »Unglücksvogel« zu bezeichnen, der »hinter einem Sarg« ins Land gekommen sei. Und sehr rasch schienen die Tatsachen dieser Behauptung recht zu geben. Bei den Krönungsfeierlichkeiten von Nikolaus II. im Mai 1896, als die Leute auf dem Feld von Chodynka zusammenströmten, brachen die über Gräben gelegten Bretter unter dem Gewicht der Menge ein, und es fanden mehr als 2000 Personen durch Ersticken oder Erdrücktwerden den Tod. Um die Katastrophe zu verharmlosen, riet man dem neuen Zaren im Familienkreis, am Abend wie vorgesehen am Ball der Französischen Botschaft teilzunehmen. Aber im breiten Publikum wurde dieser Entscheid von vielen als ein Zeichen der Gleichgültigkeit gegen die Opfer interpretiert. »Der Zar und seine Frau«, hieß es, »haben auf Leichen getanzt.« Später legte ihm die öffentliche Meinung auch die terroristischen Attentate zur Last, die er nicht zu verhindern vermochte, das sinnlose Blutbad im Krieg gegen Japan, das unverzeihliche Massaker an den Demonstranten vom »Blutigen Sonntag« …
Unglückliche Zufälle oder Fehlurteile – es hat jedenfalls den Anschein, als wäre Nikolaus II. mit allem, was er unternimmt, zum Scheitern verurteilt. Mit dem Starrsinn der Schwachen lehnt er es jedoch ab, seine Verhaltensregel zu ändern. Er versteift sich darauf, koste es, was es wolle, das Fundament der Dynastie zu erhalten und kein Jota der von den Vorfahren ererbten Macht abzutreten. Rasputin, als getreuer Monarchist, denkt nicht daran, ihn deswegen zu tadeln. Aber er fragt sich, ob der Herrscher bei seiner Frau die richtige Unterstützung findet. Er hält sich auch über das auf dem Laufenden, was man in den Salons über sie erzählt. Alle rühmen ihre Schönheit, ihre Würde, ihre Redlichkeit, aber es heißt auch, sie sei übermäßig nervös, sie hasse die gesellschaftlichen und protokollarischen Verpflichtungen, fühle sich nur im kleinen Kreis mit ihrem Mann und ihren Kindern glücklich, und ihr Hang zum Mystischen hätte sie dazu getrieben, sich mit Sehern und

Heilern zu umgeben, von denen einer fragwürdiger sei als der andere. Es ist von einem Franzosen aus Lyon die Rede, »Maître Philippe«, einem hellsichtigen Magnetiseur, und von *jurodiwis,* einer Art halb närrischer Unschuldslämmer, die angeblich von Gott heimgesucht worden sind, unter ihnen der Stotterer Mitja Koljaba, die Verrückte Darja Ossipowa, der Epileptiker Pascha, der Pilgermönch Antonij, der Bettler Basilius … Der Umgang mit diesen Schwindlern hindert Alexandra Fjodorowna nicht, ganz nach den Regeln der Tradition inbrünstig in ihrer mit zahlreichen Ikonen geschmückten Hauskapelle zu beten. Ob durch die Kirche anerkannt oder ihrer krankhaften Einbildungskraft entsprungen, um zu Gott zu gelangen, scheinen ihr alle Wege recht zu sein.

Als er sie im Haus der Großfürstin Miliza zum ersten Mal traf, spürte Rasputin in der Zarin sogleich das Zittern einer bangen, den Zeichen des Jenseits zugewandten Natur. Sie ist genau der Typ Frau, der seine Unterweisung sucht. Aber in seinen Augen hat er selbst nichts mit den Scharlatanen gemein, die bis jetzt bei ihr aufgekreuzt sind. Im Gegensatz zu ihnen wurde er von Gott mit einer echten Macht über die Menschen ausgestattet. Hätte er diesbezüglich Zweifel, so würden die Aussagen der Geistlichen, die ihn ausgezeichnet haben, genügen, um ihn von seiner Berufung zu überzeugen. Er bedauert, daß die Zarin – ganz offensichtlich eine auserlesene Seele – sich nicht an ihn wendet, um sich von ihrem Kummer und ihren Ängsten erlösen zu lassen. Seine Methode ist einfach. Während die meisten der sogenannten Heiler Hände auflegen und magnetische Bestreichungen machen, beschränkt er sich darauf, sehr intensiv zu beten und dabei an den Mann oder die Frau zu denken, die zu retten er sich vorgenommen hat. Er nimmt die Leiden derer auf sich, die ihn um Hilfe bitten. Er nimmt ihnen ihre Bürde ab, indem er sie sich auf die eigenen Schultern lädt. Er ist also nicht irgendein Seelenarzt, sondern ein Fürsprecher, der das Glück hat, die Aufmerksamkeit des Herrn auf die

Nöte dieser Welt lenken zu können. So sieht er das zumindest selbst, ohne Anmaßung und ohne falsche Bescheidenheit. Ihn interessiert der Kampf der Seele. Denn die Seele beherrscht den Körper. Und wer der Seele Erleichterung bringt, erleichtert darüber hinaus den Körper.

In diesem Bewußtsein seiner außerordentlichen Fähigkeiten neigt Rasputin mehr und mehr zur Überzeugung, daß der Zar und die Zarin durchaus nicht mehr auf seine Vermittlerdienste bei Gott verzichten können. Sie sind in diesem Augenblick wie zwei Schiffbrüchige im Sturm. Die Streiks in Sankt Petersburg, die Unruhen in Moskau, der ständige Ministerwechsel, die geschwätzige Geschäftigkeit der Duma[7], all das irritiert die öffentliche Meinung und plagt rückwirkend das Herrscherpaar. Rasputin kümmert sich überhaupt nicht um die Politik, aber er ahnt, wie bestürzt die beiden angesichts der gegenwärtigen Schwierigkeiten sind, und dagegen kann er nicht gleichgültig bleiben.

Im Juli 1906 hat er endlich mehrmals Gelegenheit, im Palast von Znamenka bei Großfürstin Miliza und in Sergejewka, der Sommerresidenz von Großfürstin Anastasia, dem Zaren und der Zarin zu begegnen. Anastasia ist seit kurzem vom Prinzen von Lichtenberg geschieden und will sich mit dem Bruder ihres Schwagers, Großfürst Nikolaus Nikolajewitsch, wiederverheiraten. Aber die eisern puritanische Zarin steht dieser Verbindung ablehnend gegenüber, da damit eine Geschiedene in die Familie Aufnahme fände. Anastasia und Miliza zählen auf Rasputin, um sie zu erweichen. Er entledigt sich dieser undankbaren Aufgabe vorzüglich und erklärt sogar, daß diese Heirat »des Bruders und der Schwester« zum »Heile Rußlands« beitragen werde. Alexandra Fjodorowna hört ihn an, zögert aber noch, Stellung zu nehmen, und lockert ihre Beziehung zu Anastasia, zur Strafe dafür, daß sie sich so über die gesellschaftlichen Regeln hinwegsetzt.

Trotz seines Teilerfolgs läßt Rasputin einen Brief von Milizas ehemaligem Beichtvater Jaroslaw Medwjedjew an den Zaren weiterleiten, in dem dieser offiziell um eine Audienz für den Starez Grigorij nachsucht, der ihm aus Sibirien eine für das Herrscherpaar bestimmte Ikone des Heiligen Simeon von Werchoturje überbringen wolle. Am 15. Oktober 1906 wird Rasputin von Nikolaus II. in seinem Palast in Zarskoje Sjelo empfangen. Der Zar befindet sich in Gesellschaft seiner Frau und seiner Kinder. Man setzt sich zum Tee. Grigorij ist überglücklich. Endlich hat er Zugang zum Allerheiligsten. Er übergibt dem Zaren die wundertätige Ikone und spricht ganz unbefangen mit der Familie.

Während er salbadert, nimmt er seine Leute genauer unter die Lupe. Aus den blauen Augen der Zarin, einer hochgewachsenen, kühlen Schönheit mit stolzer Kopfhaltung und blonder Haarpracht, spricht eine große Milde, aber die leiseste Gemütsbewegung ruft auf ihrem Gesicht rote Flecken hervor. Sie wird ihre Nerven nicht im Zaum halten können. Ihre herablassende Haltung ist ganz sicher durch ein außerordentlich scheues Wesen diktiert. Das hindert sie nicht, kategorische Ansichten zu vertreten. Sie findet die auserlesene Gesellschaft von Sankt Petersburg unmoralisch und oberflächlich und sagt es ohne Umschweife. Neben ihr erscheint der Zar klein und unscheinbar. Er hat ein hübsches, ebenmäßiges Gesicht, einen gepflegten Bart und einen ausdruckslosen Blick. Er ist wahrscheinlich ein Mann voll guter Eigenschaften, ein guter Gatte und Familienvater, aber ist er ein guter Herrscher? Jedenfalls sieht er nicht wie der Führer eines Volkes aus: eher wie ein eleganter, gut erzogener Offizier, der in einer Provinzgarnison eine durchschnittliche Karriere vor sich hat. Er braucht ganz offensichtlich jemanden, der auf ihn acht gibt und ihn in entscheidenden Augenblicken berät. Die vier Großfürstinnen, von denen die Älteste, Olga, elf und die Jüngste, Anastasia, fünf Jahre zählt, sind bezaubernd. Der Thronfolger ist erst ein zweijähriger kleiner Junge. Aber er wirkt eher blaß und schwächlich. Seine Mutter behält ihn die ganze Zeit ängstlich im Auge. Rasputin segnet ihn, und mit ihm seine Schwestern und die Eltern. Dann zieht er sich langsam und würdevoll zurück. Die Audienz hat eine Stunde gedauert. »Er sah auch die Kinder und sprach mit uns bis sieben Uhr fünfzehn …«, schreibt Nikolaus später in sein Tagebuch.

Miliza ist über den Erfolg, den ihr »geistiger Lehrer« bei Ihren Majestäten verbucht hat, entzückt. Im Dezember desselben Jahres bittet die Zarin sie, Rasputin ihrer besten Freundin, der Hofdame Anna Tanejewa, der Tochter des Hofkanzleichefs, vorzustellen. Eine tiefe Zuneigung verbindet die Zarin mit dieser rundlichen, dummen und exaltierten zweiundzwanzigjährigen Schnatterliese, die wie sie für Kundgebungen aus dem Jenseits schwärmt. Da sich Anna soeben mit dem Leutnant z. S. Alexander Wyrubow verlobt hat, wird Rasputin gebeten, sich über die Zukunftsaussichten der jungen Ehe zu äußern. Nachdem er sich wie gewohnt konzentriert hat, erklärt er bedauernd, er sehe für die geplante Verbindung schwarz.

Trotz dieser Warnung findet die Hochzeit statt. Das junge Paar läßt sich in Zarskoje Sjelo nieder, drei Gehminuten vom Zarenpalast entfernt. Ihre Villa ist über ein Telefon mit dem Palast verbunden, so daß Alexandra Fjodorowna und Anna bereits vor ihrem fast täglichen Beisammensein lange Gespräche führen können. Anna gesteht ihrer Beschützerin bald, daß sie nicht glücklich ist. Ihr Mann, den sie in ihren Träumen idealisiert hat, ist ein Psychopath, ein impotenter Trunkenbold, der ihr die Freuden der ehelichen Liebe versagt. Nach eineinhalb Jahren wird die Ehe wegen Nichtvollzugs von der Kirche für ungültig erklärt. Anna wohnt jedoch weiterhin in Zarskoje Sjelo. Sie ist tief beeindruckt, daß Rasputin schon zur Zeit ihrer Verlobung ganz richtig die Enttäuschung vorhersah, die sie früher oder später erleiden würde. Fortan ist sie bereit, dem Magier jedes Wort zu glauben. Und die Zarin ist nicht weit davon entfernt, ihr Vertrauen zu teilen.

Kurz darauf heiratet Großfürstin Anastasia, die vom Prinzen von Lichtenberg geschieden wurde, endlich Großfürst Nikolaus Nikolajewitsch. Obwohl sie dieser Verbindung schließlich zugestimmt hat, entfernt sich die in ihren Moralprinzipien verletzte Zarin von den beiden montenegrinischen Schwestern, die ihr entschieden zu leichtfertig sind. Sie bewahrt jedoch die große Wertschätzung für den Mann, den sie ihr empfohlen haben. Der geht im übrigen, diplomatisch geschickt, ebenfalls auf Distanz zu Miliza und Anastasia. Sein Ziel bleibt die Zarenfamilie. Was die Großen dieser Welt erleiden müssen, denkt er, übertrifft oft das Leiden der kleinen Leute. Im Volk gehen Gerüchte über die schwankende Gesundheit des Zarewitsch um. Hinter vorgehaltener Hand munkelt man, er sei von der Bluterkrankheit befallen. Diese nur durch die Frauen und, von seltenen Ausnahmen abgesehen, nur auf männliche Nachfolger übertragene Erbkrankheit, äußert sich in einer mangelhaften Gerinnungsfähigkeit des Blutes. Der kleinste Stoß kann bei Hämophilen zu nicht enden wollenden Blutungen führen. Das in den Geweben oder in den Gelenken gestaute Blut verursacht unerträgliche Schmerzen. Die Ärzte, die davor zurückschrecken, Morphium in hohen Dosen zu verabreichen, lassen die Arme sinken und warten das Ende der Krise ab. Königin Victoria von England, die Großmutter der Zarin, trug, wie man zu wissen glaubt, den geheimnisvollen Keim dieser Krankheit in sich. Sie hat ihn an verschiedene weibliche Nachkommen weitergegeben, unter anderem an die künftige russische Zarin. Alexandra Fjodorowna war bei der Nachricht von der Bluterkrankheit ihres Sohnes, die sie kurz nach dessen Geburt erfuhr, völlig niedergeschmettert. Sie fühlt sich ganz Rußland gegenüber schuldig, einem Kind von derart anfälliger Konstitution das Leben geschenkt zu haben. Die Angst vor einem tödlichen Ausgang oder endgültiger Invalidität beherrscht sie Tag und Nacht. Sie zittert, kaum daß Alexej mit dem Knie irgendwo anstößt oder sich einen Finger aufschürft.

Da selbst die hervorragendsten Ärzte sich unfähig erweisen, ihn zu heilen oder ihm auch nur Erleichterung zu verschaffen, kommt sie zu der Überzeugung, daß nur Gott ein solches Wunder vollbringen kann. Immer öfter wandern ihre Gedanken zu Rasputin.

Ende Oktober 1907, als die Zarenfamilie sich für den Herbst in Zarskoje Sjelo niedergelassen hat, fällt Alexej beim Spielen im Garten hin und klagt bald über heftige Schmerzen im Bein. Alexandra Fjodorowna muß mit panischem Schrecken feststellen, daß sich unter der Haut ein Ödem gebildet hat. Die sogleich herbeigerufenen Ärzte verschreiben warme Schlammbäder, und man bringt den Jungen zu Bett. Umsonst. Als letzten Ausweg läßt die Zarin Rasputin rufen. Schließlich ist er, wenn man den Gerüchten glauben will, nicht nur ein Seelentröster, sondern auch ein Heiler. Er trifft um Mitternacht im Palast ein. Die hohen Erwartungen, die man in ihn setzt, verunsichern ihn nicht im geringsten. Wie gewohnt verwirft er die von den Ärzten empfohlene Behandlung, setzt sich ans Krankenbett und betet. Kein einziges Mal berührt er das Kind mit den Händen. Aber er blickt es eindringlich an. Es ist eine lange, tiefe, schweigende Meditation. Die Zarin, mit zum Zerreißen gespannten Nerven, muß sich zurückhalten, um ihn nicht zu unterbrechen. Allmählich hört Alexej auf zu wimmern und entspannt sich. Als Rasputin vom Bett aufsteht, ist der Junge wieder ganz ruhig geworden. Hat jetzt der bärtige Mann mit den starren Augen den Schmerz des Zarewitsch eingeschläfert, oder ist die Linderung dem normalen Krankheitsverlauf zuzuschreiben? Soviel steht fest: am nächsten Morgen lächelt der Kranke seiner Mutter zu. Das Ödem hat sich zurückgebildet. Die um das kleine Bett versammelten Angehörigen sprechen von einem Wunder.

Die Nachricht von diesem Bluteranfall wird indessen geheimgehalten. Auf Anweisung des Zaren darf die Gesundheit der Zarenfamilie keinen Indiskretionen ausgesetzt werden. Aber wie soll man die Dienerschaft am Ausplaudern hindern? In der Stadt wissen schon ein paar Leute, daß Rasputin den Zarewitsch geheilt hat. Für die Skeptiker handelt es sich dabei um ein Phänomen von Magnetismus, die Wirkung einer auf den Geist des Kranken ausgeübten Suggestion. Für die Gläubigen hat Gott den sibirischen Starez zu seinem Instrument erwählt, um menschliches Leid zu lindern. Rasputin selbst ist aufrichtig überzeugt, daß die ewigen Mächte durch ihn handeln, wenn er versucht, seinen Mitmenschen zu helfen. Durch einen dem Patienten dargebrachten Akt der Liebe vermittelt er diesem das Vertrauen in seine Heilung, durch einen dem Himmel dargebrachten Akt der Liebe bewegt er den Herrn dazu, ihm bei seinem heilbringenden Unternehmen beizustehen. In ihm ist in diesen Augenblicken eine doppelte Bewegung im Gang: das Eintauchen ins Bewußtsein dessen, der sich ihm anvertraut, und das Emporsteigen zu dem, von dem alles abhängt.

Wie auch immer – der Ruf des Wundertäters erhält mit diesem Ereignis eine neue Dimension. Nur er selbst wundert sich nicht darüber. Von dem Tag an begibt er sich oft in den Zarenpalast. Damit diese Besuche eines einfachen Muschiks sich nicht herumsprechen, läßt ihn das Herrscherpaar über die Dienstbotentreppe heraufkommen. Aber die Sicherheitsvorkehrungen schreiben vor, daß jeder Wachtposten seinen Durchgang registriert, bevor er in die Privatgemächer Einlaß findet. Rasputin trifft gewöhnlich vor dem Abendessen ein und spielt mit Alexej, der zwischen seinen Krankheitsanfällen ein lebhaftes, fröhliches Wesen an den Tag legt. Das Kind faßt zu Rasputin eine große Zuneigung und gibt ihm den Beinamen *Nowyj*, »der Neue«. Dieser Spitzname amüsiert Ihre Majestäten, und Rasputin wird schließlich offiziell die Erlaubnis erhalten, ihn seinem Familiennamen hinzuzufügen. Er ist sich im übrigen bewußt, welche Ehre ihm der Zar und die Zarin zuteil werden lassen, indem sie ihn so im engsten Familienkreis empfangen. Aber er spricht deshalb nicht weniger offen und unbefangen mit ihnen und redet sie, wie es bei den Bauern Sitte ist, mit *Batjuschka* und *Matjuschka* (Väterchen und Mütterchen) an. Durch sein bäurisches Benehmen unterstreicht er, was ihn, den Vertreter des russischen Volkes, von den unnatürlichen Höflingen unterscheidet, die um den Thron herumscharwenzeln. Indem er mit Ihren Majestäten ohne störende Zeugen, ohne gespreizte Vermittler wie mit seinesgleichen spricht, erhebt er sich zum Vorkämpfer der Heiligen Dreieinigkeit, die Rußlands Glanz und Herrlichkeit gewährleisten soll: Zar, Kirche und Volk. Außerhalb dieser Einheit zwischen den monarchischen und religiösen Prinzipien einerseits und dem Grund und Boden, in dem sie verwurzelt sind, so predigt er, gibt es kein Heil. Die kleinen Leute sind der notwendige Humus, der den Baum der orthodoxen Autokratie trägt und ernährt.

Alexandra Fjodorowna versteht und teilt diese Ansicht. Als Deutsche, die bereit war, aus Liebe zu ihrem Verlobten den Protestantismus aufzugeben, hat sie sich mit dem Eifer einer Neubekehrten ihrer neuen Heimat und Religion verschrieben. Sie will russischer sein als die gebürtigen Russen. Jedoch lechzt sie nicht nach dem Rußland, das in den Salons anzutreffen ist und das, an die europäischen Umgangsformen angepaßt, seine Eigenarten verloren hat, sondern nach dem wahren Rußland, dem Rußland des demütigen Leidens, der altüberlieferten Frömmigkeit, der schmutzigen Arbeit, der sanften Traditionen und des törichten Aberglaubens. Der Anblick einer Troika im Schnee, der Klang sehnsüchtiger Lieder, eine Holzhütte, in der die Menschen um einen Samowar herumsitzen, ein Häufchen Gläubiger, das vor einem Landpopen kniet, erregen ihr Entzücken. Je folkloristischer das Bild, desto inniger fühlt sie sich aufgerufen, das Land zu lieben und zu beschützen. Sie ist überzeugt, daß die Hofgesellschaft sie hinter ihrem Rücken verunglimpft, während die gewaltige, noch in der Finsternis gefangene russische Nation sie bewundert und respektiert. Und Rasputin erscheint ihr als der authentische Botschafter dieses Rußlands. Durch ihn kommuniziert sie nicht nur mit dem Gott der Kirche, sondern auch mit dem menschlichen Urgrund des Landes. So bärtig, grob, mit durchdringendem Blick, wie er vor ihr steht, sieht sie das ganze russische Volk, das sich ihr zu Füßen wirft. Sie wäre untröstlich, wenn er seinen Bauernkittel ablegen würde und in der verfeinerten Sprache der Aristokraten mit ihr zu sprechen begänne. Und Rasputin merkt sehr bald, welchen Einfluß er über sie gewonnen hat. Er freut sich darüber wie über einen Sieg. Aber zugleich rührt ihn diese Herrscherin, die davon träumt, den ärmsten, unbedeutendsten ihrer Untertanen näherzukommen. Wenn sie in ihm einen Lehrmeister gefunden hat, so entdeckt er in ihr eine Freundin, eine Schwester, die zugleich schwach und allmächtig ist. Er schwört sich, sie und den Zaren vor den Bösen zu schützen, von denen es bis in die Wandelgänge des Palasts hinein wimmelt. Er hat die Mittel dazu, denn Gott steht hinter ihm.

Von Zeit zu Zeit verläßt er jedoch die Hauptstadt, um in Pokrowskoje neue Kraft zu schöpfen. Da findet er seine Frau und seine Kinder wieder, die geduldig auf ihn gewartet haben und ihm zu seinem guten Aussehen gratulieren. Gott sei Dank, sagt er, gelingt ihm alles. Er hat sich eine neue »Isba« bauen lassen, größer und schöner als die alte, und trägt stolz ein Brustkreuz zur Schau, das ihm Niklaus II. geschenkt hat. Dabei gibt es freilich einen Haken: Eigentlich dürfen nur geweihte Priester dieses Signum der Priesterschaft tragen. Außerdem wird da und dort in der Provinz getuschelt, Starez Grigorij erlaube sich Unverschämtheiten gegenüber den Bäuerinnen, die seinen Predigten und Verkündigungen beiwohnten. Im Januar 1908 erläßt der Bischof von Tobolsk, dem dieses Gerücht zu Ohren kommt, gegen den angeblichen Magier einen zweiten Haussuchungsbefehl. Einmal mehr bleibt die polizeiliche Untersuchung ergebnislos. Man kann Rasputin tatsächlich nichts vorwerfen, es sei denn, sich als Heiler auszugeben und manchmal dem Dämon des Fleisches zu erliegen, während er zugleich Gott lobpreist. Im übrigen steht er jetzt dem Thron so nahe, heißt es, daß es ungeschickt wäre, ihn zu behelligen.

Wie zur Bestätigung dieser Annahme macht sich Bischof Theophan, der inzwischen zum Beichtvater der Zarenfamilie aufgerückt ist, im Auftrag der Zarin persönlich nach Pokrowskoje auf. Er trifft im Frühjahr 1908 dort ein, verbringt vierzehn Tage im Haus seines Schützlings, stattet dem Starez Makarij in seiner Klause bei Werchoturje einen Besuch ab und kommt nach langen Gesprächen mit den beiden Männern zu der Überzeugung, daß Rasputin seinen Ruf als Heiliger verdiene. Im Laufe ihrer Gespräche hat es sich Grigorij nicht nehmen lassen, dem Bischof zu erzählen, daß er nicht nur die Heilige Jungfrau gesehen, sondern daß ihm auch die Apostel Petrus und Paulus erschienen seien, als er auf dem Feld arbeitete. Wieder in Sankt Petersburg, erstattet Theophan Alexandra über seine Reise Bericht und bestätigt ihr Rasputins Sittenreinheit und Sehergabe. Er sei überzeugt, erklärt er, daß der überaus fromme Grigorij von Gott dazu auserwählt worden sei, den Zaren und die Zarin endgültig mit der russischen Nation zu versöhnen.

Bei seiner Rückkehr in die Hauptstadt wird Rasputin im Palast mit offenen Armen empfangen. In manchen Salons der Stadt löst er ein wahres Delirium aus. Grigorij, der bei Olga Lochtina wohnt, deren Lager er weiterhin teilt, wird zu einem wahren Kultobjekt für die exaltierten Damen von Welt, die in ihrem Haus verkehren. Es sind Persönlichkeiten darunter, die dem Herrscherpaar nahestehen, auch von mystischen Neigungen beseelte Gardeoffiziere. Von allen wird der Starez mit einer schon fast abgöttischen Ehrerbietung umgeben. Jedes Wörtchen, das ihm über die Lippen kommt, ist für sie eine Perle aus dem Jenseits. Es fehlt ihm an nichts, obschon er von keinem seiner Anhänger Geld verlangt. Man gibt ihm spontan, um das gute Gefühl zu haben, seine Sünden wiedergutzumachen, so wie man in der Kirche eine Weihekerze spendet. Bald hier fünf Rubel für die Armen, bald da fünfhundert für ihn selbst. Mit vollen Taschen und heiterer Stirn dankt er es seinen großzügigen Jüngern mit nebulösen Predigten und flammenden Kommentaren zum Evangelium.

Neben dem mystischen Zirkel um Olga Lochtina hat sich jetzt um Anna Wyrubowa eine zweite Gruppe von Verehrerinnen gebildet. Manchmal treffen sich alle zusammen, um dem Propheten zuzuhören. Prinz Nikolaus Jewachow, stellvertretender Prokuror des Heiligen Synods, der an einer dieser Sitzungen teilnimmt, muß sich verblüfft die väterliche Ermahnung des Magiers gefallen lassen: »Wozu sind Sie hier?« ruft Rasputin aus. »Um mich zu sehen oder um zu lernen, wie man in dieser Welt leben muß, um seine Seele zu retten?« Worauf er fortfährt, seine Schäfchen zu beschwören, am Sonntag nach der Messe ins Freie zu gehen, lange über Land zu wandern, schließlich innezuhalten und zum Himmel aufzublicken: »Und dann wirst du aus tiefstem Herzen spüren, daß du nur einen Vater hast, Gott, unseren Herrn; daß nur Gott deine Seele braucht. Und daß du sie nur ihm geben willst. Er allein wird dich beschützen und dir Hilfe bringen ...« Nach dieser Kommunion mit dem Höchsten können Mann und Frau geläutert zu ihrer Beschäftigung im Alltag zurückkehren: »Dann werden all deine irdischen Werke sich in göttliche Werke verwandeln, und du wirst deine Seele nicht durch Buße retten, sondern indem du zum Ruhme Gottes tätig bist.«[8] Daran ist wirklich nichts Neues. Aber Rasputin hat einen Blick und eine Stimme, die die Zuhörer bis ins Innerste aufwühlen. Und dann unterstreicht er immer wieder die Notwendigkeit, daß man durch das Gebet selbständig zu einer Seligkeit finden müsse, die nicht mehr auf moralischen Verpflichtungen fußt. Letztlich ist für ihn alles erlaubt, vom Augenblick an, da der Gläubige sich der Ekstase hingibt. Die Verhaltensregeln dürfen übertreten werden, wenn nur ein geistiger oder sogar ein körperlicher Elan jemanden ganz außerhalb jeden Bewußtseins in einen Zustand höherer Ohnmacht versetzt.

Dieses dehnbare Ideal fasziniert Rasputins Getreue, die nur allzu glücklich sind, ihre sinnlichen Gelüste mit den religiösen Sehnsüchten in Einklang bringen zu können, die sie in sich tragen. Dank ihm können sie sich der Illusion hingeben, daß Gott vor allem die Reue seiner Geschöpfe liebt – und damit es Reue geben kann, muß es Sünde geben. Von da bis zu der Behauptung, daß die Sünde gottgewollt sei, ist nur ein kleiner Schritt. Nach Rasputin ist die Sünde ein Geschenk Gottes und Gott angenehm. Wenn man Gott gefallen will, ist es wichtig, so tief wie möglich zu fallen, um sich nachher demütig beichtend wieder aufrichten zu können. O heilige Freude der Gewissensbisse! Wenn es das Böse nicht gäbe, wäre das Gute ganz ohne Geschmack. Dank dieser neuen Botschaft der menschlichen Verkommenheit und ihrer Vergebung, betrachtet sich Rasputin als Wegbereiter eines Bundes zwischen den Früchten der Erde und dem Licht des Himmels. Im Gegensatz zu den Priestern, die im Namen Christi tadeln und verfluchen, erhebt er den Anspruch, zu versöhnen, was vor ihm unversöhnlich war.

Ob er sich in Sankt Petersburg oder in Pokrowskoje befindet, er ist derselbe. In seinem Dorf beackert und besät er die Scholle, während er in der Stadt die Seelen beackert und besät. In beiden Fällen, denkt er, lenkt Gott seine Hand, die Hand eines rechtschaffenen Landwirts. Es ist also ganz normal, daß diejenigen, denen er durch sein Wort Erhellung bringt, ihn beherbergen und ernähren, ohne daß er zu arbeiten oder zu betteln oder zu stehlen braucht. Nach und nach spinnt sich ein erotisch-religiöser Mythos um seine Gestalt. Man erzählt, daß es nicht nur in seiner Macht stehe, das Gewissen zu erleichtern, sondern auch, das liebeshungrige Fleisch zu befriedigen.

Das Gerücht versieht ihn mit einem Penis von außerordentlichen Dimensionen. Er habe das Glied eines Satyrs, sagen die Damen, die seine Gunst genossen haben, und dazu das Herz eines Heiligen.

Die Monate vergehen, und Rasputin beschließt, seiner Aufmachung etwas mehr Aufmerksamkeit zu schenken. Er könnte auf seine Muschik-Kleider verzichten, aber wozu? Er weiß rein instinktmäßig, daß er so die Hälfte seines Einflusses auf den illustren Kreis verlieren würde, der den Verkehr mit ihm pflegt. All diese angeblich hochkultivierten Leute sind zu glücklich, mit einem Starez von pittoreskem Gebaren und derber Sprache Umgang zu haben, als daß er sie mit einem Kleidungswechsel enttäuschen könnte. Das russische Bauernhemd, das er trägt, ist fortan also aus Seide und an der Taille mit einem schönen Gürtel zusammengehalten, die schwarze Pluderhose hat einen guten Schnitt, und die Stiefel sind neu. Dieses geringfügige Zugeständnis an die Eleganz in Sachen Kleidung tut der Verehrung, die man ihm entgegenbringt, nicht den geringsten Abbruch. Vielleicht wird sie im Gegenteil dadurch noch gesteigert. Man fürchtet nicht mehr, daß er den Sessel schmutzig macht, wenn er sich hinsetzt! Er ist zivilisiert und barbarisch zugleich. Was könnte man von einem »Mann Gottes« mehr verlangen?

IV

ERSTE SKANDALE

Der Zar ist ratlos. Ohne die mystische Begeisterung seiner Frau zu teilen, ist er aufrichtig religiös und glaubt, daß Rasputin seine Predigten und Prophezeiungen von Gott diktiert erhält. Außerdem zweifelt er seit der unerwarteten Genesung Alexejs nicht mehr daran, daß der Starez als Heiler außergewöhnliche Fähigkeiten besitzt. Warum sollte er unter diesen Bedingungen auf seine Dienste verzichten? Dennoch zirkulieren in Sankt Petersburg und in der Provinz beunruhigende Gerüchte über den mysteriösen Mann. Nikolaus II. will sich Gewißheit verschaffen. Er beauftragt General Djedjulin, den Palastkommandanten, und seinen Adjutanten Oberst Drenteln, Rasputin einer höflichen, aber strengen Befragung zu unterziehen und ihm dann mitzuteilen, was sie von der Person des Starez halten. Die beiden Untersuchungsbeamten kommen ihrer Aufgabe gewissenhaft und gründlich nach. Ohne Rasputin offen zu brüskieren, nehmen sie ihn in die Zange. Ihre Meinung steht sehr schnell fest. Im Vertrauen erklärt Djedjulin dem Zaren, sie hätten im Verlauf ihrer Gespräche den Eindruck erhalten, es mit einem »durchtriebenen und falschen Muschik« zu tun zu haben, der seine suggestive Kraft dazu benutze, seine Anhänger zum Narren zu halten. Um dieses Urteil zu untermauern, beauftragt Djedjulin ohne Wissen des Zaren den Chef der Ochrana[9], Gwerasimow, Rasputin in Petersburg zu beschatten und in Pokrowskoje Informationen über ihn einzuziehen. Die Berichte der Geheimagenten, die vor Ort nachgeforscht haben, lassen keine Zweifel offen: Es handelt sich um einen Schwindler, einen Pseudopropheten, der unfähig ist, seine sexuellen Triebe im Zaum zu halten. Er soll in seinem Dorf junge Mädchen und verheiratete Frauen zum Laster verführt haben und sich in Sankt Petersburg mit leichten Mädchen in öffentlichen Bädern tummeln. Seinen Reden nach ein vortrefflicher Mensch – in Wahrheit ein Wüstling der schlimmsten Sorte. Gwerasimow leitet diese Schlußfolgerungen an seinen direkten Vorgesetzten, Innenminister Stolypin, weiter, der zugleich Ministerpräsident ist. Über diese Enthüllungen hocherstaunt, eilt Stolypin sogleich nach Zarskoje Sjelo, um Nikolaus II. über die wahre Natur des frommen Grigorij die Augen zu öffnen. Es dauert nicht lange, bis sich der Zar, zunächst verlegen, unwirsch versteift. Er lehnt es ab, sich die Liste von Rasputins Missetaten anzuhören, und erklärt plötzlich barsch: »Sollten die Zarin und ich nicht das Recht haben, unsere eigenen Beziehungen zu pflegen und zu verkehren, mit wem wir für gut befinden?«[10] Die Sache ist erledigt. Stolypin zieht sich ernüchtert zurück. Weit davon entfernt, sich geschlagen zu geben, verstärkt Gwerasimow indessen die polizeiliche Überwachung des Starez, bringt weitere Einzelheiten seines sittenlosen Lebens an den Tag und drängt Stolypin, den unerwünschten Gast nach Sibirien abzuschieben. Es ergeht Befehl, Rasputin beim nächsten Mal, wenn er von Zarskoje Sjelo zurückkommt, am Bahnhof von Sankt Petersburg zu verhaften. Nun stehen Gwerasimow zwar geübte Spione zur Verfügung, aber Rasputin fehlt es nicht an den seinen. Ohne zu warten, bis man ihn am Kragen packt, bricht er aus eigener Initiative nach Pokrowskoje auf und kommt seinen Feinden damit zuvor.

In seinem Dorf verkrochen, wartet er ab, daß der Sturm sich legt. Um sich abzulenken, stattet er sein Heim »im städtischen Stil« neu aus und stellt überall an den Wänden Fotos zur Schau, die ihn in Gesellschaft der bekanntesten Persönlichkeiten des Kaiserreichs zeigen. Zum Glück scheint man höheren Ortes seine Eskapaden vergessen zu haben. Ganz bestimmt hat der Zar die Polizei angewiesen, die Überwachung einzustellen. Auf der Gegenseite sieht Stolypin, der Ihren Majestäten nahelegte, den Starez vom Hof zu verbannen, sein Ansehen beim Herrscher empfindlich gesunken. Man empfängt ihn nur noch hin und wieder, zeigt ihm die kalte Schulter und schlägt seine Warnungen in den Wind.

Rasputin rafft sich inzwischen auf, kehrt Anfang 1909 nach Sankt Petersburg zurück, verlangt eine Audienz bei Stolypin und bringt ihm seine Beschwerden vor: Er habe sich nichts vorzuwerfen, die Untersuchungsbeamten seien Verleumdern auf den Leim gegangen, seine Ergebenheit der Kirche und der kaiserlichen Familie gegenüber sei ohne Makel … Bemüht, den Zaren nicht noch mehr zu verärgern, läßt Stolypin einen süß-sauren Rapport abfassen und legt die Sache vorläufig zu den Akten.

Wieder im Sattel, trägt sich Rasputin mit dem Gedanken, sich den unlängst erfolgten Tod Johannes von Kronstadts zunutze zu machen, um sich aktiv in die religiösen Angelegenheiten des Landes einzumischen und etwas für die Karriere der Geistlichen zu tun, auf deren Freundschaft er zählen kann. Unter diesen erlesenen Verbündeten figuriert an erster Stelle Iliodor, Erzabt in Zarizyn. Dieser hat sich mit seinen Angriffen auf die Provinzregierung, die Lokalbehörden und die Aristokratie in eine schiefe Lage gebracht. Er hat ihnen nämlich vorgeworfen, durch ihre übertriebene Toleranz mit den Juden, den Freimaurern und Revoluzzern jeder Sorte gemeinsame Sache zu machen. Zur Strafe für seine überspitzten Äußerungen versetzt ihn der Heilige Synod nach Minsk, wo er eine kleinere Zuhörerschaft haben wird. Mehr braucht es nicht, damit Rasputin sich zur Verteidigung Iliodors aufgerufen fühlt. In seiner »brüderlichen« Empörung geht er gar soweit, bei Nikolaus II. für den allzu hitzigen Vertreter des Konservatismus ein Wort einzulegen. Der Zar, der Iliodor bei Anna Wyrubowa begegnet ist, willigt ein, daß dieser nach Zarizyn zurückkehren kann.

Sieg für Iliodor, aber auch für Rasputin. Überzeugt, unter allen Umständen vor Strafe gefeit zu sein, macht sich dieser im Mai 1909 wieder nach Pokrowskoje auf, frohlockend diesmal, denn er ist von einer kleinen Schar von Verehrerinnen begleitet: Anna Wyrubowa, Frau Orlowa und eine gewisse Frau S., deren Identität ungeklärt bleibt. Es war die Idee der Kaiserin, diese über jeden Verdacht erhabenen Damen zu entsenden, um von ihnen über das Landleben des heiligen Mannes Auskunft zu erhalten. Von so viel weiblicher Präsenz in Stimmung gebracht, erlaubt sich nun aber Rasputin, auf der Reise mit Frau S. zu schäkern. Kaum nach Petersburg zurückgekehrt, wendet sich das Opfer dieser Annäherungsversuche in einem Brief an die Zarin und erklärt, sie sei vergewaltigt worden. Sogleich bestreiten Anna Wyrubowa und Frau Orlowa diese ehrenrührige Unterstellung. Ihr Aufenthalt in Pokrowskoje habe sich in einer zugleich ländlichen und heiligenden Atmosphäre abgespielt, sagen sie. Sie hätten »Vater Grigorijs« Predigten beigewohnt, hätten Psalmen gesungen, »Brüder« und »Schwestern« besucht und »in einem recht großen Zimmer im Obergeschoß auf Strohsäcken am Boden«[11] geschlafen. Erleichtert beschließt die Kaiserin, der falschen Anschuldigung einer Nymphomanin keine Beachtung zu schenken.

Kurz nach diesem Zwischenspiel begibt sich Rasputin mit Bischof Hermogen nach Zarizyn, zu Iliodor. Der Erzabt empfängt sie mit allen erdenklichen Ehren. Er fordert »Starez Grigorij« sogar auf, vor seinen versammelten Schäfchen zu erscheinen, und verkündet: »Meine Kinder, da steht euer Wohltäter! Dankt ihm!« Worauf sich die ganze Gemeinde niederwirft, bis jede Stirn den Boden berührt. Man drängt sich um den »Wohltäter«, überschüttet ihn mit verehrenden Worten, küßt ihm die Hände, als wären es Reliquien. Und Rasputin nimmt diese Ehrbezeigungen dankbar und gerührt entgegen.

Am selben Abend noch schreibt er Ihren Majestäten einen Brief, um ihnen in seinem Kauderwelsch von dem triumphalen Empfang zu berichten, der ihm in Zarizyn zuteil geworden ist: »Liebste Papa und Mama, Tausend [Tausende] Leute laufen mir nach ... Man muß dem kleinen Iliodor eine Meter [eine Mitra] geben.«[12]

Dann reist er von Zarizyn weiter nach Pokrowskoje. Diesmal begleitet ihn Iliodor. Unterwegs erzählt ihm Rasputin, zutraulich geworden, wieviel Einfluß er auf das weibliche Geschlecht im allgemeinen und auf die Zarenfamilie insbesondere gewonnen hat. Zum Beweis für seine Behauptungen läßt er ihn in Pokrowskoje die Briefe der Zarin und ihrer Töchter, der vier Großfürstinnen, lesen. Sie sind so verblüffend in ihrer hingebungsvollen Naivität, daß Iliodor seinen Augen nicht traut. Die siebenunddreißig Jahre alte Zarin schreibt: »Mein unvergeßlicher Freund und Meister, Retter und Ratgeber, wie sehr deine Abwesenheit mich bedrückt! Meine Seele findet keinen Frieden, und ich fühle mich nur entspannt, wenn Du, mein Meister, an meiner Seite sitzt, wenn ich Deine Hände küssen und meinen Kopf an Deine heilige Schulter lehnen kann. O, wie leicht fühle ich mich dann, und ich habe nur einen Wunsch: auf ewig zu entschlafen an Deiner Schulter und in Deinen Armen ... Komm bald wieder. Ich warte und leide ohne Dich ... Deine Dich in alle Ewigkeit liebende M[ama] ...«

Die vierzehnjährige Olga ihrerseits schreibt: »Mein unschätzbarer Freund, ich denke oft an Dich und deine Besuche bei uns, wo Du uns von Gott erzählst. Du fehlst mir sehr, ich habe niemanden, dem ich meinen Kummer anvertrauen kann, und ich habe so viel, so viel Kummer!... Bete für mich und segne mich. Ich küsse Dir die Hände. Deine Dich liebende Olga.«

Und Tatjana, zwölf Jahre: »Lieber und treuer Freund, wann kommst Du denn wieder hierher? Wirst Du lange in Pokrowskoje eingesperrt bleiben?... Sieh zu, daß Du so schnell wie möglich zurückkommen kannst: Du kannst ja alles, Gott liebt

5: *Rasputin mit Erzbischof Hermogen und Mönchpriester Iliodor.*

Dich so sehr! ... Ohne Dich ist es so traurig, traurig ... Ich küsse Deine heiligen Hände ... Für immer Deine Tatjana.«

Maria, zehn Jahre, bedauert ebenfalls Grigorijs Abwesenheit: »Am Morgen, sobald ich aufwache, hole ich das Evangelium, das Du mir geschenkt hast, unterm Kopfkissen hervor und küsse es. Es ist mir, als würde ich Dich küssen.«

Selbst Anastasia, acht Jahre, meldet sich zu Wort: »Ich sehe Dich oft im Traum vor mir, und Du, siehst Du mich auch im Traum? Wann kommst Du denn endlich? Wann nimmst Du uns wieder alle in ein Zimmer, um uns von Gott zu erzählen? ... Ich versuche, schön brav zu sein, wie Du mir gesagt hast. Wenn Du immer bei uns bleibst, werde ich immer brav sein. Anastasia.«[13]

Was den kleinen fünfjährigen Alexej betrifft, so beschränkt er sich darauf, dem Seher ein paar Blätter zu schicken, auf die er in der Mitte ein unbeholfenes, mit kleinen Pfeilen verziertes »A«(seine Initiale) gemalt hat.

Stolz führt Rasputin Iliodor diese Liebesbeweise der kaiserlichen Familie vor. Und der kann seiner Bewunderung nicht überschwenglich genug Ausdruck geben. Wahrhaftig, denkt er, Freund Grigorij ist entweder ein Gesandter des Himmels oder ein genialer Usurpator. In beiden Fällen muß man tief den Hut vor ihm ziehen. Nach diesen Briefen jucken dem Erzabt die Finger. Er betastet sie, saugt sie förmlich ein. Bittet er Rasputin, ihm ein paar davon zu schenken, oder entwendet er sie, weil er denkt, sie könnten ihm eines Tages nützlich sein? Wie auch immer, sie landen in seiner Tasche.

Nachdem sie etwas mehr als eine Woche in Pokrowskoje verbracht haben, brechen die beiden wieder nach Zarizyn auf. Dort hält Rasputin mehrere Predigten und verteilt kleine Geschenke an die im Heiliggeistkloster versammelten Gläubigen, nicht ohne sie vorher darauf hingewiesen zu haben, daß jeder Gegenstand aus seiner Hand für den Empfänger einen verborgenen Sinn besitze. »So wie das, was ein jeder erhält, wird sein Leben später sein!« sagt er. Die Anwesenden stoßen und drän-

6: Nikolaus II., Zar von Rußland, 1896.

gen sich, um von dem heiligen Mann ein Zeichen zu ergattern. Wer mit einem Taschentuch beehrt wird, der fürchtet, schon bald Tränen zu vergießen, wem ein Stückchen Zucker zufällt, der beginnt von einem süßen Leben zu träumen, die heiratsfähigen Töchter reißen sich um die Flitterringe, die der Starez verschenkt, und sind untröstlich, wenn er ihnen eine kleine Ikone hinhält, die bedeutet, daß sie den Schleier nehmen werden.

Als Rasputin am 30. Dezember 1909 die Stadt verläßt, wird er von einer Prozession von 2000 Leuten zum Bahnhof begleitet. Von der Plattform seines Waggons aus hält er der Menge eine Abschiedsrede. Man weint, streckt ihm winkend die Hände entgegen. Nie hat er sich mächtiger, nie geliebter gefühlt. Iliodor segnet den Zug, bevor noch einmal die Glocke bimmelt. Aber er fragt sich zugleich, ob sein guter Freund nicht im Begriffe steht, allzu wichtig zu werden, was dem Ruf der offiziellen Kirche schließlich schlecht bekommen könnte. Und Rasputin ahnt mit gutem Gespür, daß er mit seiner Popularität eben jenen Geistlichen ins Gehege gerät, die auf ihn gesetzt haben. Sei's drum, er kann nicht mehr zurück. Gott hat seinen Weg zwischen den Kirchen, den Klöstern, den Wiegen und Gräbern vorgezeichnet. Er muß das Schicksal erfüllen, das ihm vom Allerhöchsten bestimmt ist, ohne ein Haar davon abzuweichen. Und sollte er eines Tages straucheln, so geschähe es mit Billigung des Himmels.

Bei seiner Rückkehr nach Sankt Petersburg beunruhigt es ihn aber doch zu spüren, daß sich der Wind gedreht hat. Von allen Seiten werden Anklagen laut. Zwei Frauen, Chionija Berladskaja und eine gewisse Jelena sprechen in der Theologischen Akademie bei dem sanften, bescheidenen Bischof Theophan vor, um sich bei ihm über die unzüchtigen Ausschweifungen des Starez zu beklagen. Chionija Berladskaja schwört sogar aufs Evangelium, Rasputin habe sich in einem Eisenbahnwaggon an ihr vergangen. Da sie ihm eine Beichte abgelegt hatte,

habe er mit ihr gebetet und sie dann auf den Rücken geworfen, um sie zu besitzen, wobei er behauptete, daß er das tue,
um sie von den dunklen Kräften zu befreien. Theophan sind
im Zusammenhang mit seinem Schützling schon mehrmals
Beschwerden dieser Art zu Ohren gekommen. Er zitiert ihn
herbei, fordert eine Erklärung, weigert sich, seine verlegenen
Entschuldigungen hinzunehmen, und wirft Rasputin vor, er
habe sein Vertrauen mißbraucht. Dann sucht er um eine Audienz beim Zaren nach.

Empfangen wird er nicht vom Zaren, sondern von der Zarin.
Sie ist von der unvermeidlichen Anna Wyrubowa flankiert.
»Ich sprach über eine Stunde mit ihr«, erzählt Theophan später, »und versuchte ihr aufzuzeigen, daß sich Rasputin in
einem Zustand geistiger Verirrung befand.« Obgleich diese
Enthüllungen sie betrüben, hält Alexandra Fjodorowna jedoch daran fest, daß Grigorijs Verirrungen ihn nicht hindern,
ein authentischer Heiliger zu sein. Bloß ist er es auf seine Weise. Anstatt sich durch Sündlosigkeit zu erheben, erhebt er sich
durch die Erfahrung der Sünde selbst. Während die anderen
Heiligen vor lauter Beten vergessen, daß sie auch Menschen
sind, bleibt er ein Mensch mit all seinen Schwächen und Fehlern, die durch die Ekstase sogleich wieder aufgewogen werden. Er ist also uns unvollkommenen Geschöpfen nahe, er ist
dem russischen Volk, der russischen Wahrheit nahe. Weit davon entfernt, sich gegen Gott zu versündigen, dient er ihm in
der Finsternis wie im Licht.

Angesichts dieser Starrsinnigkeit zieht sich Theophan bestürzt zurück und beschließt, ins Lager der erklärten Gegner
Rasputins überzuwechseln. Sie sind zahlreich und vielfältiger
Herkunft. Ihnen scheint der Augenblick zum Handeln gekommen. Mit dem Segen des Archimandriten wird eine Presse-
kampagne organisiert. Wortführer sind zwei rechtsstehende
Monarchisten, der Ex-Populist und Chefredakteur der *Moskauer Nachrichten* Tichomirow und Nowosjelow, ein Professor der

Theologischen Akademie von Moskau. Um ihrer Protestaktion mehr Gewicht zu verleihen, erachten es Rasputins Gegner jedoch für nötig, sich auch die Unterstützung linksgerichteter Kreise zu sichern. Der Gründer der Oktobristenpartei und Vorsitzende der III. Duma, Gutschkow, übernimmt die Führung der liberalen Intellektuellen, die sich gegen den wachsenden Einfluß des Magiers mobilisieren. Zunächst lancieren die *Moskauer Nachrichten* eine Attacke, bei der Rasputin von Nowosjelow beschuldigt wird, er sei ein Scharlatan und bringe die kaiserliche Familie in Verruf. Daran schließt sich *Das Wort* an, das Presseorgan der K. D.[14], in dem zwischen dem 20. Mai und dem 26. Juni 1910 eine Serie von zehn mit S. V. unterzeichneten Artikeln aus der Feder Gutschkows erscheint. Unter dem Deckmantel dieser Initialen stellt er die Schandtaten des »perversen Starez« an den Pranger, nennt die Namen seiner Opfer und legt Rasputins Theorie dar, wonach der Akt des Fleisches keine Sünde, sondern ein ausgezeichnetes Mittel zum Erreichen der religiösen Glückseligkeit sei. Beiläufig unterstreicht der Autor auch die zweifelhaften Beziehungen Rasputins zur extremen Rechten und zu »dynastischen Kreisen«, mit anderen Worten: zur Zarenfamilie.

Erschrocken wendet sich Rasputin an seine Freunde und fleht sie um Hilfe an. Auf Drängen Iliodors erheben gleich nach dem Erscheinen von Nowoslejows Artikel in den *Moskauer Nachrichten* die »Gläubigen von Zarizyn« die Stimme und nehmen in einer »Botschaft« gegen die Verleumdungen Stellung, die über den »glückseligen Starez Grigorij«, der unbestreitbar »alle Anzeichen göttlicher Auserwähltheit« besitze, in der Presse verbreitet werden.

Hermogen, den man ebenfalls ersucht, dem »Märtyrer« zu Hilfe zu eilen, gibt sich zurückhaltender. Bischof Theophan hat ihn ins Vertrauen gezogen, und nachdem er sich die Zeitungsartikel näher angesehen hat, ist er nahe daran, den Verleumdern recht zu geben. Gäbe er das zu, würde er sich jedoch das Wohlwollen Ihrer Majestäten verscherzen. So wahrt Hermogen ein vorsichtiges Schweigen.

Indessen wirbelt die Affäre auch im Umkreis des Thrones Staub auf. Das Kindermädchen des kleinen Alexej, Maria Wischnjakowa, beklagt sich bei der Zarin, Rasputin habe sie in ihrem Zimmer »beschmutzt« und pflege »Liebschaften« mit anderen Frauen. Über dieses Dienstbotengekeife empört, bestraft die Zarin sie mit einer zweimonatigen Beurlaubung. Aber eine Hofdame Ihrer Majestät, Sophija Tjutschewa, ist ebenfalls verunsichert. Sie wundert sich über den vertraulichen Umgang Rasputins mit den Großfürstinnen, die er abends regelmäßig in ihrem Zimmer aufsucht, um mit ihnen zu plaudern und zu lachen, während sie schon im Nachthemd sind. Besteht da nicht eine Gefahr für die Zarentöchter, oder werden sie nicht zumindest in ihrer Standeswürde verletzt? Als Alexandra Fjodorowna dieser neue Vorwurf gegen den »heiligen Mann« zu Ohren gebracht wird, erstarrt sie in herablassender Mißbilligung und verweigert jede Antwort. Die willensstarke Tjutschewa wendet sich deshalb an den Zaren, um ihm ihre Zweifel an der Lauterkeit von Rasputins Absichten vorzubringen. »Also glauben auch Sie nicht an die Heiligkeit von Grigorij Jefimowitsch?« seufzt Nikolaus II. »Und was würden Sie sagen, wenn ich Ihnen gestehen würde, daß ich diese schwierigen Jahre nur dank seiner Gebete überlebte?«[15] Entsprechend reagieren Ihre Majestäten auch der älteren Schwester der Zarin gegenüber, die Alexandra Fjodorowna auf die mißlichen Unterstellungen aufmerksam zu machen versucht, durch welche Rasputins wegen die Krone vor aller Welt befleckt wird. Die Zarin fällt der Besucherin mit der wegwerfenden Bemerkung ins Wort: »Das sind die üblichen Verleumdungen gegen jene, die wie Heilige leben.« Wie schon das Kindermädchen Wischnjakowa wird auch die Hofdame Tjutschewa für zwei Monate beurlaubt. Sie ist über diese ungerechtfertigte Maßregelung so verärgert, daß sie kurz darauf ihren Dienst quittiert und danach überall erzählt, sie sei entlassen worden, weil sie den Herrschern die Vertraulichkeiten habe enthüllen wollen, die sich der Starez mit den Großfürstinnen gestatte.

Um das Lager seiner Verbündeten im Kampf gegen die feindlichen Kräfte zu stärken, begibt sich Rasputin nach Saratow und versucht, den frommen Hermogen zu umgarnen. Er will ihn von seinen guten Absichten überzeugen, indem er ihn bittet, ihn auf die Priesterschaft vorzubereiten. Und der Bischof betraut Iliodor mit dieser heiklen Aufgabe. Aber es zeigt sich rasch, daß Rasputin unfähig ist, die Gebetstexte und die wichtigsten Passagen der Evangelien auswendig zu lernen. Er übersetzt alles in seine eigene Sprache, unbekümmert um Improvisationen und fehlerhafte Wortverbindungen, so daß sein Lehrer davon absieht, das Experiment lange weiterzuführen. Zum Trost läßt sich Rasputin im Priestergewand, aber ohne das Kreuz auf der Brust, neben Hermogen und Iliodor fotografieren.

Ein paar Monate später kommt es zwischen ebendiesem Iliodor und dem »von Gott geliebten Starez« doch zu einer Meinungsverschiedenheit, und zwar im Zusammenhang mit dem 1901 wegen seiner Angriffe auf die orthodoxe Kirche exkommunizierten Tolstoj. Als der Dichter am 7. November 1910 stirbt, schickt Iliodor ein Telegramm an Nikolaus II., in dem er verlangt, daß dieser falsche Christ mit dem Bannfluch belegt werden solle. Anstelle des Zaren antwortet ihm jedoch Rasputin: »Telegramm zu hart, Tolstoj hat Durcheinander im Kopf. Bischöfe schuld, haben ihn nicht geliebt. Auch du wirst von den eigenen Brüdern kritisiert. Nimm dir die Mühe nachzudenken.«[16] Anstatt diesem weisen Rat zu folgen, bringt Iliodor in einem Raum seines Klosters ein Porträt Tolstojs an und fordert die Pilger auf, es anzuspucken, bis die Gesichtszüge unter den Speichelspuren verschwunden sind. Rasputin, der erfährt, wie das Andenken des Verstorbenen geschmäht wird, ist darüber tief betrübt. Er hat Tolstoj immer bewundert. Nicht als Romanschriftsteller natürlich – er hat nichts von ihm gelesen –, sondern als religiösen Prediger. Ihm scheint, er sei durch eine geistige Verwandtschaft mit dem Autor von *Krieg und Frieden* verbunden, denn sie haben beide die Vermittlung der Priester nicht gebraucht, um sich mit Christus zu verbinden.

Da Iliodor weiterhin gegen die Behörden und damit indirekt gegen das Regime wettert, dessen »Laschheit« nach seiner Meinung Rußland den Revolutionären, den Freimaurern, den »Itzigen« und den Gottlosen ans Messer liefert, beschließt Stolypin, ihn aus Zarizyn, wo er sich wie ein Duodezfürst gebärdet, zu entfernen und ins Kloster Nowosil zu versetzen, das dem Bischof von Tula untersteht. Sogleich wird Rasputin beim Zar vorstellig, damit sein Freund, der Erzabt, in seiner Lieblingsstadt bleiben kann. Nun kommt aber Stolypin, der diese ganzen Intrigen satt hat, auf seinen Wunsch zurück, Rasputin selbst aus Sankt Petersburg abzuschieben, wo seine Anwesenheit die Gemüter allzu stark erhitzt. Er bringt Nikolaus II. sein Anliegen vor. Der hört ihn gelassen an, lächelt bei der Schilderung gewisser anstößiger Szenen in den Bädern sogar verächtlich und erwidert: »Ich weiß; auch da predigt er die Heilige Schrift.« Dann rät er Stolypin, sich einmal unter vier Augen mit dem Starez zu unterhalten, um sich persönlich ein Bild von ihm zu machen.

Die Unterredung findet statt, und der Minister sieht sich einem durchtriebenen, verstockten Menschen gegenüber, der bei jeder Gelegenheit die Bibel zitiert, händeringend in seinen Bart brummt, erklärt, er habe sich keine einzige der Abscheulichkeiten zuschulden kommen lassen, die man ihm vorwirft, und der sich demütig mit einem »Brosämchen« vergleicht. »Ich spürte eine unüberwindliche Abneigung in mir aufkommen«, wird Stolypin später dem Abgeordneten Rodsjanko anvertrauen. »Dieser Mann hatte eine gewaltige magnetische

Kraft und löste in mir eine starke Gemütsbewegung aus, und sei es eine des Widerwillens. Ich beherrschte mich, erhob die Stimme und hielt ihm entgegen, daß sein Schicksal mit den Dokumenten, die ich besitze, sich in meiner Hand befinde.«

Nachdem er ihm gedroht hat, ihn vor Gericht zu ziehen, rät Stolypin Rasputin schließlich, nach Pokrowskoje zurückzukehren, um einen Skandal zu vermeiden, und sich nicht mehr in Sankt Petersburg blicken zu lassen.

In die Enge getrieben, fleht Rasputin einmal mehr das Herrscherpaar um Schutz an. Er solle ihm gewährt werden, verspricht man, aber mehr aus Mitleid denn aus Überzeugung, so scheint ihm. Obwohl ihn die Zarin beruhigt hat, fühlt er sich doch nicht in Sicherheit. Er hat so viele Leute gegen sich! Da sind einmal die traditionellen Bischöfe, die fürchten, daß ihre geistige Autorität durch einen Schwärmer ins Wanken gerät. Dann gewisse Mitglieder des Herrscherhauses und zahlreiche Höflinge, die der Gedanke erschreckt, daß ein Muschik Ihre Majestäten dazu verleiten könnte, sich auf das Volk und nicht mehr wie einst auf die Aristokratie zu stützen. Derselbe Argwohn hat die Behörden und die Polizei ergriffen, die in diesem allzu innigen Einverständnis zwischen dem Zaren und einem Bauern eine Bedrohung für das reibungslose Funktionieren des bürokratischen Räderwerks wittern. Und da sind schließlich die liberalen Kreise, die nur zu glücklich die Gelegenheit nutzen, um über Rasputin hinaus alle Fehler des Regimes anzuprangern.

Trotz der schweren Wolken, die sich über ihm zusammengeballt haben, gibt Starez Grigorij den Glauben nicht auf, daß er im Palast noch genügend Einfluß besitzt, um zugunsten seiner Freunde zu intervenieren. Da Stolypin noch immer grimmig entschlossen ist, Iliodor von seinem Sitz in Zarizyn zu vertreiben und ihn in ein anderes Kloster zu versetzen, tritt Rasputin nun als Vorkämpfer für den »verfolgten« Erzabt auf. Aber das Manöver mißlingt. Der im Auftrag des Zaren nach Zarizyn gesandte Untersuchungsbeamte kehrt mit vernichtenden Berichten nach Sankt Petersburg zurück, sowohl was Iliodors blinde Intoleranz als auch was Rasputins sexuelle Heldentaten betrifft. Nikolaus II. muß Stolypin schließlich recht geben: Man muß die Gemüter sich abkühlen lassen, es ist im Interesse aller, Rasputin für ein paar Monate zu entfernen. Von Feinden und Freunden gedrängt, läßt sich Rasputin endlich dazu bewegen, die Hauptstadt zu verlassen, um eine Pilgerreise nach Jerusalem anzutreten. Da, denkt er, wird es wenigstens niemandem einfallen, ihm nachzuspionieren. Und ein Besuch im Heiligen Land kann seinem frommen Ruf im undankbaren Rußland nur dienlich sein.

V

Jerusalem

Um sich auf die höchste Offenbarung der Heiligen Stätten vorzubereiten, begibt sich Rasputin erst einmal in die Lawra von
Kiew, nimmt die heiligen Grotten in Augenschein, hört sich in
den verschiedenen Kirchen die geistlichen Gesänge an und
versucht, wie er sagt, »der Eitelkeit der Welt« zu entrinnen.
Dann reist er nach Odessa weiter und schifft sich da mit sechs-
hundert anderen russischen Pilgern auf einem Dampfer ein.
Auf dem Meer bewundert er das Wellenspiel, das seine Gedanken wieder auf Gott lenkt, der in jedem Naturereignis gegenwärtig ist. Betrachtungen dieser Art bringt er in einem pom-
pös-naiven Galimathias zu Papier und schickt sie als Briefe an
Anna Wyrubowa nach Sankt Petersburg. So wird man ihn während seiner Abwesenheit auch sicher nicht vergessen. Und tatsächlich liest Anna Wyrubowa die Botschaften des heiligen
Mannes den anderen Verehrerinnen vor, die sie abschreiben
und fromm um sich herum verbreiten. Die Gesamtheit dieser
verworrenen Banalitäten wird 1916 unter dem Titel *Meine
Gedanken und Reflexionen* als luxuriös aufgemachtes Büchlein
erscheinen. Ohne je aufzuhören, seine Reise für die lieben in
Sankt Petersburg zurückgelassenen Anhängerinnen zu kom-
mentieren, besucht Rasputin nun Konstantinopel, erfüllt in
der Hagia Sophia seine religiösen Pflichten, verharrt in An-
dacht vor dem Stuhl Johannes des Evangelisten und vor den
Gebeinen des heiligen Jefim, schifft sich wieder ein, um über
Smyrna, Rhodos, Tripolis und Beirut endlich Jaffa zu errei-

chen. Als er sich dem Heiligen Grab nähert, kann er sich eines heftigen Herzklopfens nicht erwehren, vor diesem Grab, das, schreibt er, »ein Grab der Liebe ist.« Noch tiefer ergriffen fühlt er sich auf Golgotha und im Garten Gethsemane, an all den Stätten, die Jesus betrat, bevor er den Kreuzestod starb. Rasputin wohnt den orthodoxen Osterfeierlichkeiten bei. »Möge Gott mir ein gutes Gedächtnis geben, damit ich diesen Augenblick nie vergesse!« ruft er aus. »Wie gläubig würde jeder Mensch, selbst wenn er nur ein paar Monate hier bliebe!« Eine Woche vorher haben in Jerusalem die Katholiken Ostern gefeiert. Die Gläubigen der römischen Kirche, notiert Rasputin streng, nationalistisch bis in die Religion hinein, machten bei ihren Frömmigkeitskundgebungen einen weniger inbrünstigen, weniger fröhlichen Eindruck als die der russischen Kirche. »Die Katholiken wirken überhaupt nicht fröhlich«, erklärt er, »während sich bei unseren Festen das ganze Universum und selbst die Tiere freuen. O! Wie glücklich sind wir Orthodoxen, wie schön ist unser Glaube, viel schöner als alle anderen. Die Gesichter der Katholiken blieben griesgrämig am Ostertag, darum denke ich, daß ihre Seelen auch nicht wirklich froh sind.«[17] Indessen übt er Kritik an der russischen Geistlichkeit: »Unsere Bischöfe sind alle sehr gelehrt und zelebrieren die Messe mit großer Pracht, aber sie sind nicht einfältig im Geist. Und das Volk folgt nur denen, die im Geist einfältig sind.« Bei der Formulierung dieser Maxime denkt er natürlich an sich selbst. In Jerusalem mehr noch als in Sankt Petersburg ist er überzeugt, daß nur die Demut die Seele des Christen bessern kann. Gott haßt den Hochmut und vergibt der Einfalt alles. Um zu ihm zu gelangen, muß man verwundbar und unwissend werden wie ein Kind, das nicht zur Schule geht. Ein Übermaß an Wissen ist der Ausübung des Glaubens abträglich. Ein prall gefüllter Kopf vermag ein bloßes, aufrichtiges Herz nicht aufzuwiegen.

An diesen Lehrsätzen eines primitiven Evangeliums ergötzen

sich Rasputins Anhängerinnen. Allen voran verkündet Anna Wyrubowa weiterhin die strahlende Heiligkeit des Starez Grigorij. Sie berichtet der Zarin, was der Abwesende denkt und tut. Dank ihrer Vermittlung erreicht Rasputin aus der Ferne beim Zaren, daß Iliodor wieder in sein Amt eingesetzt wird. Dagegen spürt Stolypin, wie seine Macht unter den Angriffen der extremen Rechten ins Wanken gerät. Nach mehreren politischen Meinungsverschiedenheiten reicht am 22. März 1911 Gutschkow als Vorsitzender der Duma seinen Rücktritt ein und wird durch Rodsjanko ersetzt. Der Heilige Synod hält an der Versetzung Iliodors ins Kloster Nowosil fest. Der Erzabt begibt sich widerwillig dorthin, entflieht wieder und kehrt in seine Lieblingsstadt zurück, wo er sich in seinem Kloster verschanzt. Da trifft sich Hermogen mit ihm. Sie werden von einer fanatischen Menge umjubelt, die droht, »alles kurz und klein zu schlagen«, wenn man sie ihrer beiden Idole beraube. Auf Befehl des Gouverneurs umzingelt das Militär die Kirchengebäude und schickt sich an, sie zu stürmen. Die Konfrontation scheint unvermeidlich. Besorgt über die möglichen Folgen dieses Aufruhrs, erstattet der Gouverneur Nikolaus II. Bericht, der dem Heiligen Synod rät, auf seinen Entscheid zurückzukommen und Iliodor zumindest provisorisch in Zarizyn zu belassen. Rasputin, den seine Getreuen brieflich über diesen Rückzug informieren, kann sich nur glücklich schätzen, daß sein Verleumder Stolypin desavouiert und der Heilige Synod zur Ordnung gerufen wurde. Mit seinem Vorgehen hat der Herrscher weise dem Wunsch der anonymen Massen des Landes entsprochen.

Rasputin ist seit dreieinhalb Monaten unterwegs. In der Zwischenzeit hat man vergessen, daß er in Ungnade gefallen war. Durch den langen Aufenthalt im Heiligen Land hat sein Nimbus sogar neuen Glanz erhalten. Bei seiner Rückkehr nach Rußland im Sommer 1911 ist er als erstes darum besorgt, beim Zaren und der Zarin, die sich in ihrer Residenz in Peterhof aufhalten, um eine Audienz nachzusuchen. Er wird freudig empfangen, man hört ihm andächtig zu, als er von seiner Reise auf den Spuren Christi erzählt, man versichert ihn der wohlwollenden Aufmerksamkeit der ganzen Familie. Frischen Mutes bezieht er in Sankt Petersburg bei einem seiner Freunde, dem Journalisten Georgij Sasonow, Quartier. Aber er hat kein Sitzfleisch. Im August fährt er nach Zarizyn, wo Iliodor zu seinen Ehren Hymnen singen läßt und ihn mit Geschenken überhäuft. Dann besucht er Hermogen in Saratow. Der Bischof ist weniger gut auf ihn zu sprechen als der Erzabt, und er macht Rasputin heftige Vorwürfe wegen seines lasterhaften Lebenswandels. Trotz der Pilgerreise nach Jerusalem hält er ihn für einen vom rechten Weg abgekommenen, ja für einen gefährlichen Christen. Er wirft ihm vor, er bringe in den Augen ganz Rußlands die kaiserliche Dynastie in Verruf. Rasputin läßt dieser Tadel kalt. Er findet, in dieser Sache habe die Meinung der Kirche weniger Gewicht als die des Zaren. Und der Zar bekundet ihm wiederholt seine Wertschätzung und sein Vertrauen, indem er ihn in einem politischen Entscheid zu Rate zieht: Nikolaus II. trägt sich insbesondere mit dem Gedanken, Stolypin zu ersetzen, und schwankt für den Posten des Ratspräsidenten zwischen Witte und Kokowzow. Was meint der heilige Mann dazu? Rasputin plustert sich auf und sagt seine Meinung. Sollte er dem Land in öffentlichen Angelegenheiten ebenso nützlich sein wie in religiösen? Wahrhaftig, seit er das Grab Christi besucht hat, glückt ihm alles.

Kurz darauf begeben sich der Zar und die Zarin mit dem ganzen Hofstaat nach Kiew, wo ein Denkmal für Alexander II., den Großvater des Herrschers, eingeweiht werden soll. Am 1. September 1911, während eines Galaabends im Theater, knallt es in der Pause zweimal. Ein Unbekannter hat zwei Revolverschüsse auf Stolypin abgefeuert. Schwer verwundet hat dieser noch die Kraft, zur kaiserlichen Loge hin ein Kreuzzeichen zu machen, bevor er zusammenbricht. Der Täter wird verhaftet.

Es ist ein gewisser Bogrow, ein Doppelagent, den die Polizei gedungen zu haben glaubte, während er in Wirklichkeit ein überzeugter Terrorist war. Die Anwesenden packt das Entsetzen. Wie weit wird die Kühnheit der politischen Mörder gehen? Werden sie nicht den Herrscher anzugreifen wagen, nachdem sie seinen Ministerpräsidenten ermordet haben? Das Attentat auf Stolypin, von dem er sich ohnedies bald trennen wollte, geht Nikolaus II. so wenig nahe, daß er nicht einmal den weiteren Verlauf der Lustbarkeiten absagt. Am nächsten Tag schon verläßt er Kiew, um den großen Manövern von Tschernigow beizuwohnen. Sobald er weg ist, läßt die Zarin Rasputin rufen, denn er allein, sagt sie, vermag den Zaren vor der beständig drohenden Gefahr der Revolutionäre zu schützen. Die Ankunft des Starez löst am Hof helle Empörung aus. Die Angehörigen der kaiserlichen Familie finden sich nur schwer damit ab, daß Alexandra Fjodorowna in einer für die Monarchie so schweren Zeit ihre ganze Hoffnung auf die Weissagungen eines Muschiks setzt. Sie bittet ihn, für das Leben des Sterbenden zu beten. Er bequemt sich ohne Begeisterung dazu. Bereits am 29. August 1911, als er auf der Straße mitten in der Menge stand und Stolypins Kalesche vorbeifahren sah, hatte er am ganzen Körper heftig zu zittern begonnen und geschrien: »Der Tod ist hinter ihm ... Er folgt ihm!« Diese Prophezeiung eines tragischen Endes erfüllt sich Punkt für Punkt. Nach einer vier Tage dauernden Agonie erliegt Stolypin am 5. September seinen Verletzungen. Er wird auf seinem Posten sogleich durch Kokowzow, seinen erbittertsten Gegner, ersetzt. Durch die dramatischen Geschehnisse erschüttert, fährt die kaiserliche Familie für ein paar Wochen zur Erholung auf die Krim. Rasputin begibt sich in den ersten Wintertagen ebenfalls dorthin, um Ihren Majestäten mit seinen Predigten neuen Mut zu machen. Mittlerweile ist Hermogen Mitglied des Heiligen Synods geworden und hat sich in Sankt Petersburg niedergelassen. Hier sucht ihn im Dezember 1911 der ungestüme

7: Alexandra Fjodorowna, Zarin von Rußland.
Gemälde von Nikolai Kornilowitsch Bodarewski, 1907.

Iliodor auf. Die Bischöfe, mit denen er hier zusammentrifft, reden ihm wegen seiner Freundschaft mit dem infamen Rasputin, diesem Sohn des Teufels, ins Gewissen. Tatsächlich ist Iliodors Bewunderung für den Starez längst nicht mehr ungebrochen und mit Eifersucht und Abneigung vermischt. Hinter scheinbarer Zuvorkommenheit nimmt er ihm seine Beliebtheit übel. Warum muß dieser ungebildete Bauer ihn trotz seines Glaubens und seiner Sprachgewalt immer in den Schatten stellen? Ohne daß er es zuzugeben wagt, wartet Iliodor nur auf eine Gelegenheit, sich auf die Seite der Feinde »Vater Grigorijs« zu schlagen. Und da steht er nun Mitja Koljaba gegenüber, den die Zarin einst als Hellseher und Heiler ausgezeichnet hat. Dieser gewalttätige, haßerfüllte Einfaltspinsel kann es Rasputin nicht verzeihen, daß er ihn in der Gunst Alexandra Fjodorownas ausgestochen hat. Er behauptet vor Iliodor, er habe Beweise dafür, daß die Zarin mit dem falschen Propheten ein sexuelles Verhältnis pflege. Nun fühlt sich Iliodor, der den Anschuldigungen des Fanatikers glaubt, dazu aufgerufen, den Starez, den er unlängst noch in den Himmel hob, zu Fall zu bringen. Aus dem Gefolgsmann wird ein Rächer. Von nun an ist Rasputin in seinen Augen die leibhaftige Arglist des Teufels selbst, und er hält es für seine Pflicht, ihn auf den Treppenstufen des Throns niederzukämpfen. Mit Mitja Koljaba zusammen versucht er Hermogen in ein patriotisch-religiöses Komplott zu verwickeln. Der Bischof, der ihre Abneigung gegen »den bösen Geist« der Zarin teilt, ist bereit, Rasputin in seiner Dienstwohnung in der Lawra des heiligen Alexander Njewskij zu empfangen und ihm feierlich zu gebieten, sich für immer nach Sibirien zurückzuziehen.

Rasputin, der soeben von der Krim zurückgekehrt ist, kommt der Einladung nicht ganz arglos nach und sieht sich unvermittelt einem Tribunal von einem halben Dutzend Priestern gegenüber, unter dem Vorsitz von Hermogen. Neben ihm stehen Mitja Koljaba und Iliodor. Kaum ist er eingetreten, brüllt Mitja

Koljaba den Angeklagten an: »Gottloser! An wie vielen Müttern hast Du Dich vergangen? Wie viele Ammen hast du beleidigt? Du treibst es mit der Frau des Zaren, Schuft!« Und er versucht, ihn an den Genitalien zu packen. Zu Tode erschrocken krümmt sich Grigorij zusammen und weicht aus, während der mit einer Stola bekleidete Hermogen ein Kruzifix schwingt und den Bannfluch ausstößt: »Böser Geist! Im Namen Gottes verbiete ich dir, das weibliche Geschlecht je wieder anzurühren! Ich verbiete dir, den Palast des Zaren zu betreten und dich mit der Zarin einzulassen!«[18] Mitja Koljaba und Iliodor stimmen in Hermogens Gezeter ein. Rasend vor Wut geht Rasputin mit erhobenen Fäusten auf sie los. Mit wehenden Talaren werden im Namen Christi Prügel, Fußtritte und Kruzifixhiebe ausgeteilt. Durchgebleut und schreckensbleich gelingt es dem Starez zu entfliehen und bei seinen Verehrerinnen Maria Golowina und Olga Lochtina Schutz zu suchen. Kaum ist das Zarenpaar zu Weihnachten wieder in Zarskoje Sjelo eingetroffen, spricht er bei Ihren Majestäten vor und beklagt sich über den gewalttätigen Überfall, den Hermogen angezettelt habe. Folgsam beschließt der Heilige Synod, wie der Zar es befiehlt, den Bischof in seine Diözese zurückzuschicken. Aber der Schuldige weigert sich zu gehen und verlangt bei Nikolaus II. eine Audienz, um sich rechtfertigen zu können. Sie wird ihm nicht gewährt. Am 17. Januar 1912 muß Hermogen Sankt Petersburg wegen Gehorsamsverweigerung zwangsweise verlassen und wird im Zustand der Ungnade ins Kloster von Chirowizij in der Diözese von Grodno verbannt. Iliodor seinerseits weist man als Aufenthaltsort das Kloster Floritschewa in der Diözese von Wladimir zu, in das er als einfacher Mönch eintreten muß.

Allen Vorkehrungen zum Trotz, die Affäre vor der Öffentlichkeit geheimzuhalten, spricht die ganze Presse davon. Die Parteigänger der Rechten, die Hermogen unterstützen, veröffentlichen eine Erklärung, in der sie dem Heiligen Synod das

Recht absprechen, derart brutal gegen einen Bischof vorzugehen. Sein Fall hätte gemäß kanonischem Brauch von einem Konzil beurteilt werden müssen. Nowosjelow bringt unter dem Titel *Grigorij Rasputin, der mystische Wüstling* eine Broschüre heraus. Auf behördlichen Befehl wird der Bleisatz eingeschmolzen und die Auflage beschlagnahmt. Da läßt Nowosjelow in einer Moskauer Tageszeitung einen feierlichen Appell an den Heiligen Synod erscheinen, in dem er dessen Passivität beklagt. Die Zeitung wird eingezogen, aber es zirkulieren Kopien des beanstandeten Artikels in der Stadt.

Iliodor, der sich im Haus des tibetischen Arztes Badmajew versteckt hält, verfaßt einen mit *Grischka*[19] betitelten Aufsatz, in dem er erklärt, Rasputin gehöre der verfluchten Sekte der *Chlysten* an, er habe Dutzende von Frauen und jungen Mädchen verführt – wobei er keine genaueren Angaben macht – und untergrabe jeden Tag mehr das Prestige des Zaren. Um seiner Anschuldigung mehr Gewicht zu verleihen, zitiert er in vollem Umfang die Briefe der Zarin und der vier Großfürstinnen, die er sich während seines Besuchs bei »Freund Grigorij« in Pokrowskoje angeeignet hat. Worauf er sich dem Entscheid der kirchlichen Autoritäten unterzieht und ins Kloster Floritschewa abreist. Vorher hat er noch dafür gesorgt, daß Badmajew je ein Exemplar seines Aufsatzes dem Palastkommandanten, General Djedjulin, und dem neuen Dumapräsidenten Rodsjanko überbringt. Auch Abgeordnete bekommen das Dokument zu Gesicht, unter ihnen Gutschkow, dessen Groll gegen den Starez fortan die Dimensionen tödlichen Hasses erreicht. Er verschafft dem Pamphlet und der kaiserlichen Korrespondenz, von der es begleitet ist, ein breites Echo in der Öffentlichkeit. Gewisse dieser Briefe sind authentisch. Aber es werden auch andere im selben Stil in Umlauf gebracht, die von A bis Z erfunden sind.

Nun wird in den Salons der Hauptstadt unverblümt von den intimen Beziehungen der Zarin mit dem sibirischen Muschik gesprochen. Selbst jene, die um die tiefe Zuneigung wissen, welche den Zaren und die Zarin verbindet, beginnen sich zu fragen, ob an diesen Verleumdungen nicht doch etwas Wahres sei. Die Zeitung der Oktobristenpartei schießt den Vogel ab. Sie veröffentlicht Fotos mit »Vater Grigorij« inmitten seiner Verehrerinnen, unter denen Übelgesinnte die eine oder andere der Großfürstinnen zu erkennen behaupten. Als es der völlig überforderten Zensurbehörde gelingt, eines der Blätter zu beschlagnahmen, erreichen die Exemplare, die ihrem Zugriff entgangen sind, sagenhafte Preise auf dem Markt. Sie gehen von Hand zu Hand und bieten Anlaß zur Lektüre im engsten Kreis. Die Affäre nimmt nationale Ausmaße an. An ihr scheiden sich die Geister. Das neueste Modespiel der mondänen Zusammenkünfte heißt: für oder gegen Rasputin, für oder gegen den Heiligen Synod, für oder gegen das Regime? Generalin Bogdanowitsch, deren politischer Salon für einen Teil der Monarchisten tonangebend ist, schreibt in ihr *Tagebuch:* »Rußland wird nicht vom Zaren, sondern von diesem Hochstapler Rasputin regiert. Er erklärt allen, die es hören wollen, daß nicht die Zarin ihn brauche, sondern ›Nikolaus‹. Ist das nicht furchtbar? Und dazu zeigt er einen Brief herum, in dem die Zarin ihm versichert, sie sei ›nur ruhig, wenn sie sich an seine Schulter lehnen könne‹.« Durch den widerwärtigen Wirbel um den Palast alarmiert, läßt die Mutter des Zaren, Maria Fjodorowna, Ministerpräsident Kokowzow zu sich rufen, dem sie ihre Bestürzung nicht verhehlt. Das zugleich hochmütige und überschwengliche Gebaren ihrer Schwiegertochter war ihr seit je ein Dorn im Auge. Jetzt wirft sie ihr vor, Rußland ins Verderben zu führen. »Meine Schwiegertochter merkt nicht, daß sie dabei ist, sich selbst und die Dynastie ins Verderben zu stürzen«, sagt sie. »Sie glaubt zutiefst an die Aufrichtigkeit und Heiligkeit eines abenteuerlichen Herumtreibers, und wir sind alle machtlos und können nichts tun, um das Unglück abzuwenden, das nun unvermeidlich scheint.«

Als letzten Ausweg beschließt Gutschkow, durch eine Intervention in der Duma das Übel an der Wurzel zu packen. Am 26. Januar 1912 richtet er, von achtundvierzig Mitunterzeichnern unterstützt, an Innenminister Makarow eine Anfrage betreffend die unrechtmäßige Beschlagnahmung der Rasputin feindlich gesinnten Presseorgane. Bei der Budgetdebatte des Heiligen Synods wettert er noch unverblümter los: »Sie wissen, welch unerquickliches Drama Rußland gegenwärtig erlebt! Im Mittelpunkt dieses Dramas steht eine rätselhafte, tragikomische Figur, eine Art Geist aus einer anderen Welt oder das letzte Produkt der Jahrhunderte der Unwissenheit ... Wie konnte dieser Mann eine derart zentrale Position erringen und eine solche Macht an sich reißen, daß sich die höchsten Würdenträger der weltlichen und geistigen Staatsgewalt vor ihm beugen?«

Nikolaus II. ist über die Kühnheit der Schwätzer in der Duma derart empört, daß er anordnet, es dürfe während der Sitzungen nicht mehr von Rasputin die Rede sein. Ministerpräsident Kokowzow, der fürchtet, daß dieses Verbot die Abgeordneten an empfindlicher Stelle kränken und die Unzufriedenheit mit der Monarchie nur noch schüren könnte, warnt den Zaren vor einer so rigiden Haltung und rät ihm wie andere vor ihm, den Unerwünschten in sein heimatliches Sibirien zurückzuschicken. Unerschütterlich antwortet der Zar: »Heute verlangt man, daß Rasputin gehen soll, und morgen wird man sich über einen anderen beklagen und ebenfalls verlangen, daß er geht.« Indessen stimmt er zu, daß Kokowzow sich mit dem Starez treffen, ihm ins Gewissen reden und erklären soll, daß es besser sei, wenn er sich aus der Hauptstadt entferne.

Die Unterredung findet Mitte Februar 1912 statt. Beim Premierminister hinterläßt sie einen ungünstigen Eindruck. »Rasputin«, wird er in seinen Memoiren schreiben, »kam mir vor wie ein typischer sibirischer Vagabund, der klug, aber nach einem angelernten Rezept die Rolle eines Einfaltspinsels, eines Gottesnarren spielte. Körperlich fehlte ihm nur die Sträflingskleidung.« All das teilt Kokowzow dem Zaren durch die Blume mit. Nikolaus II., abwesenden Blickes, hört ihm kaum zu. Er ist sichtlich ungehalten darüber, daß ein Mann, in den seine Frau und er ein für allemal ihr Vertrauen gesetzt haben, von allen Seiten so verteufelt wird. Seiner Ansicht nach sind Rasputins angebliche Entgleisungen nur ein Vorwand, den die Feinde der Monarchie sich ausgedacht haben, um die kaiserliche Familie zu beschmutzen. Seit wann muß ein Zar schweigend dulden, daß man ihn kritisiert? Ist er der absolute Herr seines Schicksals und des Schicksals der Nation oder nicht? Weder Peter der Große noch Katharina II. noch Nikolaus I. noch Alexander III. hätten eine solche Einmischung in ihre autokratischen Vorrechte hingenommen!

Unterdessen hat der Starez, dem die Ausmaße, die der Skandal in ein paar Tagen angenommen hat, nun doch unheimlich sind, sich damit abgefunden, mit hängenden Schultern nach Pokrowskoje abziehen zu müssen. In seiner Abwesenheit flakkert die Affäre jedoch erneut auf. Dumapräsident Rodsjanko, ein Patriot und Monarchist reinsten Wassers, fürchtet, daß der Starez, von der Zarin gerufen, wieder auftauchen könnte, und beschließt, seinerseits alles daran zu setzen, den Zaren aus den Fängen eines skrupellosen Schwindlers zu befreien. Im Bewußtsein seiner Mission beginnt er Informationen über die angeblichen Beziehungen Rasputins zu den *Chlysten*, den Freimaurern und progressiven jüdischen Kreisen zu sammeln, befragt die Zeugen der gewalttätigen Auseinandersetzung bei Hermogen, stellt sämtliche Presseartikel zusammen, die über die heikle Angelegenheit berichten, und läßt sich eine Kopie der berühmten Briefe der kaiserlichen Familie aushändigen. Am 26. Februar wird er von Nikolaus II. empfangen und legt ihm zwei Stunden lang dar, aus welchen Gründen er in »Vater Grigorij« ein für den Thron gefährliches Individuum sieht. Der Zar hört sich seine alarmierenden Worte mit dem gewohn ten Gleichmut an, komplimentiert den Besucher hinaus, ohne sich die leiseste Verstimmung anmerken zu lassen und läßt ihm am nächsten Tag die Unterlagen des Heiligen Synods zustellen, aus denen hervorgeht, daß Rasputin nicht der inkriminierten Bruderschaft angehört. Anstatt diese Antwort als abschlägigen Bescheid zu interpretieren, bildet Rodsjanko sich ein, daß der Herrscher ihn mit der Überreichung so gewichtiger Dokumente zur Fortsetzung seiner Nachforschungen auffordern wolle. Selbst wenn die Anklage auf Mitgliedschaft bei den *Chlysten* zu streichen ist, bleiben doch alle anderen. Ihre Majestät hat ihn also mit einem Zeichen der Genugtuung dazu aufgerufen, in seiner dem öffentlichen Wohl dienenden Aufgabe fortzufahren. Sogleich nimmt Rodsjanko die Dienste der Dumakanzlei in Anspruch. Seitenweise kopieren deren Sekretäre kompromittierende Dokumente. Naiv spielt er sich in der Stadt mit den bereits erreichten Resultaten auf und brüstet sich mit dem Vertrauen, das Ihre Majestät ihm entgegengebracht habe. Nach Beendigung seiner Arbeit sucht er um eine neue Audienz beim Zaren nach. Nikolaus II. weigert sich, ihn zu empfangen, und bittet ihn, ihm seine Schlußfolgerungen schriftlich darzulegen. Am 8. März kommt Rodsjanko ziemlich enttäuscht dieser Aufforderung nach. Er wird von dem Bericht, den er mit so viel Eifer verfaßte, nie mehr etwas hören.

Was die Zarin betrifft, so beschränkt sie sich darauf, von Rasputin telegrafisch eine Erklärung zu den Briefen der kaiserlichen Familie zu verlangen, von denen in jeder Stube eine Abschrift herumliegt. Er beteuert vehement seine Unschuld: Diese Briefe, die er wie Reliquien verehre, seien ihm von dem niederträchtigen Iliodor gestohlen worden. Seine Feinde wüßten nicht, was sie noch alles erfinden wollten, nur um ihm zu schaden. Er sei weder ein Chlyst noch einer, der Unzucht treibe, auch kein Abtrünniger, sondern ein Mensch, der sein Leben ganz Christus und der kaiserlichen Familie gewidmet habe. Alexandra Fjodorowna verlangt es nur danach, ihm zu glauben. Sie sehnt sich nach ihm. Mit Einwilligung ihres Mannes ruft sie ihn nach Zarskoje Sjelo zurück. Am 13. März trifft sie ihn bei Anna Wyrubowa. Und am 16. März fahren der Zar und die Zarin mit ihren Kindern auf die Krim.

Rasputin ist nicht eingeladen worden. Aber dank der Beihilfe Anna Wyrubowas besteigt er als blinder Passagier den kaiserlichen Zug. Wie zu erwarten war, meldet ein Polizist des Sicherheitsdienstes dem Zaren die Anwesenheit des ungebetenen Gastes in einem Waggon des offiziellen Konvois. Um ein neuerliches Gerede zu verhindern, läßt Nikolaus Rasputin zwischen Sankt Petersburg und Moskau aus dem Zug entfernen. Das soll kein Hindernis sein: »Vater Grigorij« nimmt den nächsten Zug. Unterwegs mag er sich fragen, ob es für seinen persönlichen Seelenfrieden nicht vielleicht besser wäre, nach Pokrowskoje zurückzufahren, anstatt sich Ihren Majestäten derart an die Fersen zu heften. Aber das hieße, den Sieg seiner Feinde anerkennen, die auch die Feinde der Zarin sind. Er hat die Pflicht, sie, ihren Mann und ihre Kinder zu beschützen. Er ist ein Soldat Gottes und darf als solcher nicht desertieren. Seine wahre Familie ist nicht die, die in Pokrowskoje wohnt, sondern die, der er ans Ufer des Schwarzen Meeres nachfährt. Und dann lebt es sich in Sankt Petersburg, in Zarskoje Sjelo und den anderen kaiserlichen Sommerfrischen doch so angenehm! Er genießt die Freuden der großen Welt, während er sie zugleich als eitles Blendwerk anprangert. Wie könnte er sich mit dem Exil in seinem Dorf abfinden, wo doch, abgesehen von ein paar Neidhammeln, so viele hochgestellte Leute, vor allem so viele Frauen seine Gesellschaft suchen? Auch nach der Pilgerreise nach Jerusalem heißt seine Devise noch immer: das Dasein genießen, um Gott besser zu dienen. Der Allerhöchste verdammt den Menschen nicht, der seinen Hunger stillt, indem er ein Stück Weißbrot ißt. Weshalb sollte er ihn verdammen, wenn er ein anderes natürliches Bedürfnis befriedigt, dasjenige nämlich, sich fleischlich mit einer Frau zu vereinigen? Warum sollte, was dem Magen erlaubt ist, dem Geschlecht nicht gestattet sein? Warum sollte dem Herrn ein Körperteil mißfallen? Gott ist logisch, mithin tolerant. Nur die Priester bringen alles durcheinander.

Rasputin trifft drei Tage nach Ihren Majestäten in Jalta ein. Die Lokalzeitung *Die Russische Riviera* meldet, er sei im Hotel Rossia abgestiegen, dem ersten Haus am Platze. Der Zar, die Zarin, die Großfürstinnen und der Zarewitsch empfangen ihn wie einen von den Bösen ungerechterweise verfolgten Freund. In ihrem Schatten feiert er Ostern. Sogleich werden unter den Gästen des Seebads feindselige Kommentare laut. Der Teufel ist überall zu Hause, heißt es. Die Zarin kann ihren Muschik nicht mehr entbehren, weder als Beichtvater noch als Liebhaber. Der Zar wittert die Gefahr und macht Rasputin begreiflich, daß er die kaiserliche Familie unwiederbringlich kompromittiere, wenn er sich ihr so an die Fersen hefte. Selbst wenn es ihm schwerfalle, müsse der heilige Mann den Mut aufbringen, in den Hintergrund zu treten.

Widerwillig packt der Starez seine Koffer und reist nach Sibirien ab. Es wird nur eine kurze Trennung sein, versichert man ihm tröstend. Tatsächlich muß er sich für die Zukunft keine großen Sorgen machen: Was auch geschehen mag, Ihre Majestäten werden keinen Ersatz für ihn suchen. Zum ersten Mal erhält ein Agent der Ochrana den Auftrag, Rasputin auf seiner Reise zu begleiten. Um ihn zu beschützen oder um ihn zu beschatten? Sicher beides zugleich. Rasputin weiß nicht, ob er stolz oder verstimmt sein soll. Sein Entschluß steht jedenfalls schon fest: er wird nicht nach Petersburg zurückkehren, es sei denn, man rufe ihn als Retter.

VI

Das Wunder

Nach einem langen Aufenthalt auf der Krim bricht die kaiserliche Familie am 1. September 1912 nach Polen auf. Als leidenschaftlicher Jäger will Nikolaus II. im Waldreservat von Bjelowjesch einige der letzten Auerochsen Europas erlegen, die man zu seiner Zerstreuung hier ausgesetzt hat. Daneben verschmäht er aber auch das Kleinwild nicht und notiert in seinen Tagebüchern sogar, wie viele Enten er an einem Tag geschossen hat. Kurz nach ihrer Ankunft stolpert der Zarewitsch beim Aussteigen aus einem Boot und prallt mit der linken Hüfte auf die Gabel einer Ruderdolle. Die Prellung ruft eine leichte Geschwulst hervor. Zum Glück geht der Bluterguß ziemlich rasch zurück, und am 16. September reist die Familie nach Spala, einem anderen kaiserlichen Jagdsitz, weiter. Da ihnen das Kind wieder ganz geheilt erscheint, nehmen Anna Wyrubowa und seine Mutter es auf eine Spazierfahrt mit. Aber sie haben nicht mit dem Rütteln der Kalesche auf den holprigen Wegen der Umgebung gerechnet. Am 2. Oktober verschlechtert sich plötzlich Alexejs Zustand. Auf derselben linken Seite, in der Hüft- und Lendengegend, hat eine innere Blutung eingesetzt. Die Temperatur des Jungen steigt auf 39,4 Grad und der Puls auf 144. Die Blutung verursacht entsetzliche Schmerzen. Das Kind sucht die günstigste Position, dreht sich im Bett auf den Bauch, zieht die Beine an. Leichenblaß, mit weit aufgerissenen Augen und klappernden Zähnen liegt es da und stöhnt, bis es heiser ist. Aus Angst, die Sache nur zu verschlimmern, wagen die erschrockenen Hausärzte Botkin und Fjodorow nichts zu unternehmen und beordern aus Sankt Petersburg den Chirurgen Ostrowskij und den Kinderarzt Rauchfuß herbei. Die beiden erklären, es sei ihnen nicht möglich, das Hämatom zu operieren, da der Eingriff nur weitere Blutungen nach sich zu ziehen drohe.

Angesichts der Machtlosigkeit der Ärzte versinkt Alexandra Fjodorowna in neurotischer Verzweiflung. Sie ist überzeugt, daß ihr Sohn im Sterben liegt. Und das durch ihre Schuld. Hat nicht sie diese furchtbare Krankheit auf ihn übertragen? Und darüber hinaus hat sie sich Nachlässigkeit, Sorglosigkeit zuschulden kommen lassen. Hätte sie nur Rasputins Abreise nicht zugestimmt, dann hätte Gott vielleicht ihren Hilferuf vernommen. Sie ringt die Hände, schluchzt, betet und weicht nicht mehr von Alexejs Bett. Schon kursieren, durch die Dienstboten in Umlauf gebracht, Gerüchte im Land. Der Zarewitsch, munkelt man, sei einem Attentat zum Opfer gefallen. Um dem Geschwätz Einhalt zu gebieten, ermächtigt der Zar Hofminister Fredericks, ein ärztliches Bulletin über das Befinden des Kindes zu veröffentlichen, ohne zu erwähnen, daß es sich um einen Fall von Hämophilie handelt. Diese Art Pressecommuniqué ist eine Neuheit, bislang war es nicht üblich, die Nation über die Krankheiten der kaiserlichen Familie in Kenntnis zu setzen. Kaum ist sie unter die Leute gebracht, wird die Nachricht als Ankündigung des bevorstehenden Todes des Thronfolgers interpretiert. In allen Kirchen beginnt man, Messen zu seiner Genesung zu zelebrieren. Am 10. Oktober erhält Alexej die Sterbesakramente. Schon halb bewußtlos, flüstert das Kind seinen Eltern zu: »Wenn ich sterbe, errichtet mir ein kleines Denkmal im Park!« Das ist für die Mutter zuviel. Da weder die Ärzte noch die Priester etwas für ihren Sohn tun können, wendet sie sich an den einzigen Menschen, der ein Wunder vollbringen kann: Rasputin. Am 12. Oktober telegrafiert Anna Wyrubowa auf Weisung der Zarin an den Starez:

»Ärzte hoffnungslos. Ihre Gebete sind unsere einzige Hoffnung.«

Rasputin erhält die Depesche noch am selben Tag, um Mittag. Seine älteste Tochter Maria liest sie ihm vor. Sogleich steht er auf, geht ins Wohnzimmer, wo sich die verehrungswürdigsten Ikonen befinden, und sagt zu Maria, die ihn begleitet: »Mein Täubchen, ich werde jetzt versuchen, den schwierigsten, geheimnisvollsten aller Riten durchzuführen. Es muß mir gelingen. Hab' keine Angst und laß niemanden herein … Du kannst hier bleiben, wenn du willst, aber sprich nicht mit mir und berühre mich nicht. Sei ganz still. Bete nur.« Dann wirft er sich vor den heiligen Bildern auf die Knie und ruft: »Heile Deinen Sohn Alexej, wenn es Dein Wille ist! Gib ihm meine Kraft, o Gott, damit er sie zu seiner Genesung verwenden kann!« Während er spricht, tritt ein ekstatisches Leuchten auf sein Gesicht, der Schweiß rinnt ihm in Strömen über Stirn und Wangen. Keuchend, von einem maßlosen Schmerz überwältigt, fällt er rücklings aufs Parkett, das eine Bein angewinkelt, das andere steif von sich gestreckt. »Er schien gegen eine entsetzliche Agonie anzukämpfen«, wird Maria später schreiben. »Ich glaubte, er werde sterben. Nach einer Ewigkeit schlug er die Augen auf und lächelte. Ich reichte ihm eine Tasse kalten Tees und er trank sie gierig aus. Ein paar Augenblicke später war er wieder er selbst geworden.«[20]

Nun macht sich Rasputin über das Schicksal des Zarewitsch keine Sorgen mehr. Die Muskelkrämpfe, die ihn während seiner Anrufung befallen haben, so glaubt er, waren wie das letzte Aufflackern von Alexejs Qualen. Er hat das Kind erlöst, indem er vor Gott sein Leiden auf sich nahm. So verfahren die »Schamanen«[21], wenn sie einen Kranken von seinen körperlichen oder seelischen Qualen erlösen wollen. Sie versetzen sich im Geist an seine Stelle, nehmen seine körperliche oder seelische Marter auf sich, entziehen ihm für einen Augenblick sein Ich, um es ihm nach der Genesung unversehrt zurückzugeben. Diese Methode der Schmerzübertragung durch Telepathie hat Rasputin auf den Pilgerreisen seiner Jugend bei den Burjaten, den Jakuten und Kirgisen gelernt. Aber er hat ihrer heidnischen Magie christliches Gedankengut hinzugefügt. Im Kontakt mit ihnen ist er selber zum Schamanen, zum Seher geworden, zu einem, der in Seenot geratene Schiffe ins Schlepptau nimmt. Tatsächlich haben ihn diese primitiven, fast wie Hexenmeister anmutenden Hellseher besser über die Macht des mit der Materie konfrontierten Geistes aufgeklärt als die Priester, deren Predigten er zu hören bekam. Während die Kirche ihn lehrte, wie offiziell mit Gott zu reden ist, haben sie ihm die Gemeinschaft der Herzen über räumliche Entfernungen hinweg offenbart. Wie sie kann er sich jetzt auf Distanz manifestieren. Er hat die Gabe der Gleichzeitigkeit und der Allgegenwart erlangt. Obwohl er sich im Kreise seiner Familie in seiner »Isba« in Pokrowskoje befindet, steht er jetzt in Spala am Bett des kleinen Kranken und nimmt dessen Gegenwart mit allen Nerven, allen Muskeln seines robusten Körpers wahr. Nach dieser Entrückung, die eine Mischung von inständigem Flehen und Exorzismus, von Hexerei und Gebet ist, geht er zur Post und telegrafiert an die Zarin: »Die Krankheit ist nicht so schlimm, wie es aussieht. Die Ärzte sollen ihn nicht quälen.«

Die Zarin lebt bei der Lektüre dieser wenigen Worte neu auf. Der Retter ist wieder an ihrer Seite. Sie darf neue Hoffnung schöpfen, da er das doch aus der Ferne versichert. Und am nächsten Morgen ist das Fieber tatsächlich zurückgegangen, das Hämatom bildet sich zurück. Um vierzehn Uhr stellen die Ärzte fest, daß die Blutung zum Stillstand gekommen ist. Sie erklären das Phänomen durch einen simplen Zufall, der wollte, daß die Ankunft des Telegramms mit dem natürlichen Heilungsverlauf zusammenfiel. Es sei denn, fügen sie hinzu, die Genesung sei darauf zurückzuführen, daß die Zarin dank Rasputins Beteuerungen endlich aufhörte, durch das Schauspiel ihrer Angst die Nervosität des Kindes aufzustacheln. Die

8: Nikolaus II. mit seinem Sohn Alexej, 1910.

fieberhafte Unruhe der Umgebung, so meinen sie, hätte sich bei Alexej in einem Zustand der Spannung niederschlagen können, der die Resorption des Blutergusses verhinderte. Diese pseudowissenschaftlichen Erklärungen bringen Alexandra Fjodorowna außer sich. Angesichts einer derartigen Offensichtlichkeit noch an einem Wunder zu zweifeln, kommt für sie einer Sünde gleich. Wenn ihr Sohn gerettet wurde, so hat man das allein Rasputin zu verdanken. Wie man auch von gewisser Seite über ihn herziehen mag, dieser Mann ist ein ganz außergewöhnlicher Mensch, ein Gesandter des Allmächtigen in dieser Welt, ein zweiter Messias. Solange er sich in den Räumen des Palastes aufhält, werden der Zarewitsch, seine Eltern und ganz Rußland vor Unheil sicher sein. Anna Wyrubowa teilt die Freude Ihrer Majestät. Die beiden Frauen überbieten sich gegenseitig in blinder Heiligenverehrung.

Am 21. Oktober 1912 schreibt Nikolaus II. an seine Mutter einen beruhigenden Brief; am 24. nimmt er die Jagd, seine Waldspaziergänge und seine politischen Konsultationen wieder auf; am 2. November veröffentlicht die Presse ein letztes Gesundheitsbulletin, in dem der Thronfolger für geheilt erklärt wird; und am 5. kehrt die ganze Familie nach Zarskoje Sjelo zurück. In ihren Salons feiern die Verehrerinnen des Starez bei dieser Gelegenheit den Sieg des von Ungläubigen und Neidern so zu Unrecht verunglimpften Heiligen. Die Zarin ist als erstes darum besorgt, Alexejs »Retter« wie um eine Gnade darum zu bitten, so rasch wie möglich aus Pokrowskoje zurückzukehren. Aber er beschließt, seine Abreise noch um ein paar Wochen hinauszuschieben, sicher, damit man ihn noch sehnlicher herbeiwünscht. Er hat so viele Feinde, daß er seine Anhänger zur Weißglut bringen muß, um der Kamarilla, die ihn bedroht, die Stirn bieten zu können. Endlich entschließt er sich und läßt sich im Laufe des Dezembers wieder in Sankt Petersburg blicken.

Mit vor Dankbarkeit klopfendem Herzen empfängt ihn die

Zarin bei Anna Wyrubowa. Er befindet sich in Begleitung seiner Frau und seiner beiden Töchter. Die ganze Familie ist im Sonntagsstaat. Man serviert den Tee. Die Zarin nimmt Praskowjas Hand und sagt liebenswürdig: »Können Sie uns verzeihen, daß wir Ihnen Ihren Mann so oft entführen? Wir täten es nicht, wenn es für uns und die Krone nicht so lebenswichtig wäre!« Bei diesen Worten versagt ihr vor Ergriffenheit die Stimme, rote Flecken erscheinen auf ihrem Gesicht. Praskowja antwortet: »Es ist ein Segen für uns, daß Gott Grigorij Jefimowitsch erlaubt hat, Ihrem kleinen Jungen zu helfen!«[22] Alexandra Fjodorowna ist mit den vier Großfürstinnen hergekommen. Sie freunden sich mit Rasputins Töchtern Maria und Warwara an. Er selbst, mitten in diesem vertrauten und ausschließlich weiblichen Kreis, genießt die merkwürdige Situation: die Familie eines sibirischen Bauern mit der Ihrer Majestät freundschaftlich um einen Samowar vereint. Die Schranken sind gefallen. Das Rußland der »Isbas« und das der Paläste verstehen und lieben sich. Gegen dieses Bündnis zwischen Zepter und Pflug werden die Schwätzer der Duma und der Aristokratenpalais nichts ausrichten können. Solange der Zar und das Volk zusammenhalten, wird das Reich voller Pracht seinen Weg fortsetzen. Zum Beweis ihrer Dankbarkeit läßt die Zarin die älteste Tochter Rasputins, Maria, im Petersburger Steblin-Kamenska-Gymnasium als Schülerin einschreiben.

Im Frühjahr unternehmen Ihre Majestäten auf der Jacht des Zaren, der *Standarte,* eine Kreuzfahrt durch die Fjorde. Im August folgt ein Erholungsaufenthalt in Peterhof, und schließlich läßt sich die Zarenfamilie in Livadia nieder. Der von seinem Bluteranfall vom letzten Jahr noch geschwächte Zarewitsch geht mit einem orthopädischen Gerät: er kann sein krankes Bein noch nicht gebrauchen. Man behandelt ihn mit Schlammbädern. Kaum kann er sich wieder etwas frei bewegen und spielen, stürzt er. Es zeigt sich ein subkutaner Bluterguß in der Kniegegend. Die Schmerzen verstärken sich. Zum Glück weilt Rasputin in einem Nachbarort von Jalta in der Sommerfrische. Er eilt herbei, versenkt sich vor den Augen der staunenden Zarin in ein intensives Gebet, ordnet an, man solle auf jede Arznei verzichten und das Kind ein paar Tage im Bett behalten. Nach und nach lindert sich der Schmerz, der Bluterguß geht zurück. Die Ärzte behaupten, dieser wäre dank der verlängerten Bettruhe so oder so resorbiert worden. Aber Alexandra Fjodorowna verkündet, die Heilung sei einmal mehr einzig das Verdienst Rasputins, der von der göttlichen Vorsehung zum Beschützer der kaiserlichen Familie und damit Rußlands erwählt worden sei.

Eine merkwürdige Pendelbewegung führt dazu, daß die Feinde des Starez in dem Maße an Kühnheit gewinnen, in dem die Zarin sich an ihn bindet und sich ihm zu Dank verpflichtet fühlt. Einige tragen sich sogar mit dem Gedanken, ihn umzubringen. Unter seinen verbissensten Gegnern finden sich auch der ultra-monarchistische General Bogdanowitsch und seine Frau, die dem Chef des Polizeidepartements, Bjeljetzkij, suggerieren, sich das »Ungeheuer« während der Überfahrt auf der Fähre von Sewastopol nach Jalta vom Halse zu schaffen. Innenminister Nikolaj Maklakow, der darüber ins Bild gesetzt wird, findet es zu gewagt, das Vorhaben auszuführen. Im Kloster von Floritschewa tobt unterdessen auch Iliodor in seiner Zelle, um die Behörden dahin zu bringen, dem teuflischen Aufstieg des »gemeinen Grigorij« ein Ende zu setzen. Er wird in seinen Schmähreden derart ausfällig und legt, während er seinen einstigen Schäfchen von Zarizyn den Aufstand predigt, eine solche Vermessenheit an den Tag, daß es dem Heiligen Synod zuviel wird und er ihm die Priesterschaft aberkennt. In einem Brief, den er mit seinem Blut unterschreibt, schwört Iliodor daraufhin dem orthodoxen Glauben ab und sagt sich von der Kirche los. Der Mönchskutte und des gesunden Menschenverstands beraubt, kehrt er in sein Heimatdorf zurück, nimmt sei-

La fête de l'escorte au g.q.g.
1916

9: Nikolaus II. mit seinen Kindern und Kosaken im Großen Hauptquartier;
von links die Großfürstinnen Anastasia und Tatjana, der Zar,
Großfürst-Thronfolger Alexej und die Großfürstinnen Olga und Maria
(um 1916).

nen weltlichen Namen Sergej Trufanow wieder an und gründet eine religiöse Gemeinschaft *sui generis*. Das am Rande der geistlichen Hierarchie angesiedelte »Neue Galiläa« wird zu einer Vereinigung von Frauen und jungen Mädchen, die sich ganz und gar dem Haß auf Rasputin verschrieben haben. Ihr hauptsächliches Ziel ist es, den falschen Starez zu fangen und ihn zu kastrieren, damit er nicht weiterhin unschuldige Geschöpfe zur Sünde verführen kann. Im Oktober 1913 ist Iliodor sogar darum besorgt, elegante Roben nähen zu lassen, »wie man sie in den Salons trägt«, damit sich einige seiner Furien in Rasputins Umgebung einschleusen und mit ihm abrechnen können. Das Opfer dieser Ränkespiele wird jedoch rechtzeitig gewarnt, und Trufanow entschließt sich, seine Pläne erst etwas später in die Tat umzusetzen. In der Zwischenzeit hält er seine Verschworenen durch immer markigere Reden in Atem. Die Resoluteste unter ihnen ist eine gewisse Chionija Gusjewa, eine »geistige Tochter« Trufanows. Sie sei, erzählt er, einst eine »intelligente, hübsche, seriöse und keusche« Jungfrau gewesen. Aus Verachtung für die körperliche Schönheit habe sie jedoch Gott gebeten, sie so schnell wie möglich davon zu »erlösen«, und die Bitte wurde erhört, erkrankte sie doch nicht lange nach ihren ersten Erfahrungen mit einem Mann an Syphilis und verlor ihre Nase. Entstellt und fanatisch hat sie sich seitdem ganz dem Kult Trufanows und der Verabscheuung ihres gemeinsamen Erzfeinds Rasputin verschrieben. Funkelnden Auges, das Mundwerk bis auf die Knochen zerfressen, erklärt sie allen, die es hören wollen: »Ja, Grischka ist ein wahrer Dämon! Ich werde ihm die Kehle durchschneiden.« Und der Ex-Mönch beglückwünscht sie zu ihrem mutigen Unternehmen. Er warnt sie allerdings davor, die Tat überstürzt zu begehen. Man müsse den günstigsten Moment abwarten, rät er, dem Starez heimlich auf der Spur bleiben und erst zuschlagen, wenn man ganz sicher sei.

Am andern Ende der sozialen Stufenleiter tritt Großfürst Nikolaus Nikolajewitsch, einer der Onkel des Zaren, als Vorkämpfer der Gegner Rasputins auf. Als Oberkommandierender der Garderegimenter stellt er unter den Offizieren einen wachsenden Unmut gegen den »widerlichen Muschik« fest, den Ihre Majestäten zu ihrem Führer und Gastfreund gemacht haben. Wie der Großteil der russischen Aristokratie fürchtet auch er, Rasputin werde, indem er das Prestige des Monarchen kompromittiere, eine Palastrevolution heraufbeschwören. Zu verschiedenen Malen hat er seinem kaiserlichen Neffen zuzureden versucht. Aber mit seinen Bemühungen, ihm die Augen zu öffnen, schwächte er nur seine eigene Position am Hof. Die Zarin vor allem nimmt es ihm übel, daß er den Starez so hartnäckig schlechtmacht. Sie verpaßt keine Gelegenheit, ihn ihrem Mann als Intriganten darzustellen, der nur darauf bedacht sei, die eigene, schon beträchtliche Macht zu vergrößern und im Kaiserreich selbst die Zügel zu ergreifen. Die Mutter des Zaren dagegen ist sich mit dem Großfürsten über die unheilvolle Rolle einig, die der angebliche Heilige bei ihrem Sohn und ihrer Schwiegertochter spielt. Sie fürchtet, die beiden seien verhext, von der russischen Wirklichkeit abgeschnitten und unfähig, einen Entschluß zu fassen, ohne ihren dämonischen Beichtvater um Rat gefragt zu haben. Beinahe gäbe sie jenen recht, die davon träumen, den Muschik durch eine Falltür verschwinden zu lassen.

Während im Verborgenen Komplotte geschmiedet werden, kommt Rasputin immer mehr auf den Geschmack der subtilen Spiele der Politik. Auf Vermittlung der Zarin berät er den Zaren in der Ministerwahl. Im Kabinett arbeiten seine Lieblinge, alle entschieden rechtsstehend, insgeheim auf die Auflösung der aktuellen Duma hin, die sie durch eine fügsamere ersetzen wollen. Kokowzow, der aus seiner Feindschaft gegen den Starez nie ein Hehl gemacht hat, sieht seinen eigenen Stern sinken. Er ahnt, daß seine Tage als Ministerpräsident gezählt sind, und erledigt die laufenden Geschäfte ohne Begeisterung.

Trotz der in Regierung und Duma schwelenden Machtkämpfe erfreut sich Rußland einer gesunden wirtschaftlichen und handelspolitischen Stabilität. Das Land besitzt so große Ressourcen, daß sich der Aufschwung selbst unter einem umstrittenen Regime noch beschleunigt. Die Produktion wird gesteigert, der Lebensstandard angehoben. In den höheren Kreisen kritisiert man zwar alles, aber man lebt gut. In den untersten Bevölkerungsschichten leidet man unter den harten Lebensbedingungen, aber da man keine Zeitung liest, weiß man nicht, welche Unruhe sich der denkenden Köpfe der Nation bemächtigt hat. In den Salons in Verruf geraten, erfreut sich die kaiserliche Familie im Volk noch eines aus Tradition und Glauben gemischten hohen Prestiges. Zwar ist es im Frühjahr 1912 in den sibirischen Goldminen zu Aufständen gekommen. Das Militär hat auf die Leute geschossen, so daß danach zweihundertsiebzig Tote und zweihundertfünfzig Verwundete zu beklagen waren. Zwar haben in verschiedenen Teilen Rußlands die Arbeiter gestreikt, um gegen dieses Massaker zu protestieren. Aber mit der Zeit hat sich die öffentliche Empörung gelegt; die von der Polizei verfolgten Revolutionäre sind wieder im Untergrund verschwunden.

Im August desselben Jahres hat die russische Armee mit einer spektakulären Rekapitulation die Schlacht von Borodino gefeiert, was die Moral der Offiziere stärkte. Und zu Beginn des Jahres 1913 freut sich Groß und Klein auf die Dreihundertjahrfeier der Dynastie der Romanow. Die Liberalen weisen in ihren Zeitungen darauf hin, daß Michail, der erste Romanow, am 21. Februar 1613 vom Volk gewählt wurde, und daß dieses alte Verfahren es wert wäre, neu bedacht zu werden. Die Monarchisten ihrerseits hoffen, daß die auf dem Programm stehenden patriotischen Feierlichkeiten die Verehrung der Russen für ihren Herrscher vertiefen werden. Und merkwürdigerweise sieht es so aus, als fände die lange aufgewühlte, in sich gespaltene Nation den Elan eines Neubeginns.

Am 21. Februar 1913 wird in der Kasaner Kathedrale in Petersburg eine Gedenkmesse für die vor drei Jahrhunderten erfolgte Wahl Michail Romanows zelebriert. An jenem Morgen trifft Rodsjanko lange vor Beginn der Zeremonie an Ort und Stelle ein. Er hat erfahren, daß die Vertreter der Duma, deren Präsident er ist, hinter jenen des Reichsrats und des Senats zu sitzen kommen sollen, und will gegen diese für die gewählten Volksvertreter beleidigende Maßnahme protestieren. Da entdeckt er, vor den für die Abgeordneten reservierten Bänken, Rasputin auf einem Sitz. Empört befiehlt er dem Starez zu verschwinden. Der gibt ihm von oben herab zurück, er sei »von Leuten ungleich höheren Standes« eingeladen worden. Um einen Skandal zu vermeiden, zieht er sich jedoch zurück, bevor der Patriarch von Antiochia in der voll besetzten Kathedrale seines Amtes zu walten beginnt. Im Publikum ist man vor allem damit beschäftigt herauszufinden, ob Rasputin noch da ist. Man verdreht die Hälse, um ihn im Gewirr der Gläubigen ausfindig zu machen. Man tauscht skandalöse Klatschgeschichten über ihn aus. Vor der Ikonostase wirft die eine Tiara tragende Zarin ab und zu einen Blick auf ihren so zerbrechlichen, blassen Sohn. Jeden Augenblick fürchtet sie einen Schwächeanfall. Ihre einzige Hoffnung ist, daß Rasputin hinter ihr wacht, irgendwo mitten in der Menge. Wenn er mit seinen Gebeten in jene der kaiserlichen Familie einstimmt, wird alles gut gehen für das Kind, das die Zukunft der Monarchie auf seinen schwachen Schultern trägt, davon ist sie überzeugt. Bis zum Ende der Zeremonie sitzt sie auf glühenden Kohlen. Wenn sie könnte, würde sie den Magier im Palast schlafen lassen, in einem Zimmer gleich neben dem von Alexej.

Aber das Land hat im Augenblick andere Sorgen. Österreich hat Bosnien-Herzegowina annektiert. Im traditionsgemäß mit Rußland verbündeten Serbien erhebt sich ein Sturm der Entrüstung gegen dieses Einschüchterungsmanöver. Ein Teil der russischen Presse verlangt lautstark, daß man die »serbischen

Brüder« gegen die österreichischen Begehrlichkeiten schützen müsse. Großfürst Nikolaus Nikolajewitsch drängt den Zaren, den Krieg zu erklären. Er ist überzeugt, daß die Großmächte in diesem Fall neutral bleiben würden und daß Nikolaus II. die demütigende Niederlage, die sein Vaterland in Japan erlitt, mit der Zerschlagung der Österreicher wettmachen könnte. Obwohl Rasputin von den geheimen diplomatischen Verhandlungen keine Ahnung hat, ist er jeder um Grenzfragen entbrennenden Auseinandersetzung instinktiv abgeneigt. Er argumentiert als einfacher Bauer, daß ein Krieg, welches auch immer die Gründe dafür seien, eine Katastrophe für die kleinen Leute bedeute, daß er dem Land seine Jugend raube, die Ernten vernichte, überall Tod und Elend säe und Gottes Erde in eine blutige Kloake verwandle. Sich zum ersten Mal in öffentliche Angelegenheiten einmischend, erklärt er dem Journalisten Rasumowski: »Die Christen bereiten sich auf den Krieg vor, und sie werden ihn führen; sie werden Qualen erleiden und anderen Qualen zufügen. Der Krieg ist eine schlechte Sache ... Mögen die Deutschen und die Türken sich gegenseitig zerfleischen: sie sind blind, denn es ist zu ihrem Unglück. Sie werden nichts davon haben und sich nur der Stunde ihres Endes nähern. Und wir, wenn wir ein Leben der Eintracht und des Friedens führen und in uns selbst hineinschauen, werden uns wieder über alle erheben.«[23] Seine Angst vor dem Krieg ist weder politisch noch philosophisch begründet. Sie sitzt ihm in den Knochen. Er möchte sie auf Nikolaus II. übertragen. Aber der Zar ist unschlüssig. Einerseits möchte er die Serben nicht verärgern; andererseits fürchtet er, sich kopfüber in ein Unternehmen mit unbekanntem Ausgang zu stürzen. Er reist im Mai 1913 nach Berlin, um der Hochzeit der Prinzessin Victoria-Luise von Preußen mit Großfürst Ernst-August von Braunschweig beizuwohnen, trifft sich da mit dem deutschen Kaiser und mit dem König von England, George V. Die drei Herrscher einigen sich darüber, in dieser Region der

Welt den Status quo beizubehalten. Aber kurz darauf greift Bulgarien Serbien an. Ein Blitzkrieg, der mit der bulgarischen Niederlage gegenüber der balkanisch-türkischen Koalition zu Ende geht. Die großen Nationen bleiben auf der Hut, aber niemand denkt daran einzugreifen.

Als der Zar Berlin verläßt, ist auf dem Balkan noch nichts wirklich geregelt, aber die kaiserliche Familie bricht dennoch zu einer großen Reise quer durch Rußland auf. Zum Abschluß der Dreihundertjahrfeiern der Dynastie will Nikolaus II. die größten Städte Rußlands besuchen und dabei dem Weg folgen, der den sechzehnjährigen Michail Romanow von Kostroma, wo er mit seiner Mutter wohnte, bis nach Moskau führte, wo ihn der Sobor, die Nationalversammlung, zum Zaren wählen sollte. Diese nicht endenwollende Jubiläumsreise ermüdet die Zarin, die Festlichkeiten und Empfänge haßt. Zum Glück hat sie durchgesetzt, daß Rasputin sie begleitet. So haben Ihre Majestäten wenigstens nichts zu fürchten. Unterwegs kann der Starez überall die Inbrunst des Volkes ermessen, das zusammenströmt, um die aus ihrer fernen Hauptstadt angereisten Herrscher zu begrüßen. Na also! Die Monarchie hat noch schöne Tage vor sich. Wenn die Intellektuellen und gewisse Aristokraten es auch wagen, den Zaren zu kritisieren, so ist die Mehrheit des Landes ihm doch aufrichtig zugetan. Vom Wagen aus, in dem er mitten im offiziellen Umzug mitfährt, betrachtet Rasputin Tausende von unbekannten Gesichtern, die die Straßen säumen. Sie symbolisieren die Einheit des Monarchen mit der russischen Erde. Man segnet den »Vater der Nation« mit Worten der Verehrung und mit Kreuzzeichen. Hier und nicht in Sankt Petersburg kommt er mit dem fruchtbaren Boden des Vaterlandes in Berührung. In Kostroma wird im Kloster Ipatjew[24] eine Messe zelebriert. Hier empfing Marfa, die Mutter des künftigen russischen Zaren, dreihundert Jahre zuvor die Delegierten des Sobor, die ihren Sohn abholten. Auch für Rasputin ist ein Platz im Kirchenschiff reserviert. Ihn dünkt, das Rad der Geschichte drehe sich zurück. Er ist es, der nach der Zeit der Wirren, die auf den Tod Boris Godunows und die sehr kurze Regierungszeit Fjodors II. folgte, darüber wacht, daß die Monarchie wiederhergestellt wird.

Merkwürdigerweise hat diese Gedenkreise, die einem innigeren Verhältnis des Zaren zu seinen Untertanen dienen sollte, eine Stärkung Rasputins auf der politischen Bühne Rußlands zur Folge. Nach ihrer Rückkehr nach Petersburg berät er den Zaren und die Zarin gerne in heiklen Regierungsfragen. Und seine Ansicht ist meist von gesundem Menschenverstand geprägt. So vermittelt er im Herbst 1913 anläßlich des in Kiew stattfindenden Prozesses gegen den jungen Juden Mendel Beylis, der vor zwei Jahren verhaftet worden war, weil er angeblich an einem rituellen Verbrechen gegen ein orthodoxes Kind beteiligt gewesen sei. Er versucht, Ihren Majestäten die Absurdität dieser von den Ultranationalisten und den Antisemiten – mit Justizminister Schtscheglowitow und dem künftigen Innenminister Maklakow an der Spitze – von A bis Z erfundenen Geschichte aufzuzeigen. Und die Anklage, wonach die Juden in ihren Geheimzeremonien christliches Blut verwendeten, wird von der Verteidigung vor einer mehrheitlich aus Bauern zusammengesetzten Geschworenenbank denn auch tatsächlich entkräftet. Beylis wird freigesprochen. Rasputin, der Kokowzow haßt und fürchtet, macht sich die geschwächte Position des Ratspräsidenten zunutze, um ihm vorzuwerfen, das »Volk zur Trunkenheit zu verleiten«, indem er den Handel mit Wodka fördere – ein Staatsmonopol und eine ansehnliche Einnahmequelle. Rasputin macht sich die These des alten Premiers, Graf Witte, zu eigen, den er schätzt, und plädiert bei Ihren Majestäten für eine Beschränkung des Alkoholverkaufs, wobei er ihnen zum Ausgleich eine Erhöhung der direkten Steuern vorschlägt. Fortwährend wiederholt er, daß die Trunksucht das Grundübel Rußlands sei, daß es Sünde sei, die Leute zum Trinken zu verleiten, damit sie ihr Elend vergäßen, und daß man die »Zarenschenken« schließen solle. Er ist sich bewußt, daß er mit solchen Äußerungen das Wohl von Millionen von Muschiks im Auge hat, die er vor dem Thron vertritt. Auf sein Drängen hin trennt sich Nikolaus II. von dem Ministerpräsidenten, der eine andere Politik vertritt. Der integre und gemäßigte Kokowzow muß zur größten Genugtuung des Starez gehen. Der Zar, der einem direkten Gespräch über seine Beweggründe ausweicht, läßt seinen nächsten Mitarbeiter nur kurz angebunden brieflich wissen, daß »die Erfordernisse des Staates (seinen) Rücktritt nötig machten«. Kokowzow wird durch den fügsamen sechzigjährigen Gorjomkin ersetzt. Dieser müde, der parlamentarischen Regierungsform feindlich gesinnte, der Krone ergebene Reaktionär vergleicht sich selbst mit einem »alten Gehpelz, den man bei schlechtem Wetter aus dem Schrank holt«. Wie Ihre Majestäten und hinter ihnen der Starez es wünschen, erhalten in der vierten Duma, die im November 1912 nach einem neuen Abstimmungsverfahren gewählt wird, die rechtsstehenden Nationalisten und die »Oktobristen« die Mehrheit. Rasputin kann sich sagen, daß das Land, was auch geschehen mag, nicht von denen regiert werden wird, die im Taurischen Palais toben und zetern, sondern von denen, die in der Umgebung des Zaren, im Winterpalais, flüsternd die Stimme erheben.

VII

Erfolge und Bedrohungen

Nachdem er zunächst bei Olga Lochtina, dann bei dem Journalisten Sasonow, dann bei Damanskij, einem andern Freund,
und schließlich möbliert gewohnt hat, zieht Rasputin im Mai
1914 in die Wohnung Nr. 20 an der Gorochowajastraße 64, die
für seine Gänge in die Zarenresidenz günstig in der Nähe des
Bahnhofs von Zarskoje Sjelo liegt. Eine helle, aber bescheidene Wohnung im dritten Stock: fünf Zimmer und eine Küche.
Die Miete wird aus der Privatschatulle des Zaren beglichen.
Die Ochrana hat den Auftrag, das Haus zu überwachen. Vier
Agenten in Zivil sind dauernd zur Stelle: einer am Eingangstor,
drei in der Halle unten im Treppenhaus. Auch dem Pförtner
wird der Schutz des illustren Bewohners ans Herz gelegt. Die
Agenten vertreiben sich in der Eingangshalle die Zeit beim
Kartenspiel und schreiben nebenbei die Namen der Besucher
auf. Von Zeit zu Zeit steigt einer in die dritte Etage hinauf, um
nachzusehen, ob alles in Ordnung ist, und es kommt vor, daß
der Starez ihn zum Tee einlädt.

In der Zwischenzeit hat sich Rasputins Bekanntenkreis
beträchtlich erweitert. Er sieht sich allerdings oft gezwungen,
der Inbrunst seiner Verehrerinnen Schranken zu setzen. So
kommt ihm die hysterische Olga Lochtina, die einst seine Geliebte war, mit ihren überschwenglichen Glaubenskundgebungen jetzt öfter ungelegen. Sie besucht ihn unangemeldet,
wirft sich ihm zu Füßen, schlingt ihm die Arme um die Beine
und schreit mit gellender Stimme: »Heiliger! Heiliger! Hei

liger Vater, segne mich! Ich möchte Dir gehören! Nimm mich, Väterchen!« Oder sie tritt zum Tisch, an dem er sitzt, nimmt seinen Kopf in beide Hände und bedeckt ihm das Gesicht mit Küssen. Wenn er beim Tee sitzt, setzt sie sich neben ihn und läßt mit Beben und Zittern nicht locker, bis er ihr einen Schluck zu trinken gibt, ihr ein Stück Kuchen in den Mund schiebt. Grigorijs Tochter Maria, die jetzt sechzehn Jahre alt ist und mit ihm in Sankt Petersburg lebt, wird Zeugin dieser psychopathischen Szenen. Obwohl sie an die Heiligkeit ihres Vaters glaubt, findet sie, daß Olga Lochtina die Grenze über-schreitet. Aus der einst elegant gekleideten Frau ist eine mit buntscheckigen Lumpen und Spitzen ausstaffierte Vogelscheu-che geworden. Ihre Umgebung versucht sie zu beruhigen. Man bemitleidet die Unglückliche, weil sie so aufrichtig an Rasputin glaubt. Man duldet ihre Anwesenheit am »Hof« des Meisters aus Barmherzigkeit. Manchmal, wenn sie ihm auf der Straße begegnet, stürzt sie auf ihn los und küßt ihn vor den Augen der verblüfften Passanten leidenschaftlich. Für sie ist er die Verkörperung Christi. Davon sind seine anderen An-hängerinnen, wenn auch weniger offenherzig als Olga Loch-tina, ebenfalls überzeugt. Ihr hauptsächlicher Lebensinhalt läuft darauf hinaus, sich in den Dienst des göttlichen Prophe-ten zu stellen. Für Rasputin sind sie vor allem wegen ihrer Beziehungen zu höchsten Kreisen wichtig.

Er verkehrt immer noch eifrig mit Anna Wyrubowa und Frau Golowina, die ihn in die Salons der Baronin Rosen, der Ba-ronin Ikskül einführen und ihn mit einflußreichen Politi-kern bekanntmachen, darunter Ministerpräsident Gorjomkin, Finanzminister Bark, Graf Witte, Maklakow, Fürst Mescht-scherskij, Inhaber und Chefredakteur der Zeitung *Der Staats-bürger*. Er lernt auch den Industriellen Putilow und die Ban-kiers Manus und Rubinstein kennen ... Vor gar nicht allzu lan-ger Zeit machten sich diese Leute über ihn lustig wie über einen pittoresken Kauz, dessen Anwesenheit den russischen

Hof der Lächerlichkeit preisgab. Heute nehmen ihn selbst seine Verleumder ernst. Jedermann weiß, daß nichts über eine Empfehlung des Starez geht, um die wohlwollende Aufmerksamkeit Ihrer Majestäten auf sich zu lenken. Man lacht nicht mehr über seinen sibirischen Akzent, so wenig wie über seine langen Haare, seine Stiefel oder sein zusammenhangloses Geschwätz. Man stößt sich nicht mehr an seinen schlechten Tischmanieren. Beinahe würde man untertäniger um seine Unterstützung buhlen als um die eines Ministers, von dem man im voraus weiß, daß er von einem Tag auf den andern abgesetzt werden kann. Er zumindest hat in rund neun Jahren unterschwelliger Herrschaft bewiesen, daß er unabsetzbar ist. Jedesmal wenn man glaubt, jetzt stehe er vor dem Fall, richtet er sich mächtiger und tatkräftiger auf denn je. Die Frauen umschwärmen ihn, auch die Ehemänner hören sich ernsthaft seine Meinung an. Überall wird er eingeladen, jede Minute ist ausgefüllt. Aber das mondäne Leben setzt ihm schließlich dennoch zu. Nach einiger Zeit sehnt er sich wieder in die bukolische Ruhe seines Dorfes zurück.

Im Juni 1914 bricht er mit seiner Tochter Maria nach Pokrowskoje auf. Bei ihrer Ankunft werden sie auf dem Bahnsteig von einer dichtgedrängten Menge empfangen. Hunderte von unbekannten Menschen bitten um »Vater Grigorijs Segen«. Mit der größten Mühe erreichen sie schließlich ihr Haus, wo Praskowja, Warwara und Dmitrij sie erwarten. Nachbarn laufen herbei, mit Geschenken beladen. Er erzählt ihnen von dem Spital, das er im Dorf erbauen lassen will. Man lauscht seinen Worten, als sei es das Evangelium. Am nächsten Morgen – es ist Sonntag, der 29. Juni – begibt sich Familie Rasputin zur Messe. Eine in Lumpen gekleidete Frau, deren Gesicht an der Stelle der Nase von einem Verband bedeckt ist, weckt Dmitrijs Aufmerksamkeit. Er zeigt mit dem Finger auf sie und flüstert mit seinem Vater, der ihn für sein unschickliches Benehmen tadelt. Am Schluß des Gottesdienstes predigt der Pope gegen den Antichrist und die Sünde, die er in der Welt verbreitet. Sollte das eine perfide Anspielung auf die Missetaten des Starez sein? Grigorij schert sich nicht um das Gekrächze dieses Raben.

Wieder zu Hause, nimmt er mit der Familie das Mittagessen ein und empfängt ein paar Frauen, die ihm einen Strauß Feldblumen überreichen. Da ihm der Postbote ein Telegramm der Zarin gebracht hat, zieht er sich kurz darauf zurück, um über die Antwort nachzudenken. Dann besinnt er sich eines anderen und macht sich sogleich auf den Weg zur Post. Vor dem Tor trifft er auf die gräßliche, nasenlose Bettlerin, die ihm die Hand entgegenstreckt und um ein Almosen bettelt. Während er in seiner Tasche wühlt, reißt sie ein Seitengewehr unter ihren Lumpen hervor und stößt es ihm mit aller Kraft in den Bauch. Rasputin taumelt, sie zieht ihre Waffe aus der Wunde zurück, aus der ein Schwall Blut herausspritzt, und versucht, erneut zuzustechen. Er versetzt ihr ein paar abwehrende Fausthiebe auf den Kopf und bricht zusammen. Dann können herbeilaufende Bauern die Rasende überwältigen, die schreit: »Laßt mich los! Laßt mich los! Ich habe den Herrn gerächt! Ich habe den Antichristen getötet! Lobet Gott, der Antichrist ist tot!« Rasputin schleppt sich noch bis zur Haustür und verliert in den Armen seiner Frau das Bewußtsein, während Dmitrij davoneilt, um dem nächsten Arzt zu telegrafieren, der neunzig Kilometer entfernt in Tjumen wohnt. Unterdessen hilft die Dorfhebamme Praskowja, die Wunde zu verbinden. Doktor Wladimirow gelingt die Glanzleistung, die Distanz in acht Stunden zurückzulegen, indem er bei jedem Relais die Pferde wechselt. Er operiert im Kerzenschein, und am nächsten Tag wird der Verletzte per Schiff ins Spital von Tjumen überführt.

Die Attentäterin – niemand anders als die verrückte Chionija Gusjewa, die man der Menge entriß, die sie lynchen wollte – wird des vorsätzlichen Mordversuchs angeklagt. Sie gibt zu, von Trufanow, alias Iliodor, zu ihrer Tat angestiftet worden zu sein, der ihr seinen Segen dafür gegeben habe, den Antichristen aus der Welt zu schaffen. Von Zarizyn aus ist sie Rasputin auf dem Fuß bis nach Pokrowskoje gefolgt. Ein Experte bescheinigt der Angeklagten Schuldunfähigkeit, und sie wird in Tomsk in eine Anstalt eingewiesen. Der in dieser Sache schwer kompromittierte Trufanow-Iliodor schlägt der polizeilichen Überwachung ein Schnippchen, rasiert sich den Bart und schafft es, als Frau verkleidet über Schweden nach Finnland zu flüchten. Rasputin erholt sich nur langsam von seiner Verletzung. Zum Glück hat das Seitengewehr kein lebenswichtiges Organ getroffen. Der Chirurg von Tjumen meint, daß seine kräftige Konstitution es dem Patienten erlauben wird, nach ein paar Wochen der Erholung wieder auf die Beine kommen.

Im Palast herrschen indessen Empörung und Panik. Die Zarin schwankt zwischen dem Schrecken, beinahe ihren spirituellen Meister verloren zu haben, und der Freude, daß dieser dem Racheakt einer psychisch Gestörten entkommen ist. Schon am 30. Juni 1914 schreibt der Zar an Innenminister Nikolaj Maklakow: »Wie ich erfahre, wurde gestern im Dorf Pokrowskoje im Gouvernement Tobolsk ein Attentat auf die Person des Starez Grigorij Jefimowitsch Rasputin verübt, den wir sehr verehren. Im Laufe des Attentats wurde er von einer Frau am Bauch verletzt. Ich fürchte, daß ihn ein ganzes Häufchen übler Individuen zur Zielscheibe ihrer verderblichen Absichten gemacht hat. Ich beauftrage Sie, diese Angelegenheit konstant zu überwachen und Rasputin gegen einen möglichen neuen Attentatsversuch zu beschützen.«

Von allen Seiten treffen Telegramme im Spital ein, in denen man dem Märtyrer eine baldige Genesung und ein langes Leben wünscht. Die ehemalige Nonne Akulina Laptinskaja, eine seiner ergebensten Anhängerinnen, reist eigens aus Sankt Petersburg an, um an seinem Bett zu wachen. Die Zarin beordert den berühmten Chirurgen von Breden nach Tjumen, um den Verletzten nochmals zu operieren. Bei seiner Rückkehr beruhigt der Arzt jedermann: der Starez ist außer Gefahr. Aber im privaten Kreis erzählt er, daß es mit Rasputins Männlichkeit nicht so weit her sei, wie gewisse Leute gerne behaupteten.[25] Die weibliche Einbildungskraft, sagt er, könne auf Beweise verzichten. Sie verherrliche alles, was sie berührt und verwandele ein ganz gewöhnliches Geschlechtsteil in ein männliches Attribut, das eines Zuchthengsts würdig wäre. Diese vertraulichen Bemerkungen machen in der ganzen Stadt die Runde. Wer hat recht? Die Damen, die Rasputins amouröse Großtaten rühmen, oder der Arzt, der ihn nach allen Regeln der Kunst untersuchte? Fest steht, daß von Bredens Enthüllungen der Sage von der gewaltigen Zeugungskraft des Starez nichts anhaben können. Wieder etwas zu Kräften gekommen, verschickt dieser ein Foto an seine Verehrerinnen, das ihn in seinem Spitalbett zeigt, und kritzelt dazu, unbekümmert um die Rechtschreibung, sibyllinische Sprüche aufs Papier.

Unterdessen verstärkt sich im Westen die Kriegsgefahr. Dem Mordanschlag auf Rasputin steht ein Mord mit ungleich dramatischeren Auswirkungen gegenüber: Am 15. Juni 1914[26] wird in Sarajewo Erzherzog Franz-Ferdinand, der Erbe der österreichisch-ungarischen Krone, mit seiner Frau vom bosnischen Studenten Princip getötet. Im Wiener Kabinett löst dieser Doppelmord einen kriegslüsternen Zorn gegen Serbien aus. Nun ist Serbien jedoch durch einen Vertrag mit Rußland und Rußland selbst im Falle eines Konflikts mit Frankreich und England verbündet. Liefert das nicht den Vorwand für eine allgemeine Explosion? Als er die Nachricht erfährt, will Rasputin nicht glauben, daß die Tat eines isolierten Individuums solche katastrophalen Folgen für den Weltfrieden haben könnte. Am 6. Juli empfängt Nikolaus II. in Peterhof den französischen Staatspräsidenten Raymond Poincaré. Festlichkeiten, Bankette, Truppenparaden, gegenseitige Gratulationen. Dieser Besuch, der die Freundschaft zwischen den beiden großen

Ländern besiegelt, scheint Sicherheit zu versprechen. Kaum sind jedoch am 10. Juli 1914 die französischen Gäste abgereist, stellt Österreich-Ungarn Serbien vor ein Ultimatum mit unannehmbaren Bedingungen. Sogleich wendet sich Serbien an Rußland und fordert es auf, sein Beistandsversprechen einzulösen. Deutschland seinerseits schließt sich der Wiener These an. Umsonst versuchen die Diplomaten, den Konflikt mit Verhandlungen beizulegen. Angesichts der deutschen Unnachgiebigkeit rät Außenminister Sasonow Serbien, das Ultimatum zu akzeptieren. Am 12. Juli stimmt Serbien den meisten der ihm auferlegten Bedingungen zu. Österreich, das mit einer vollständigen Kapitulation rechnet, lehnt die zaghaften Vorbehalte Serbiens ab und erklärt ihm am 15. Juli den Krieg. Am nächsten Tag ordnet der Zar gemäß seinen Verpflichtungen vorsorglich eine Teilmobilisierung an. Wilhelm II. setzt sich aufs hohe Roß und verlangt, daß diese Maßnahme unverzüglich rückgängig gemacht werden müsse. Rasputin, den die Vorstellung des sich anbahnenden Blutbads zu Tode erschreckt, versucht den Zaren davon abzuhalten, sich in die Schlacht zu stürzen. Er telegrafiert ihm von Tjumen aus: »Kümmern Sie sich nicht zu sehr um den Krieg. Der Augenblick, ihm (Deutschland) eine Tracht Prügel zu verabreichen, kommt noch. Jetzt ist der Zeitpunkt noch nicht günstig. Die Leiden (der Serben) werden belohnt werden.« Er versichert auch, daß dieser Krieg »das Ende Rußlands und des Zaren bedeuten würde.« Nikolaus schwankt. Sollte man die Sache doch besser aufschieben? Aber Suchomlinow und General Januschkewitsch überzeugen ihn davon, daß sich nicht nur die Teilmobilisierung aufdränge, sondern daß man diese, um für alle Fälle gewappnet zu sein, auf der Stelle in eine Generalmobilmachung umwandeln müsse. Nach zweistündigem Zögern gibt der Zar mit Bedauern nach. Nachdem er seine Einwilligung gegeben hat, erklärt er seinen Ministern: »Sie haben mich überzeugt, aber das wird der schmerzlichste Tag meines Lebens gewesen sein.« Am 18. Juli 1914 wird der Befehl zur Generalmobilmachung ausgegeben.

Im Spital von Tjumen kritzelt Rasputin verzweifelt einen Brief an den Zaren, Worte eines ungebildeten Menschen mit wirren Satzfolgen und unsicherer Zeichensetzung: »Lieber Freund, ich sage es noch einmal, ein schrecklicher Sturm ist über Rußland; gewaltiges Unglück und Leid, Nacht ohne Lichtschimmer über einem grenzenlosen Meer von Tränen. Und bald von Blut! Was soll ich sagen? Ich finde keine Worte. Unbeschreiblicher Schrecken. Ich weiß, daß alle den Krieg von dir wollen, selbst die Treuen, sie wissen nicht, daß es den Untergang bedeutet. Hart ist die Strafe Gottes: wenn er den Verstand wegnimmt, ist das der Anfang vom Ende. Du bist der Zar, der Vater des Volkes, erlaube nicht, daß die Wahnsinnigen die Oberhand gewinnen und das Volk und sich selbst ins Verderben stürzen. Nun gut, wir werden Deutschland besiegen, aber Rußland? Wenn man daran denkt, es gibt durch alle Jahrhunderte kein trostloseres Leiden. Es ist ganz im Blut ertränkt. Kummer ohne Ende. Grigorij.«

Rasputin möchte rasend werden, daß er sich nur brieflich äußern kann, wo ihm die Schreie doch das Herz zerreißen. Er verflucht seine absurde Verwundung, durch die er im tiefsten Sibirien festgehalten wird, während der Zar dabei ist, das Land und vielleicht die Dynastie ins Unglück zu stürzen. Wenn er in Sankt Petersburg wäre, würden Ihre Majestäten bestimmt lieber auf ihn hören als auf all diese abstrakt argumentierenden Minister und Generäle, die auf dem Papier Zahlen untereinanderschreiben – so viele Soldaten, so viele Gewehre, so viele Kanonen, so viele Pferde –, ohne sich der unermeßlichen Not der Menschen bewußt zu sein, die sie aufs Schlachtfeld führen. Er ist der Gefangene der Distanz, und so schickt er Depesche um Depesche ab.

Besorgt darum, dem deutschen Kabinett gegenüber die Wirkung der Generalmobilmachung zu verringern, kabelt Nikolaus II. in Sankt Petersburg indessen an den deutschen Kaiser: »Es ist mir technisch nicht möglich, meine militärischen Vorbereitungen einzustellen. Solange die Verhandlungen mit Österreich nicht abgebrochen sind, werden sich meine Truppen aber jeder Offensive enthalten.« Worauf Wilhelm II. mit einem Ultimatum antwortet, das mit einer Gnadenfrist von zwölf Stunden versehen ist: Rußland soll die Generalmobilmachung einstellen, dann ist der Frieden gerettet. Sonst ist der Krieg unvermeidlich. Da Rußland seiner Forderung nicht nachkommt, ordnet Deutschland am 19. Juli seinerseits die Generalmobilmachung an. Und gleich darauf stellt der Kaiser Rußland vor ein neues Ultimatum. Frankreich wird das seine bekommen. An jenem Tag richtet der an sein Spitalbett gefesselte Rasputin in chaotischem Wortlaut eine letzte Depesche an den Zaren: »Ich glaube, ich hoffe auf Frieden, sie bereiten eine große Freveltat vor, wir sind nicht die Schuldigen, ich kenne all Ihre Qualen, es ist sehr hart, daß wir uns nicht sehen, die Umgebung hat im Herzen insgeheim davon profitiert, konnten sie uns helfen?«[27]

Auf diese letzte Warnung reagiert Nikolaus II. mit einer Geste des Unwillens gegen den Starez, der ihm den Frieden predigt, während der Krieg vor den Toren des Reiches steht. Er zerreißt die Depesche vor den Augen der in Tränen aufgelösten Zarin. Der Ansicht der Minister, der Generäle, der Diplomaten und ihres Mannes selbst zum Trotz bleibt diese überzeugt, daß Rasputin sich nicht irren kann. Sie hofft zwar trotz ihrer deutschen Herkunft inbrünstig auf den Sieg ihrer von Gott bestimmten Wahlheimat, fürchtet aber, daß die Voraussagen des heiligen Mannes sich bewahrheiten werden. Am 21. Juli 1914[28] erklärt Deutschland Frankreich den Krieg. In der Nacht darauf folgt Englands Kriegserklärung gegen Deutschland. Am nächsten Tag ist die Reihe an Österreich-Ungarn, das Rußland den Krieg erklärt. Von den Ereignissen überrollt, von blutigen Zukunftsvisionen gequält, schreibt Rasputin auf die

Rückseite eines Fotos von ihm selbst: »Und morgen, was? Du bist unser Führer, Gott. Wie viele Leidenswege muß man nicht durchlaufen im Leben?«

Wie um ihm unrecht zu geben, wird die Nachricht vom Kriegsausbruch in der Hauptstadt mit Begeisterung aufgenommen. Die serbischen Brüder müssen gerächt und der deutsche Hochmut zu Fall gebracht werden! Zu Hunderttausenden strömen die Leute auf die Straße, um dem Zaren zuzujubeln, als er auf dem Balkon des Winterpalais erscheint. Die großartige patriotische Begeisterung, die das Land erfaßt, ist dazu angetan, den Herrscher zu beruhigen. Wäre Rasputin da, könnte er in dieser wiedergefundenen Einmütigkeit das Zeugnis eines historischen Einvernehmens zwischen dem Kaiser und der Nation erkennen. Davon hat er immer geträumt. Aber wenn auch Nikolaus II. und das Volk sich endlich verbinden, dann keineswegs aus gutem Grund. Nicht die Liebe vereint sie, sondern der Haß. Was die Politiker auch sagen mögen, auf jene, die sich zu Gewalt hinreißen lassen, warten finstere Zeiten.

Sobald die Ärzte ihn für reisefähig halten, bricht Rasputin mit seinen Töchtern Maria und Warwara nach Sankt Petersburg auf. Seine Frau bleibt mit dem neunzehn Jahre alten Dmitrij, der aber als einziges männliches Kind der Familie vom Militärdienst dispensiert ist, in Pokrowskoje. Als sie in Petersburg eintreffen, können die Reisenden über die zugleich kriegerische, ernste und heitere Stimmung, die hier herrscht, nur staunen. Die Fenster sind beflaggt, Regimenter defilieren, von Militärmusik angeführt, von allen Seiten treffen Männer ein, um in den Waffenfabriken zu arbeiten, in den Schenken ist der Alkoholausschank verboten, die Theater sind zum Bersten voll, in den aristokratischen Salons brüstet man sich damit, Söhne in der Armee zu haben, und die Stadt hat ihren Namen Sankt Petersburg, dessen deutscher Klang das Nationalgefühl zu verletzen droht, gegen das entschieden slawische Petrograd vertauscht. Wenn Rasputin auch erklärt, er sei stolz, in einem für das Fortbestehen des Zarenreichs so schicksalhaften Augenblick Russe zu sein, so leidet er doch unter der Verblendung, die eine Mehrheit seiner Landsleute befallen hat. Ihre prahlerische Hochstimmung flößt ihm weniger Bewunderung ein als Angst, und er bedauert es fast, seinen ländlichen Frieden gegen dieses Irrenhaus eingetauscht zu haben. Selbst Nikolaus II., völlig besessen von der Idee der slawischen Ehre, die es zu verteidigen gelte, will seinen Ratschlägen zur Mäßigung kein Gehör mehr schenken. Und die Zarin nimmt den Krieg als eine von Gott gesandte Prüfung hin, gegen die man sich vergeblich auflehnen würde. Zum ersten Mal fühlt sich der Starez mit seinen Prophezeiungen alleingelassen. Aus der ganzen Kraft seines Glaubens hofft er, daß er sich täuscht, daß sich die Feindseligkeiten in ein paar Scharmützeln erschöpfen und weder das Land noch die Regierung unter diesem Wahnsinn zu leiden haben werden. Im tiefsten Herzen bleibt ihm aber die doppelt bittere Enttäuschung, von Nikolaus II. nicht angehört worden und gegen das an Rußlands Grenzen sich anbahnende Massaker machtlos geblieben zu sein.

Bereits Anfang November kehrt er irritiert nach Pokrowskoje zurück. Aber auch hier findet er keinen Seelenfrieden. Nachdem er erfahren hat, daß die Zarin nun im Palastlazarett von Zarskoje Sjelo als Krankenschwester arbeitet, schickt er ihr ein väterliches Anerkennungstelegramm: »Du schenkst den Verwundeten deine Gunst und Gott wird dich für deine Liebkosungen und deine Heldentat verherrlichen.« Er kann sich wirklich nicht damit zufriedengeben, nur von weitem den schmerzlichen Zuckungen des Vaterlandes zuzuschauen. In seinem Dorf fühlt er sich zugleich verschont und unnütz, privilegiert und bestraft. Wenn Gefahr droht, muß er ebenfalls im Einsatz sein. Er hält es nicht mehr aus. Neugierig und angstvoll kommt er am 15. Dezember 1914 wieder in Petrograd an, der Stadt, in der sich das Schicksal der Welt entscheidet.

VIII

DER KRIEG

Zu Beginn der Feindseligkeiten scheint die patriotische Begeisterung des Volkes allgemein und dauerhaft zu sein. Die Mobilisierung verläuft reibungslos. In der Gewißheit eines raschen Sieges verbrüdern sich die politischen Parteien. Nikolaus II. wird wieder zum Zar aller Russen, ausnahmslos. Selbst in der parlamentarischen Opposition akzeptiert man die Idee einer notwendigen Annäherung an die Regierung. Nur ein gewisser Wladimir Iljitsch Uljanow, genannt Lenin, verkündet aus seinem Schweizer Exil, daß eine russische Niederlage dem Triumph des Zarismus vorzuziehen wäre. Aber was wiegt die Meinung solch eines unbedeutenden Einzelgängers gegenüber dem immensen Vertrauen der Nation, die ihre Einheit, ihre Größe und die Liebe zu ihrem Herrscher wiedergefunden hat? Von dem allgemeinen Hurrageschrei auf Flügeln getragen, spielt Nikolaus II. zunächst mit dem Gedanken, sich selbst an die Spitze die Armee zu stellen, um die Verteidigung des Landes zu einem heiligen Anliegen zu machen. Aber seine Minister geben ihm zu bedenken, daß er sein Prestige nicht mit den Kriegsrisiken aufs Spiel setzen darf. Widerwillig gibt er nach und ernennt seinen in Militärkreisen sehr geschätzten Onkel, Großfürst Nikolaus Nikolajewitsch, zum Oberkommandierenden. In den Augen des Monarchen und seiner Gattin hat seine Person nur einen einzigen Fehler: seine kategorische Ablehnung Rasputins. Von gewissen Leuten wird ihm auch Inkompetenz vorgeworfen. Trotz seiner hünenhaften Statur und seinem Adlerblick sei er, behaupten die Nörgler, ein miserabler Stratege. Aber es gibt Schlimmeres: Der Armee soll es an Material und an Kampftüchtigkeit fehlen. Die prächtig daherparadierenden Offiziere haben angeblich keine Ahnung von moderner Kriegführung. Zum Glück schenkt die Mehrheit im Lande den Pessimisten keinen Glauben. In allen Gesellschaftsschichten hegt man die Überzeugung, daß die legendäre russische Tapferkeit die mangelnde Ausrüstung und Erfahrung wettmachen werde. Selbst Rasputin, der sich doch heftig dagegen sträubte, findet, da der Krieg nun einmal erklärt sei, müsse man ihn gewinnen, koste es, was es wolle.

Da die Deutschen, scheinbar unaufhaltsam, bereits in Brüssel einmarschiert sind und Paris bedrohen, beschließt Nikolaus II., getreu dem seinen Alliierten gegebenen Versprechen, Frankreich durch ein großes Ablenkungsmanöver Erleichterung zu verschaffen. Unter dem Befehl der Generäle Samsonow und Rennenkampf dringen zwei seiner Armeen tief nach Ostpreußen ein und zwingen den Gegner, Truppen von seiner Westfront abzuziehen, um sie eilig an die andere Kriegsfront zu transportieren. Dieser Schachzug führt die Franzosen an der Marne zum Sieg und damit zur Rettung von Paris. Dagegen gelingt es den Deutschen unter der Führung General Hindenburgs, in den masurischen Wäldern bei Tannenberg Samsonows Truppen einzukreisen und zu dezimieren und Rennenkampf einen ungeordneten Rückzug auf das Ostufer des Niemen aufzuzwingen. Verzweifelt und entehrt nimmt sich Samsonow auf dem Schlachtfeld das Leben. Die Russen haben hunderttausend Mann verloren.

In der Öffentlichkeit schlägt die Begeisterung der ersten Tage in Angst und Bestürzung um. Vom einfachsten bis zum kultiviertesten beginnen die aus ihren glanzvollen Träumen gerissenen Bürger zu begreifen, daß die als unbesiegbar geltende russische Armee es nicht mit der besser ausgerüsteten, besser ausgebildeten, besser geführten deutschen Truppe aufnehmen kann. Die Intendantur und das Rote Kreuz sind so ineffizient wie während des Kriegs gegen Japan. Die in wirrem Durcheinander in Viehwagen transportierten Verwundeten erzählen bei ihrer Ankunft in der Hauptstadt, es habe an der Front an Gewehren und Munition gefehlt, man habe über eine einzige schußbereite Kanone verfügt, gegen zehn auf deutscher Seite, und man schicke die Infanteristen ohne vorbereitenden Artillerieeinsatz in den Kampf. Natürlich erscheint in der von der Zensur geknebelten Presse kein Echo dieser Klagen. Aber in der Zivilbevölkerung zirkulieren hartnäckig Gerüchte: Die einen bezichtigen die Generäle der Unfähigkeit, die anderen flüstern, der Zar sei vom Unglück verfolgt, er reihe seit dem Beginn seiner Herrschaft eine Katastrophe an die andere, und es gebe keinen Grund, weshalb sich das »ändern« sollte. Die Pechsträhne, heißt es, habe schon bei den Krönungsfeierlichkeiten begonnen, als Tausende von Zuschauern auf dem Feld von Chodynka erdrückt wurden. Dann kam die Geburt des an der Bluterkrankheit leidenden Sohnes, die psychische Labilität der Zarin, die Niederlage gegen Japan, der »blutige Sonntag« mit seinen unschuldigen Opfern, die Ermordung Großfürst Sergejs und Ministerpräsident Stolypins, und schließlich das Auftauchen des lasterhaften Starez Rasputin am Hof. Da ist es ja noch ein Glück, daß Rußland, das an der deutschen Front eine blutige Niederlage einstecken mußte, sich an der österreichischen Front schadlos halten konnte! Nachdem Österreich-Ungarn aus dem russischen Hoheitsgebiet vertrieben war, haben die zaristischen Truppen Lemberg eingenommen und Ostgalizien besetzt. Nicht für lange, leider! Im Februar 1915 löst Deutschland in Ostpreußen eine neue Offensive aus. Auf den Pässen der Karpaten wird verbissen gekämpft. Nach schweren Gefechten erobern die Deutschen Przemysl und Lemberg zurück. Die russischen Truppen sehen sich zum Rückzug gezwungen und müssen Polen und Litauen räumen.

Rasputin verfolgt auf der Karte angstvoll das Vorrücken der deutschen Flut. Mit der Ungewißheit der Zukunft wächst auch sein Einfluß am Hof. Da man nicht mehr weiß, wo man sein Heil suchen soll, wendet man sich an ihn, in der Hoffnung, er sei ein Heiland. Seine Wohnung an der Gorochowajastrasse 64 wird sozusagen zum Vorzimmer des Zarenpalasts. Schon frühmorgens stehen die Bittsteller Schlange, bis auf die Treppe, ja bis vors Haus auf die Straße hinaus. Drei- bis vierhundert Besucher gehen täglich bei ihm aus und ein. Abgesehen von den gewohnten Verehrerinnen drängt sich nun ein ganzer Haufen verstohlen flüsternder Bittsteller in seinem Salon. Darunter befinden sich sowohl Studenten, die knapp bei Kasse sind, wie kleine Beamte, die sich über ihre Vorgesetzten beklagen, Offiziere, die eine Empfehlung bei einem Minister erflehen und Frauen, die der Ruf der nie erlahmenden Männlichkeit des heiligen Mannes herbeigelockt hat. Rasputin hört sich einen nach dem andern an und verweigert nur selten seine Unterstützung. Wer um finanzielle Hilfe bittet, erhält ein paar Rubel; wer die Notwendigkeit einer Unterstützung höheren Ortes geltend macht, bekommt auf einer Ecke des Tisches ein kleines Empfehlungsschreiben hingekritzelt, das er mit Kreuzen bedeckt. Rasputin verfährt nach dem Grundsatz, daß man sich nie vergeblich an sein Herz richten soll. Zum Dank für seine guten Dienste drücken ihm die Reichen eine Banknote in die Hand, die Armen bringen ihm Früchte oder Käse. Er nimmt alles an, um niemanden zu kränken.

Zur Verwaltung seiner vielfältigen und komplizierten Geschäfte umgibt er sich mit Spezialisten, darunter dem ehemaligen Volksschulrat Dobrowolskij, dem Bankier Rubinstein und seinem Rivalen Manus, Verwaltungsratspräsident des Verbandes der Eisenbahnkonstrukteure, sowie steinreichen Finanzmagnaten wie Ginsburg, Salewjew, Kaminka … Der Krieg, den er fürchtete, bringt ihm lauter Annehmlichkeiten. Es sieht fast so aus, als habe er in dieser in Auflösung begriffenen Welt, wo die

Gemüter von Tod und Leiden und vom Unglück des Vaterlands umgetrieben werden, das ideale Klima für die Entfaltung seiner Gelüste gefunden. Er spürt, wie das Gefüge der moralischen Werte ringsum ins Wanken gerät, und neigt daher immer mehr zum Glauben, es sei alles erlaubt. Seine Vergnügungssucht koexistiert mit seinem Bedürfnis nach Frömmigkeit. Er, der einigermaßen enthaltsam war und sogar so weit ging, die Schließung der Schenken zu befürworten, beginnt jetzt zu saufen wie ein Loch. Er weigert sich indes, dem Wodka, der »grünen Schlange«, wie er im Volk genannt wird, zu verfallen. Er hat lieber Wein, besonders Madeira. Es gibt Tage, da kippt er im Verlauf einer einzigen Mahlzeit bis zu sechs Liter hinunter, ohne daß sein Verstand ins Wanken geriete. Er betrinkt sich und tanzt in aller Öffentlichkeit, aus Lust, seine Widerstandsfähigkeit gegen das Laster auf die Probe zu stellen. Oft wohnt er nach einer nächtlichen Orgie der Frühmesse bei, kehrt mit Engelsgesängen im Kopf nach Hause zurück, schlürft ein Glas dampfend heißen Tees und empfängt seine Besucher, als wäre nichts geschehen. Die Zeit, so urteilt er, steht im Zeichen von Exzessen aller Art. Da Rußland den Verstand verloren hat, indem es sich in den Krieg stürzte, kann auch er ihn verlieren. Um so mehr, als er ganz offensichtlich Gottes Beistand genießt, selbst wenn er betrunken ist.

Der Beweis: Seine Heilkräfte bleiben trotz des Alkoholmißbrauchs intakt. Am 2. Januar 1915 wird Anna Wyrubowa auf dem Weg von Zarskoje Sjelo nach Petrograd bei einem furchtbaren Eisenbahnunglück schwer verletzt. Man braucht mehrere Stunden, um sie aus dem Wrack des Waggons zu befreien, in dem sie Platz genommen hatte. Sie hat die Beine und die Wirbelsäule gebrochen. »Das ist das Ende! Es ist sinnlos, sie zu behelligen!« erklärt der Arzt, der sie an Ort und Stelle untersucht. Sie wird ins Spital von Zarskoje Sjelo überführt und erhält dort die Sterbesakramente. Kaum hat sie einen lichten Moment, bittet sie, »Vater Grigorij« möge für sie beten. Ihre

Mutter wehrt ab. Aber die Zarin, durch das Ereignis sehr mitgenommen, ruft Rasputin an. Er verspricht, unverzüglich ans Bett der Sterbenden zu kommen, findet jedoch keinen Wagen. Schließlich leiht ihm Witte den seinen, mit einem geübten Fahrer am Steuer. Auf dem Weg werden sie von einem Schneesturm aufgehalten. Gleich nach der Ankunft hastet der Starez ins Krankenzimmer. Die junge Frau liegt in einem leichten Koma da, an ihrem Bett wachen der Zar, die Zarin, die Großfürstinnen und der Hofchirurg. Ohne auf diese Umgebung zu achten, konzentriert sich Rasputin, den Blick auf den schon fast leblosen Körper gerichtet. Unter der Kraftanstrengung wird er totenblaß, sein Gesicht bedeckt sich mit Schweiß. Es vergeht eine ganze Weile, dann nimmt er Anna Wyrubowas Hand und sagt eindringlich: »Annuschka, wach auf, schau mich an!« Auf diese Worte hin schlägt sie die Augen auf und murmelt: »Grigorij, bist du es? Gott sei gelobt!« Dann wendet sich Rasputin den Anwesenden zu und prophezeit halblaut: »Sie wird gesund werden, aber behindert bleiben.« Und eilt hinaus ins Nebenzimmer. Dort verdreht er die Augen, wankt und verliert das Bewußtsein. Einmal mehr hat er das Leiden eines anderen Menschen absorbiert. Die Ärzte können nur noch widerwillig feststellen, daß ohne ihre Hilfe eine Heilung stattgefunden hat. Aber es ist ein langer Weg zur Genesung. Nach sechs Monaten Bettlägerigkeit wird sich Anna Wyrubowa zunächst nur im Rollstuhl und schließlich auf Krücken fortbewegen können. Es vergeht mehr als ein Jahr, bis sie ihre Beine schlecht und recht wieder gebrauchen kann.

In der Zwischenzeit verkündet sie allerorten das neue Wunder, das der Starez vollbracht hat. Der Zar und die Zarin, die diese Auferstehung in einem Spitalzimmer mit eigenen Augen gesehen haben, teilen ihre mystische Gewißheit. Alexandra Fjodorowna, deren Verhältnis zu ihrer einstigen Vertrauten sich merklich abgekühlt hatte, da sie ihr im Laufe der Jahre allzu indiskret und kapriziös erschienen war, freundet sich in neu auflodernder Verehrung für Rasputin wieder innig mit ihr an. Wenn man an die Kräfte der Heiligen des orthodoxen Martyrologiums glaubt, wie sollte man der Kraft eines außergewöhnlichen Menschen nicht Glauben schenken, der sich wie sie tagtäglich mit dem Himmel unterhält? Was vor Jahrhunderten dem einen oder anderen von ihnen geschah, kann sich durchaus heutzutage bei einem sibirischen Starez wiederholen. Daran zu zweifeln, hieße Gott beleidigen, der ihn erschaffen hat, um seinen Mitmenschen Licht zu bringen.

Wie diese Episode Rasputins Einfluß auf seine Anhänger verstärkt, so verstärkt sie auch seine eigene Überzeugung, im Besitze übernatürlicher Kräfte zu sein und eine angenehme Straffreiheit zu genießen. Je mehr er trinkt, je zügelloser er sich gebärdet, desto mehr, dünkt ihn, belustigt sich Gott an seiner Lasterhaftigkeit. Anna Wyrubowas wundersame Genesung im Verein mit dem Vergnügungsfieber, das die Hauptstadt seit Kriegsausbruch ergriffen hat, macht ihn geneigt, sich doppelt ins Zeug zu legen. Was tut's, wenn seine Moral nicht jener der Kirche entspricht! An dem Punkt, an dem er angelangt ist, braucht er zwischen sich und dem Ewigen Vater keinen Vermittler mehr. Wer weiß, was morgen sein wird? Wenn der große Sensenmann hinter der Türe stampft, ist jede heidnische Lust willkommen.

Trotz des Blutbads an der Front und der Verwundetentransporte, die in der Stadt eintreffen, trotz der beunruhigenden Presseschlagzeilen will Petrograd sich auf jeden Fall amüsieren. Das Alkoholverbot bleibt wirkungslos. Um die gesetzlichen Vorschriften zu umgehen, serviert man in den »Traktirs«[29] den Alkohol im Teekrug. In den Hochburgen der Unterhaltung, seien es Nachtlokale oder Theater, weist man jeden Abend Leute zurück. Das Geld wird verjubelt. Die für Rasputins Sicherheit verantwortlichen Polizisten protokollieren gewissenhaft Tag und Nacht seine Begegnungen und seine Ausgänge. Von März bis Juni 1915 sind auf seiten des unersättlichen Starez nur Bettgeschichten und Zechgelage zu vermelden. Bald besucht er eine Masseuse zweifelhaften Lebenswandels, bald die Näherin Katja, bald die Prostituierte Vera, bald geht er mit einer jungen Frau, die ihn einseifen soll, ins Bad. Aber er lädt auch die Damen der guten Gesellschaft in die Gorochowajastraße 64 ein und feiert mit ihnen Feste bis zum Morgengrauen. Während dieser kleinen Orgien singt und tanzt man zu den Klängen eines Zigeunerorchesters, bis einem der Atem wegbleibt, und zecht, bis man unter den Tisch fällt. Die an Ort und Stelle beorderten Beschatter schreiben auf, wie viele Flaschen geleert wurden, notieren die Vertraulichkeiten des Hausherrn mit den Besucherinnen und die von den Dienstboten rapportierten Fälle von Beischlaf. Um den lüsternen Überschwang ihres »Schützlings« nach Möglichkeit einzudämmen, dringen sie beim Wirt seines Lieblingslokals *Villa Rode* darauf, daß er ihm nicht einen Tisch im großen Saal zuweist, wo ihn alle sehen, sondern ihm ein kleines Chambre séparée reserviert, wo er sich nicht zur Schau stellen kann. Dort singt Rasputin mit dem Chor, tanzt mit Prostituierten und mit Frauen von Welt den ukrainischen *Hoppak* und gibt sich ganz ungehemmt den Freuden des Weins und der Liebe hin. Er ist völlig versessen auf Zigeunermusik und auf leichtlebige Geschöpfe, die sich nach einer guten Mahlzeit ohne weiteres vernaschen lassen. Mit schwitzendem Körper und durstiger Kehle hat er in diesen Momenten das Gefühl, doppelt schnell, doppelt intensiv zu leben, ohne es deswegen mit dem Allerhöchsten zu verderben. Es kommt auch vor, daß er Geschäftsleute und Bankiers zu diesen zügellosen Agapen einlädt. Sie bezahlen die Zeche, und er dankt es ihnen, indem er bei einem Minister in dieser oder jener umstrittenen Angelegenheit vermittelt. Bevor er torkelnd den Ort verläßt, teilt er an die Sängerinnen und Kellnerinnen ein paar Rubel oder kleine Geschenke aus, dazu gute Ratschläge für eine weiterhin gottgefällig verfolgte Berufslaufbahn. Trotz des moralischen

Bruchs, der zu Beginn des Krieges in ihm stattgefunden hat, ist er noch immer von seiner frommen Mission gegenüber seinen Mitmenschen überzeugt. Selbst der Skandal, den eines Abends ein Offizier auslöst, der ihn, über sein Verhalten empört, in aller Öffentlichkeit ohrfeigt, reicht nicht aus, um ihn zur Vernunft zu bringen. Das Lokal wird für mehrere Tage geschlossen. Was tut's! Rasputin treibt sein Unwesen in anderen Luxustavernen weiter. Augenzeugen geben reihum zum besten, wie er eines Nachts im Rausch einem Chor befahl, das *Ave Maria* zu singen, und dann selbst sein Lieblingslied anstimmte: *Kutscher, schlag nicht deine Pferde*, worauf er gestikulierend auf dem Tisch herumtanzte, um zu beweisen, daß man in seinem Dorf so gut zu hopsen verstehe »wie im kaiserlichen Ballett«. Im Restaurant *Strelnia* in Petrograd klettern die Gäste auf die Palmentöpfe, mit denen der große Saal geschmückt ist, um durch ein großes Glasfenster einen Blick ins Chambre séparée zu erhaschen, wo sich der Starez mit seinen Zigeunern amüsiert. Ein Offizier entrüstet sich: »Was findet man bloß an dem Kerl? Es ist eine Schande! Ein Muschik schwingt die Hüften und jedermann erstarrt in Bewunderung! Warum kleben all diese Damen an ihm?« Und er feuert wütend einen Schuß in die Luft. Panische Aufregung unter den Dinierenden. Eine Augenzeugin, Dschanumowa, erzählt, Rasputin habe nach dem Knall vor Angst geschlottert. »Sein Gesicht wurde ganz gelb … Er schien um Jahre gealtert zu sein.«[30] Obgleich er sich von Gott beschützt weiß, fürchtet er also um seine Haut. Er hat so viele hochgestellte Feinde!

Tagsüber sichtet Rasputin Hunderte von Bittgesuchen, die sich auf seinen Tisch ergießen. Von Zeit zu Zeit wendet er sich über die Schulter an irgendeinen Popen, der geduldig darauf wartet, angehört zu werden: »Na, letzte Nacht hab ich ja wieder mal flott gelebt! Es war ein Zigeunermädelchen da, so süß, das sang! Wenn du wüßtest …« Das Telefon klingelt ununterbrochen. Die Verehrerinnen des Meisters versehen den Bereitschaftsdienst. Sie antworten eine nach der andern: »Hier die Wohnung von Grigorij Jefimowitsch. Am Telefon X. Wer ist am Apparat?« Der Starez nimmt den Anruf selten persönlich entgegen. Wenn es sich um einen wichtigen Anrufer handelt, packt er den Hörer demonstrativ mit der linken Hand, stellt den Fuß auf einen Schemel, stemmt die rechte Faust in die Hüfte und spricht langsam, mit steifen Schultern, bis in die Haarspitzen von seiner Wichtigkeit durchdrungen, den Blick in die Ferne gerichtet. Muß er einen kleinen Empfehlungsbrief schreiben, setzt er sich schwerfällig an den Tisch, seine Finger verkrampfen sich um die Feder, und er kritzelt angestrengt seine Buchstaben aufs Papier, schnaufend wie ein Walroß. Seine Ermahnungen sind lakonisch: »Lieber, Teurer, bring' die Sache für diesen Unglücklichen in Ordnung, und Gott wird dir beistehen. Grigorij.« – »Dem Vorsteher der Nikolauslinie. Lieber, Teurer, rette diese arme Kleine mit einer Arbeit als Bahnwärterin.«[31]

Zu Beginn des Krieges hat Rasputin sich eine Art juristischen Berater und Sekretär zugelegt, Manasjewitsch-Manuilow. Diese zweifelhafte Figur, halb Betrüger, halb Spion, die sich einst von der Ochrana für schmutzige Spitzeldienste und von Finanzmaklern und Industriellen für geheime Transaktionen engagieren ließ, hat sich jetzt mit Leib und Seele der Sache des Starez verschrieben. Manasjewitsch verfaßt Mitteilungen für seinen »Chef«, stellt eine Schreibkraft ein, die den Auftrag hat, die Weissagungen des Meisters aufzuschreiben, müht sich ab, um in Geschäftskreisen ihre gemeinsamen Interessen bestmöglich zu vertreten, und zögert nicht, obwohl selbst jüdischer Herkunft, seine Glaubensgenossen auszunehmen, gegen das Versprechen, ihnen den Militärdienst, eine Buße oder eine Enteignungsdrohung zu ersparen. Rasputin vertraut diesem Schwindler, steht aber auch einem anderen Juden sehr nahe, dem Juwelier, Wucherer und Spielkasinobesitzer Aron Simanowitsch. Zur Regelung seiner Geldangelegenheiten sind diese beiden Faktoten alles andere als überflüssig. Aus Prinzip verlangt er nie mehr direkt etwas vom Zaren oder der Zarin. Seine Miete wird bald vom Vater Anna Wyrubowas, bald vom Bankier Rubinstein beglichen. Er erhält ebenfalls bedeutende Spenden von seinen Verehrern und Verehrerinnen. Tatsächlich gibt es bei ihm keine Berechnung, keine Voraussicht hinsichtlich der Verwaltung dieser finanziellen Mittel. Überzeugt, daß Gott seinen Boten auf dieser Erde immer mit dem versorgen werde, was er braucht, gibt er mit vollen Händen aus. Seine Großzügigkeit beschränkt sich nicht darauf, die Kosten seines städtischen Lebens zu bestreiten, sie kommt auch dem Unterhalt seines Hauses in Pokrowskoje und seiner Familie zugute, die im Wohlstand lebt; sein Vater Jefim, ein alter Faulpelz, macht keinen Finger krumm. Das Geld, verkündet Rasputin, ist nicht dazu da, angehäuft, sondern verschwendet zu werden. Sein Ideal ist der Vogel in seinem Nest, der den Schnabel aufsperrt, um sich von Gott füttern zu lassen. Naiv und durchtrieben, sorglos und gerissen zugleich, sieht er deshalb in der Tatsache, daß er aus anderer Leute Hände lebt, nur den gerechten Lohn für die Wohltaten, die er den gläubigen Seelen zuteil werden läßt.

Nach einem Tag, den er damit zugebracht hat, sich um die Politik des Landes, die Antworten an die Bittsteller und die Verwaltung seines persönlichen Vermögens zu kümmern, hat er ein rasendes Bedürfnis nach Ablenkung. Man könnte meinen, mit der einfallenden Nacht erwache ein anderer Mensch in ihm. Ihn juckt die Kehle, ihn juckt das Glied. Der Teufel versucht ihn – mit Gottes Billigung natürlich. Russe sein, heißt nach seiner Meinung, abwechselnd Schwarz und Weiß in sich zu tragen. Wer von den irdischen Freuden nichts wissen will, den liebt die Erde nicht. Am 25. März 1915 fährt Rasputin nach Moskau und kreuzt schon am Tag nach seiner Ankunft in Begleitung zweier Journalisten und zweier Damen in dem berühmten Restaurant *Jar* auf. Alle sind fest entschlossen, sich zu amüsieren. »Die Gesellschaft war schon recht angeheitert«, heißt es später im Rapport Oberst Martynows, des Chefs der Moskauer Sektion der Ochrana. »Sie bestellten Lieder beim Frauenchor, dann Tänze, den ›Matschisch‹ und den ›Cake-Walk‹. Anscheinend hatte die Gesellschaft auch dafür gesorgt, daß sie alkoholische Getränke erhielt[32], denn Rasputin betrank sich noch mehr und tanzte dann einen ›russischen Tanz‹, wobei er den Sängerinnen gegenüber Vertraulichkeiten fallen ließ, wie: ›Diesen Kaftan hat mir die Alte[33] geschenkt, sie hat ihn eigenhändig genäht!‹ Und nach dem ›russischen Tanz‹: ›Was würde sie wohl sagen, die Chefin, wenn sie mich hier sähe!‹ Dann wurde Rasputins Betragen völlig unzumutbar und nahm sexualpathologische Züge an. Er habe, heißt es, sein Geschlechtsorgan entblößt und sich in dieser Aufmachung weiterhin mit den Sängerinnen unterhalten, an die er kleine Briefchen verteilte, mit Empfehlungen wie: ›Liebe mich von ganzem Herzen‹ und anderen, deren Wortlaut den Empfängerinnen entfallen war. Als der Kapellmeister ihn auf die Unschicklichkeit seines Benehmens in Gegenwart von Frauen aufmerksam machte, gab Rasputin zurück, daß er mit ihnen generell in dieser Aufmachung verkehre, und ließ nicht von seinem Gebaren ab. Er steckte einigen Sängerinnen zehn oder zwölf Rubel zu, wobei er das Geld bei seiner jungen Begleiterin holte, die schließlich dem Restaurant *Jar* die ganze Rechnung beglich. Gegen zwei Uhr früh brach man auf.«

Die Augenzeugen begnügten sich nicht damit, den gewohnten Spitzeln pikante Details über den Abend zu enthüllen: Sie verbreiteten in der ganzen Stadt schlüpfrige Kommentare. Der Gouverneur von Moskau, General Adrianow, für den derartige Ausschweifungen und vulgäre Äußerungen über Ihre Majestäten das Ansehen der Krone verletzten, fuhr persönlich nach Petrograd, um Innenminister Nikolaj Maklakow zu informieren. Aus Furcht, den Zaren zu irritieren, gab dieser ihm nur eine mündliche, sehr abgeschwächte Darstellung der Ereignisse. Der am 22. April von Nikolaus II. herbeizitierte Starez schlägt sich an die Brust, gibt zu, ein der hellseherischen und heilenden Kräfte, mit denen Gott ihn beschenkt hat, unwürdiger Sünder zu sein und schwört, er habe in seinen Äußerungen niemals die Ehre seiner Wohltäterin, der Zarin, befleckt. Immer bereit, ihm aufs Wort zu glauben, schreibt Alexandra die Entgleisung des Gottesmannes einer vorübergehenden Verwirrung zu, bewahrt ihm ihre Wertschätzung und hofft bloß, daß solche Seitensprünge sich nicht wiederholen werden. Entschuldigt und getröstet, bricht Rasputin im Juni 1915 nach Pokrowskoje auf, um sich von den teuflischen Versuchungen der Stadt zu erholen.

Aber seine Feinde legen die Hände nicht in den Schoß. Der neue Innenminister Schtscherbatow ist weniger kulant als sein Vorgänger Maklakow. Er gibt dem Drängen der Moskauer Verleumder des Starez nach und beauftragt seinen Stellvertreter, Vizeminister Dschunkowskij, der die Affäre im *Jar* genauestens verfolgt hat, dem Zaren den vollständigen Bericht Oberst Martynows vorzulegen. Nikolaus II. staunt bei der Lektüre des detaillierten Berichts, schluckt seine Empörung jedoch hinunter und verlangt dessen Geheimhaltung. Dschunkowskij kann trotz seines Versprechens den Mund nicht halten. Alexandra kommen beiläufig andere Einzelheiten über Rasputins Moskauer Extravaganzen zu Ohren. Was sie aufbringt, ist jedoch nicht »Vater Grigorijs« Betragen, sondern das seiner Denunzianten. Entrüstet schreibt sie an den Zaren, der sich gerade im Hauptquartier auf Inspektion befindet: »Er ist kein rechtschaffener Mann (Dschunkowskij), er hat diesen schändlichen Wisch (den Rapport über Rasputin) Dmitrij (Großfürst Dmitrij Pawlowitsch) gezeigt, der alles Paul (Großfürst Alexandrowitsch) weitersagte, der wiederum Ella (Elisabeth, Großfürstin Jelisawjeta Fjodorowna, Schwester der Zarin) alles erzählte. Man muß ihm (Dschunkowskij) sagen, daß Sie diese schmutzigen Geschichten satt haben, und verlangen, daß er ernsthaft bestraft wird.«[34]

Bei seiner Rückkehr nach Petrograd erklärt sich Nikolaus II. bereit, einen neuen, noch ausführlicheren Bericht über den Moskauer Vorfall zu lesen. Danach weigert er sich zu Alexandras großer Enttäuschung, »Vater Grigorij« zu empfangen, der um eine weitere Audienz für neue Schwüre und Rechtfertigungen nachgesucht hat. Rasputin behauptet zwar, schändlich verleumdet worden zu sein, duckt sich jedoch und verzieht sich wieder nach Pokrowskoje.

Auf der Reise verfolgt ihn das Pech. Am 9. August schifft er sich in Tjumen auf einem Dampfer ein, der ihn nach Pokrowskoje bringen soll, und mischt sich unter einen Haufen mitfahrender Soldaten. Bereits ziemlich betrunken, lädt er sie ins Restaurant der Zweiten Klasse ein. Er bezahlt ihnen das Mittagessen und die Getränke. Man leert ein paar Flaschen, man singt und tanzt und gibt unter Gelächter gepfefferte Anekdoten zum besten, welche die anderen Passagiere schockieren. Der Kapitän erscheint und erinnert Rasputin daran, daß den Soldaten der Zutritt zur »Zweiten« verboten sei. Außer sich schlägt Rasputin Krach, haut mit den Fäusten um sich und beschimpft den Oberkellner, bevor er zusammensackt und auf dem Teppich liegenbleibt. Einige unter den Anwesenden grinsen, andere schreien, er sei verrückt und man müsse ihm »Bart und Kopf kahlscheren«. In Pokrowskoje bringen ihn die Matrosen halb bewußtlos an Land und laden ihn auf eine Trage. Maria und Warwara, die gekommen sind, um ihn abzuholen, bringen ihn stockbetrunken nach Hause. Es wird ein Protokoll aufgenommen wegen Beschimpfung des Oberkellners und »beleidigender Äußerungen über die Zarin und ihre sehr erlauchten Töchter«. Zwei Untersuchungen werden eröffnet: eine politische (wegen Beleidigung der Zarin), und eine des gemeinen Rechts (wegen Beleidigung des Oberkellners). Der Provinzgouverneur droht, er werde Rasputin verhaften, wenn er Pokrowskoje zu verlassen suche. Der hat seinen Rausch ausgeschlafen und antwortet kaltblütig: »Was kann ein Gouverneur mir schon anhaben?« Aber er hütet sich wohlweislich, sich von der Stelle zu rühren, und wartet darauf, daß Anna Wyrubowa ihn telegrafisch zur Rückkehr auffordert, was nicht lange dauern wird. Die administrative Maßregelung hindert ihn nicht weiterzutrinken. Sein arbeitsscheuer und geschwätziger alter Vater geht ihm auf die Nerven. Eines Tages gerät er mit ihm in Streit. Beide Männer sind betrunken. Grigorij wirft seinen Vater in einem Wutanfall zu Boden und prügelt auf ihn ein. Man hat die größte Mühe, die beiden auseinanderzureißen. Am nächsten Tag ist der Zwischenfall vergessen und sie stoßen wieder miteinander an. Im Jahr darauf, als Jefim stirbt, wird Grigorij in Petrograd sein und nicht zum Begräbnis reisen. Aber er wird während vierundzwanzig Stunden Trauer tragen und sich so lange jeder Zecherei enthalten.[35]

Noch während seines Aufenthalts in Pokrowskoje kommt die *Moskauer Zeitung* auf den Skandal im Restaurant *Jar* zurück, den der Zar und die Zarin so gern verheimlicht hätten. Wie haben sich die Redakteure dieses Blattes den streng vertraulichen Rapport verschafft, den Dschunkowskij Nikolaus II. unterbreitete? Wie auch immer – von einem Tag auf den andern werden die letzten Einzelheiten der Lustpartie im *Jar* in der Presse breitgetreten. Dschunkowskij wird des Verrats eines Staatsgeheimnisses überführt und seiner Funktionen enthoben. Rasputin erfährt die gute Nachricht in Pokrowskoje. Endlich ist er gerächt, der Weg ist frei. Mehrere Male kehrt er nach Petrograd zurück, um seine Feinde zu verhöhnen und sich an den beliebten Treffpunkten in Szene zu setzen. Die für ihren Übereifer scharf getadelte Polizei läßt ihn in Ruhe. Und er genießt es.

Es herrscht ein frappierender Kontrast zwischen der Vergnügungssucht, die im Hinterland von der guten Gesellschaft Besitz ergriffen hat, und dem grauenhaften Blutbad an der Front. Da fallen die Männer zu Hunderttausenden, während man in Petrograd und Moskau Komplotte schmiedet, lästert und Geschäfte macht. Um die Niederlagen der russischen Armee zu erklären, von denen eine sich an die andere reiht, schieben die Behörden Spionage vor. Damit zielt man auf die Juden ab, denen man im Volk mangelnden Patriotismus, ihre Geschäftstüchtigkeit, ihre Religion und ihre oft fremdartig klingenden Namen zum Vorwurf macht. Die deutsche Botschaft in Petrograd ist kurz nach Kriegsausbruch verwüstet worden. Zeitungen und Bücher deutscher Sprache wurden verboten. Der Heilige Synod hat die Weihnachtsbäume für unzulässig erklärt, da sie einem »deutschen Brauch« entsprächen. In Büros und Fabriken hat man Leute mit deutschen oder jüdischen Familiennamen entlassen, selbst solche, deren Familien seit Generationen in Rußland ansässig sind. Man spricht von höheren Offizieren, die sich dem Feind verkauft haben, von Industriellen, die insgeheim Munition für den Kaiser herstellen sollen, von Würdenträgern des Palais, deren baltische Herkunft sie zu Verdächtigen ersten Ranges macht. Im Mai 1915, bei der Nachricht vom Rückzug aus Galizien, wurden in Moskau die deutschen Geschäfte während zwei Tage dauernden Krawallen von der Menge geplündert. Nach einer Inspektionsreise an die Front hat Rodsjanko vor der Duma erklärt, das Land werde durch Unfähige regiert, die heroischen russischen Soldaten verlören ihr Leben durch die Schuld des Kommandos, und diese Unfähigkeit erkläre sich durch die Anwesenheit von Verrätern in den höchsten Kreisen von Politik und Armee. Da man einen Sündenbock braucht, verhaftet man unter Anschuldigung der Amtsverletzung und des Unterhalts geheimer Verbindungen zum Feind den Oberstleutnant Miassojedow. Um ein Exempel zu statuieren, wird er gehängt.[36] Auf Anregung Nikolaj Nikolajewitschs wird Kriegsminister Suchomlinow, den man für die hauptsächlichen militärischen Niederlagen verantwortlich macht, durch General Poliwanow ersetzt. Der Zar hofft, daß dieser Wechsel an der Führungsspitze die aufrührerischen Geister im Parlament beruhigen und im bestürzten Volk das Vertrauen wiederherstellen wird. Aber die Gemüter sind zu sehr erregt, und Nikolaus II. muß rasch einsehen, daß die Situation nicht mit Kabinettsumbildungen zu retten sein wird. Kaum ernannt, erklärt Poliwanow, das Vaterland sei in Gefahr, und behauptet, der Kriegführung fehle jeder Gesamtplan und jede Strategie. Am 23. Juli fällt Warschau in deutsche Hand, die Duma richtet in heller Aufregung eine Anfrage an die Regierung, und der Ministerrat beschließt, Generalstabschef Januschkewitsch zu entlassen. Aber reicht das aus?

Mehr und mehr trägt sich Nikolaus II. mit dem Gedanken, selbst das Oberkommando der Armee zu übernehmen. Seine zahlreichen Besuche in der Stawka, dem Großen Hauptquartier, haben ihn wieder auf den Geschmack des Soldatenlebens gebracht. In Gesellschaft seiner Eliteoffiziere erholt er sich von den Petrograder Intrigen. Und dann findet er, daß der Platz des Zaren im Falle einer ernsten Gefahr in der vordersten Linie sei, bei den Soldaten. Die Minister flehen ihn einhellig an, dieser rühmlichen, aber sehr gefährlichen Versuchung nicht nachzugeben. Dagegen drängt ihn seine Frau mit aller Kraft, mit ihrer ganzen gläubigen Überzeugung, die Verantwortung der Kriegführung im Felde zu übernehmen. Schon lange leidet sie darunter, daß Großfürst Nikolaj Nikolajewitsch im Lande zusehends an Einfluß gewinnt. Sie verzeiht ihm die Heirat mit ihrer einstigen montenegrinischen Freundin Anastasia nicht, die sich – höchst verwerfliches Verhalten! – hat scheiden lassen, um die Ehe mit ihm einzugehen. Durch die Gnade des Zaren zum Generalissimus ernannt, hat er sich in seinem Dünkel noch mehr aufgeblasen. Die Soldaten lieben und respektieren ihn, trotz seiner notorischen Unfähigkeit. Mit seiner großen, stattlichen Erscheinung sieht er genauso aus, wie man sich einen General vorstellt. Mehr braucht es nicht, um einfache Gemüter zum Narren zu halten. Zudem verdächtigt ihn Alexandra Fjodorowna, nur eine von einem

Häufchen ihm ergebener Offiziere angezettelte Palastrevolution abzuwarten, um sich selbst des Thrones zu bemächtigen und ihren Sohn Alexej so von der dynastischen Erbfolge auszuschließen. Ist er im übrigen nicht ein erklärter Feind Rasputins? Das besagt alles! Als der Starez den Wunsch äußerte, die Stawka zu besuchen, hat der Großfürst melden lassen, »Vater Grigorij« könne kommen, werde aber »gehängt«. Solche Worte zeigen, mit wem man es zu tun hat! Rasputin hat einen zähen Groll, und Alexandra Fjodorowna übertrifft ihn noch darin. Mit vereinten Kräften drängen sie den Zaren, den gefährlichen Rivalen im Ringen um die Volksgunst abzusetzen.

Während sich der Zar im Hauptquartier auf Inspektion befindet, versucht sie, ihn mit täglichen, englisch abgefaßten Briefen zu indoktrinieren. Ohne es ganz unverblümt zu sagen, hofft sie, daß Rasputin früher oder später aus der Rolle des geistigen Ratgebers in jene des politischen und militärischen Beraters schlüpfen wird: »Wenn du dich bloß unbeugsamer zeigen könntest, mein Liebling, das ist unerläßlich! … Man muß vor dir zittern … Höre auf unseren Freund (Rasputin) und vertraue ihm. Es ist wichtig, daß wir nicht nur auf seine Gebete, sondern auf seinen Rat zählen können.« (Brief vom 10. Juni 1915) Und weiter: »Wie wünschte ich doch, daß Nikolascha (Großfürst Nikolaj Nikolajewitsch) anders wäre und sich dem Mann nicht entgegenstellen würde, den uns Gott gesandt hat!« (Brief vom 12. Juni 1915) »Nikolaschas Ernennungen machen mir Angst. Er ist alles andere als klug, er ist eigensinnig und läßt sich von anderen Leuten lenken … Ist er im übrigen nicht der Gegner unseres Freundes? Das kann nur Unglück bringen! … Unser Freund segnet dich und verlangt aufs dringendste, daß am gleichen Tag an der ganzen Front eine religiöse Prozession durchgeführt werden soll, um den Sieg zu erbitten … Bitte erteile den entsprechenden Befehl.« (Weiterer Brief vom 12. Juni 1915) »Ich schicke dir einen Stock, der unserem Freund gehörte. Er hat ihn gebraucht und gibt ihn jetzt dir, mit seinem Segen. Wenn du ihn von Zeit zu Zeit benützen könntest, wäre das gut ... Sei autokratischer, mein Liebling, zeige, wozu du imstande bist!« (Brief vom 14. Juni 1915)

Von Tag zu Tag, von einem Brief zum andern läßt Nikolaus II. sich einreden, es sei Gottes von Rasputin verkündeter Wille, daß er sich energischer behaupte, den unfähigen Nikolaj Nikolajewitsch absetze und selbst den Oberbefehl über die Armee übernehme, um seine Truppen zum Sieg zu führen. Im Hochsommer 1915 ist die Lage besonders kritisch. Von der Ostsee bis zu den Karpaten sind die Russen auf dem Rückzug. Kowno, Grodno und Brest-Litowsk sind gefallen, Polen, Litauen, Galizien in Feindeshand. Die Verluste an Menschenleben sind schwindelerregend. Die Spitäler sind dem Andrang der Tausende von Verwundeten, die von der Front ins Hinterland überführt werden, nicht gewachsen. Die Stawka hat sich nach Mogiljow zurückziehen müssen.

Angesichts der wachsenden Bedrohung faßt Nikolaus II. endlich den Entschluß, sich den allzu lästigen Großonkel vom Hals zu schaffen, und schickt Minister Poliwanow in die Stawka, um den Generalissimus behutsam auf seine bevorstehende Ungnade vorzubereiten. Aber seine Mutter Maria Fjodorowna fleht ihn an, von seinem Vorhaben abzulassen, das ihr zu riskant erscheint. Sie warnt ihn vor der Gefahr für ihn selbst, wenn er den Unwillen der Armee heraufbeschwört, indem er einen so populären Befehlshaber entfernt. Außerdem fürchtet sie, er könnte dadurch, daß er sich nicht mehr in Petrograd, sondern im Großen Hauptquartier aufhält und die Staatsführung einem andern überläßt, und sei es einem Vertrauensmann, den Untergang des Regimes beschleunigen. Die am 20. August 1915 nach Zarskoje Sjelo bestellten Minister flehen den Zaren ihrerseits einstimmig an, auf sein Vorhaben zu verzichten. Und am nächsten Tag richten sie ein kollektives Demissionsschreiben an Ihre Majestät, um »im Namen aller treuergebenen Russen« gegen seine Absicht zu protestieren, den Generalissimus zu entlassen und an seiner Stelle das Oberkommando zu übernehmen. Am Schluß des Dokumentes stehen acht Unterschriften.

Aber was kann eine Handvoll Minister gegen eine begeisterte Gemahlin und einen erleuchteten Starez ausrichten? Nikolaus II. läßt sich nicht erweichen. Am Abend des 22. August bricht er nach Mogiljow auf. Am 23. erklärt ein Reskript Großfürst Nikolaj Nikolajewitsch als seiner Funktionen enthoben und meldet, der Zar löse ihn an der Spitze der Truppen ab. Als Entschädigung erhält der Großfürst den Befehl über die Operationen im Kaukasus. Am selben Tag noch schreibt Nikolaus II. an seine Frau: »Er (Großfürst Nikolaj Nikolajewitsch) trat mir mit einem tapferen, freundlichen Lächeln entgegen. Er fragte mich, wann er gehen müsse und ich sagte, er könne noch zwei Tage bleiben … Ich hatte ihn seit langen Monaten nicht so gesehen; aber seine Adjutanten machten finstere Gesichter; es war amüsant, sie zu beobachten.« Die Zarin pflichtet bei: »Es ist eine solche Erleichterung! Sei gesegnet, mein Engel, und auch deine richtige Entscheidung, in der Hoffnung, daß sie von Erfolg gekrönt sein und uns im Innern und im Äußern den Sieg bringen möge.«

Rasputin spendet diesem Führungswechsel, der ihn von einem allzu einflußreichen persönlichen Feind befreit, ebenfalls Beifall. Fröhlich erklärt er der Zarin: »Wenn unser Nikolaus nicht an Nik-Niks[37] Stelle getreten wäre, hätte er dem Thron Lebewohl sagen können.« Während seine Gattin und ihr okkulter Berater sich zu einem Entschluß beglückwünschen, der in der Armee und in politischen Kreisen nur Bestürzung auslöst, unterschreibt Nikolaus II. mit unsicherer Hand seinen ersten Tagesbefehl: »Ich habe heute das Oberkommando über alle auf dem Kriegsschauplatz anwesenden See- und Landstreitkräfte übernommen … Ich bin der festen Überzeugung, daß die göttliche Barmherzigkeit uns im absoluten Glauben an den endgültigen Sieg und in der Erfüllung unserer heiligen

Pflicht, das Vaterland bis zuletzt zu verteidigen, begleiten wird. Wir werden uns der russischen Erde nicht unwürdig erweisen.«

Die Anspielung auf die »russische Erde« freut Rasputin. Er ist überzeugt, deren wahrer Vertreter zu sein, mit den spezifischen Tugenden und Schwächen der Nation. Er würde sein Schicksal folgendermaßen zusammenfassen: ein Muschik, der sich unter den Großen dieser Welt eingenistet hat und ihnen die Realität eines Landes in Erinnerung ruft, von dem ihre Herkunft, ihre Erziehung, ihr Reichtum sie allzu lange entfremdet haben. Natürlich hofft er auf den Sieg, aber er verflucht den Krieg wegen des Leids, das er über die Ärmsten seiner Landsleute bringt. Im Kreise seiner Verehrerinnen erklärt er: »Rußland ist gegen den Willen Gottes in diesen Krieg eingetreten … Christus ist entrüstet über die Klagen, die von der russischen Erde zu ihm aufsteigen. Aber den Generälen ist das egal, wenn sie die Muschiks abschlachten lassen, hindert sie das weder zu essen, noch zu schlafen, noch sich zu bereichern! … Ach, das Blut der Opfer wird nicht über sie kommen! Es wird über den Zaren kommen, denn der Zar ist der Vater der Muschiks … Ich sage euch, die Rache Gottes wird schrecklich sein!«

Nachdem er so seine Empörung hinausposaunt hat, schickt er sich an, den Abend heiter in einem mondänen Restaurant zu beenden. Er fühlt sich in der Prophetenrolle so wohl wie in der des Lebemanns. Erst wenn er sich mit Vergnügungen vollgetankt hat, empfindet er das Bedürfnis, nach Pokrowskoje zurückzukehren.

IX

Das diskreditierte Herrscherpaar

Rasputin legt auch in der Verbannung seines Dorfes die Hände nicht in den Schoß. Die Entfernung zählt nicht, wenn man für sich und seine Freunde hohe Ambitionen hegt. Zu denen, die dem Starez am nächsten stehen, gehört Warnawa, der neue Bischof von Tobolsk: ein Mann aus dem Volk wie er, bäurisch, feurig und wenig gebildet, aber in den theologischen Texten gut bewandert und von einem verzehrenden Ehrgeiz beseelt. Im Jahr zuvor hat sich Warnawa in den Kopf gesetzt, einen verdienstvollen Priester vergangener Zeiten zu kanonisieren, wobei diese Maßnahme ihn selbst im Hinblick auf eine mögliche Erhebung in die Metropolitenwürde zur Geltung bringen soll. Seine Wahl ist auf den am 15. Juni 1715 verstorbenen Erzbischof von Tobolsk, Johannes Maximowitsch, gefallen, und er hat den Heiligen Synod ersucht, den von der Bevölkerung der Region verehrten Toten zur Zweihundertjahrfeier seines Todestages heiligzusprechen. Der Oberprokuror des Heiligen Synods, Wladimir Sabler, hat ihm vernünftigerweise geraten, zur Erörterung dieser letztlich zweitrangigen Frage das Ende des Krieges abzuwarten. Über diese Abfuhr erbost, hat sich Warnawa an Rasputin gewandt, um seinem Anliegen Nachdruck zu verschaffen. Und der Starez, überglücklich, sich in eine kirchliche Angelegenheit einmischen zu können, hat Seiner Majestät nach Mogiljow gekabelt, um ihm den neuen Anwärter auf einen Heiligenschein ans Herz zu legen. Zur Begründung seiner Initiative hat Warnawa ein Verzeichnis der

Wunder angelegt, die sich auf Johannes Maximowitschs Grab ereignet haben, und die dringliche Notwendigkeit herausgestrichen, dem vom Krieg verheerten Land zusätzlich eine Figur zur Verehrung zu schenken. Die über die Aktion ins Bild gesetzte Zarin findet ebenfalls, ein weiterer Heiliger könnte den Sieg des Vaterlands begünstigen. Von seiner Frau und Rasputin überzeugt, läßt der Zar am 27. August Warnawa ausrichten: »Sie können die Lobeshymnen für die Glorifizierung singen.« Das kommt für die Gläubigen der Erlaubnis gleich, die Reliquien zu verehren, bis die Kanonisierung offiziell bestätigt ist. Warnawa läßt in der Kathedrale von Tobolsk, wo die sterblichen Überreste Johannes Maximowitschs ruhen, unverzüglich die Laudes anstimmen. Inzwischen ist aber Wladimir Sabler an der Spitze des Heiligen Synods durch den ehemaligen Marschall der Moskauer Aristokratie, Alexander Samarin, ersetzt worden. Samarin, der von der Zustimmung Seiner Majestät nichts weiß, wundert sich über die überstürzt anhebenden religiösen Kundgebungen rund um Johannes Maximowitsch und zitiert Warnawa nach Petrograd, um ihn abzukanzeln. Durch seinen Protegé benachrichtigt, telegrafiert Rasputin wiederum an den Zaren, um ihm dafür zu danken, daß er Warnawa und sein frommes Vorhaben unterstützt hat, und ihm zu versichern, das Volk weine und tanze vor Freude beim Gedanken, daß sich ein neuer Heiliger Rußlands annehmen werde. Worauf sich Warnawa am 8. September zur Heiligen Versammlung des Synods begibt und zur Rechtfertigung seines Vorgehens die Depesche vorzeigt, die er am 27. August von höchster Stelle erhielt. Nicht im geringsten beeindruckt, entrüstet sich Samarin über dieses hinter seinem Rücken ausgeheckte Manöver. Auf sein Betreiben hin erklärt der Synod die »Laudatio« Johannes Maximowitschs für ungültig und entzieht Warnawa wegen Ungehorsams den Bischofssitz. Aber Alexandra Fjodorowna setzt sich für den ungerechterweise bestraften Bischof ein, erklärt sich persönlich von den Tugenden Johannes Maximowitschs überzeugt und beschuldigt den Oberprokuror, sich der Verehrung des Volkes für einen Helden der orthodoxen Kirche zu widersetzen. Nikolaus II. gibt seiner Frau und Rasputin recht: Er setzt Samarin ab, der es wagte, ihnen die Stirn zu bieten.

Nun begehrt man aber in Moskau gegen diese unbedachte Absetzung Samarins auf. Das mißbilligende Murren des Volkes richtet sich zugleich gegen die Zarin, den Zaren und Rasputin. Man stößt sich daran, daß dieser sibirische Muschik unverändert die Zustimmung Ihrer Majestäten erhält, ob es sich nun um die Demission eines Ministers, die Entlassung eines Generalissimus oder die Glorifizierung eines Heiligen handelt.[38] In den Augen der Massen wird die Autorität des Herrschers durch den Starez und seine Komplizen lächerlich gemacht. Die Zügel der Macht, heißt es, sind aus den kaiserlichen Händen in die eines ungeschlachten Bauern übergegangen. Großfürst Andrej Wladimirowitsch notiert in seinem Tagebuch, die Kanonisierung Johannes Maximowitschs empöre die einfachen Leute ebensosehr wie die Welt der aristokratischen Salons. »Im Pöbel gärt es«, schreibt er. »Die Priester richten sich in allen Kirchen ans Volk und sagen solche Sachen, daß ich nur noch im Traum zu atmen wage.«[39]

Rasputin, dem dieser Widerstand gegen seine Person nicht entgeht, schickt seine Frau nach Petrograd zu Anna Wyrubowa, um sie zu bitten, seine möglichst baldige Rückkehr in die Hauptstadt zu arrangieren. Aber die Opposition der politischen Kreise wächst, und die Zarin muß ihren Mann hartnäckig drängen, bis er ein Machtwort spricht und den unentbehrlichen, unersetzlichen Starez wieder herbestellt. Der trifft mit geschwellter Brust am 28. September 1915 ein.

Da der Zar in der Stawka aufgehalten wird, regiert die Zarin das Land. Während Nikolaus im Kreise ehrerbietiger Offiziere den Strategen spielt, hat sie von ihrem malvenfarben tapezierten Boudoir in Zarskoje Sjelo aus die Regentschaft inne. Sie will keine anderen Ratgeber an ihrer Seite als Rasputin und Anna Wyrubowa. In ihren täglichen Briefen versichert sie ihrem Mann, daß »unser Freund« klarsichtiger sei als alle Minister zusammen und daß er allein Rußland zum Sieg führen könne. Um dem Gerede vorzubeugen, läßt sie den Starez aber nie in den Palast rufen. Anna Wyrubowa kommt es zu, als Mittelsperson Gottes Wort an der Quelle abzufangen und es, gleich einer Wegzehrung, Alexandra Fjodorowna zu überbringen. Jeden Morgen um zehn telefoniert Anna in die Wohnung an der Gorochowajastraße 64. Rasputin, der es fertiggebracht hat, die nächtliche Trunkenheit zu verscheuchen, antwortet ihr einfach und unverfroren. Zu allen Fragen, die Politik, den Krieg, die Ernennung von Ministern oder die Beziehungen zwischen den Mitgliedern der kaiserlichen Familie betreffend, hat er seine Meinung, die ihm, wie er sagt, von Gott eingegeben worden ist. Und am selben Tag noch vernimmt die Zarin das Echo davon aus dem Mund ihrer Freundin, mit der sie sich entweder bei ihr, in der kleinen weißen Villa, trifft, oder im Spital, wo sie beide mit lobenswerter Opferbereitschaft im Einsatz sind. Alexandra Fjodorowna leitet »Vater Grigorijs« Empfehlungen getreulich an den Zaren weiter. Sie geht sogar bis zum religiösen Fetischismus und läßt ihrem Gemahl Gegenstände zukommen, die dem Starez gehört haben, was ihnen natürlich eine segensreiche Macht verleiht. »Vergiß nicht, vor dem Ministerrat die kleine Ikone, die unser Freund uns geschenkt hat, in die Hand zu nehmen, und dir mehrmals mit seinem Kamm durchs Haar zu fahren.« (Brief vom 15. September 1915) »Ich muß dir eine Botschaft unseres Freundes übermitteln, die ihm eine nächtliche Vision eingegeben hat. Er bittet dich, bei Riga unverzüglich zu einer Offensive überzugehen.« (Brief vom 15. November 1915) »Halte mich nicht für verrückt, wenn ich dir die kleine Flasche schicke, die unser Freund uns zukommen ließ. Ich glaube, es ist Madeira. Ich bitte dich, schenke dir ein Gläschen davon ein und trinke es in einem Zug auf seine Gesundheit aus.« (Brief vom 11. Januar 1916) Und Nikolaus II. wird folgsam antworten, daß er den Wein direkt aus der Flasche getrunken habe, »auf seine Gesundheit und sein Wohlergehen, bis zum letzten Tropfen«.

Zwischen den Gesprächen mit den fröhlichen Offizieren und den Paraden, die der Augenweide dienen, herrscht in der Stawka ein friedliches Leben, und so beschließt der Zar Ende 1915, seinen zehn Jahre alten Sohn nach Mogiljow kommen zu lassen. Alexandra Fjodorowna stimmt dieser Trennung nur ungern zu. Jedesmal, wenn der kleine Alexej sich von ihr entfernt, zittert sie um seine Gesundheit. Aber der Zarewitsch in seiner Kosakenuniform amüsiert sich herrlich im Hauptquartier. Er schläft im selben Zimmer wie sein Vater, läßt an seiner Seite die Truppen Revue passieren und nimmt die Ehrbezeigungen der brillantesten Generäle entgegen. Beruhigt läßt ihn Nikolaus II. am 3. Dezember in der Stawka zurück, während er im Süden auf eine Inspektionstournee geht. Während seiner Abwesenheit muß das Kind jedoch einmal so heftig niesen, daß es Nasenbluten bekommt. Die Blutung läßt sich trotz aller Bemühungen nicht zum Stillstand bringen, und Doktor Fjodorow rät dem Zaren, so schnell wie möglich nach Mogiljow zurückzukommen. Bei seiner Rückkehr trifft der Herrscher seinen Sohn in unverändertem Zustand an. Da der Junge von Stunde zu Stunde schwächer wird, bringt ihn der Vater schon am 5. Dezember mit dem Zug nach Zarskoje Sjelo zurück. »Er (Alexej) hatte ein winziges Wachsgesicht«, schreibt Anna Wyrubowa, »und im Nasenloch einen blutigen Wattebausch.« Die am Bett ihres Sohnes völlig zusammengebrochene Alexandra Fjodorowna fleht die Ärzte Fjodorow und Derewenko mit gefalteten Händen an, etwas zu tun, bevor es zu spät sei. Die beiden haben die Idee, eine »gewisse Meerschweinchendrüse« an ihm auszuprobieren. Völlig ergebnislos. Die einzige Hoffnung: Rasputin! Auf Verlangen der Zarin berichtet Anna Wyrubowa dem Starez, welches neue Wunder man von ihm erwartet. Zum Glück ist er in Petrograd. Er kommt in den Palast geeilt, tritt an Alexejs Bett, macht über seinem Kopf ein großes Kreuzzeichen und versichert den Eltern, daß kein Grund zur Sorge bestehe, denn der Thronfolger werde mit Sicherheit genesen. Tatsächlich hört die Blutung kurz nach Rasputins Weggang auf. Die Ärzte behaupten, ihre Mittel hätten die Kauterisation der Wunde bewirkt, die durch das geplatzte Äderchen entstanden war. Aber in der kaiserlichen Familie wird die Genesung einhellig Rasputins übernatürlichem Einfluß zugeschrieben.

Je höher er in der Wertschätzung der Zarin steigt, desto mehr löst Rasputin in der Öffentlichkeit Haß und Abscheu aus. Während Alexandra Fjodorowna in ihm den Retter ihres Sohnes und Rußlands gefunden zu haben glaubt, wird er von der Gesellschaft der großen Städte ganz offen für alles Unglück des Vaterlands verantwortlich gemacht. Es ist seine Schuld, so denkt man, wenn die Generäle Tausende junger Männer in ein Blutbad schicken, wenn Nikolaus II. nur Stümper zu Ministern ernennt, wenn Alexandra Fjodorowna den Verstand verliert und sich jeden Tag ein bißchen mehr in Verruf bringt. Wenn sie mit dem sibirischen Muschik auch nicht körperlichen Beischlaf pflegt, so ist sie ihm doch mit Leib und Seele verfallen, wie eine Besessene. Während er sich bis zur Erschöpfung besäuft und Unzucht treibt, heiligt sie ihn in der abgekapselten Welt ihrer Meditationen. Von der Realität abgeschnitten, weigert sie sich, irgend etwas wahrzunehmen, was ihren Traum zerstören könnte. Und der Zar unterzieht sich den Befehlen dieser Hysterikerin. Wenn wenigstens die Kirche etwas Vernunft in die verdrehten Köpfe Ihrer Majestäten bringen könnte! Aber Rasputin hat jetzt seine Gefolgsleute bis hinauf in den Heiligen Synod. Sein Schützling in dem ehrbaren Gremium von Kirchendienern ist Erzbischof Pitirim. Nachdem er bestraft worden war, weil er jahrelang mit einem Laienbruder zusammengelebt hatte, wurde er dank Rasputin wieder in sein

Amt eingesetzt und dann unerwartet zum Exarchen von Georgien ernannt, das heißt zum Delegierten des Patriarchen dieser Provinz. Nach dem Tod des Metropoliten von Kiew im November 1915 veranlaßt Rasputin die Zarin, beim Zaren darauf zu drängen, daß er als disziplinarische Zurückstufungsmaßnahme den Metropoliten von Petrograd, Wladimir – einen Gegner »unseres Freundes« –, nach Kiew versetzen und an seiner Stelle den sympathischen und umgänglichen Pitirim nach Petrograd berufen solle. Nikolaus gibt diesem Antrag statt, ohne den kürzlich ernannten Oberprokuror des Heiligen Synods, Alexander Wolschin, auch nur nach seiner Meinung zu fragen, und so findet sich Pitirim, der ehrgeizige Homosexuelle, in der Lawra des heiligen Alexander Njewskij wieder und trägt damit den ruhmvollsten Titel der orthodoxen Hierarchie. Auf Vermittlung des neuen Metropoliten von Petrograd sichert sich Rasputin weiterhin freundschaftliches Wohlwollen im höchsten Rat der russischen Kirche. Er hat die Hoffnung noch nicht aufgegeben, eines schönen Tages, wenn auch verdeckt, über die ganze synodale Verwaltung zu herrschen. Die Kirche, sagt er immer wieder, muß von Männern aus dem Volk regiert werden. Je einfacher ihre Erziehung, je lockerer ihre Sitten, desto besser werden sie ihre Schäflein verstehen können. In Sachen Apostolat ist eine unbefleckte Robe ein Hindernis für die Kommunion der Seelen. Pitirim und Rasputin sind vom gleichen Schlag. Der eine in prächtigen Priestergewändern, der andere im Kaftan des Muschiks, kennen sie beide nur zu gut die Begierden des Fleisches, um nicht den gewöhnlichen Sterblichen nahe zu sein – und damit dem Herrn. Die einzige Sünde, die keine Vergebung findet, ist die Verdammung der Sünde.

Während er seine guten Beziehungen zu höchsten Kreisen der orthodoxen Kirche festigt, sucht Rasputin zugleich solche im weltlichen Machtbereich. Manche Politiker haben den Nutzen erkannt, den ein Pakt mit Rasputin für ihre politische Karriere bedeutet. Der neue Innenminister Alexander Chwostow und sein Stellvertreter Stjepan Bjeljetskij treffen sich in der Wohnung ihres gemeinsamen Freundes, Fürst Andronnikow, mit ihm. Chwostow bekundet Rasputin sogleich die Ehrerbietung, die er für seine heilige Person empfindet. Bjeljetskij seinerseits erklärt sich um die Sicherheit des Starez besorgt und bietet ihm eine monatliche Unterhaltsrente von tausendfünfhundert Rubel an, die aus den Mitteln des Polizeidepartements bestritten werden soll. Man beschließt, zu seinem Schutz einen Gendarmerieoberst, Michail Komissarow, abzuordnen. Rasputin wird außerdem über Leibwächter und ein Auto mit Chauffeur verfügen können. Der Starez akzeptiert alles, verspricht aber nichts. Er ahnt, daß Chwostow sein Wohlwollen zu kaufen sucht, um den Posten des Premierministers zu ergattern. Aber er hat für diese Rolle einen anderen Kandidaten vorgesehen: Boris Stürmer, ein Mitglied des Reichsrats. Dieser alte Routinier der Politik erscheint Rasputin als ideale Besetzung für das Registrieren der kaiserlichen Willenskundgebungen. Pitirim unterstützt seine Vorstellungen von einem brüsken Ministerwechsel, und der Starez läßt Chwostow fallen, der ihn durch seine Großzügigkeit für sich gewonnen glaubte, und kümmert sich um seinen neuen Schützling. Der Posten ist im Augenblick von Gorjomkin besetzt, den die Duma haßt. Rasputin, der merkt, daß der Stern des gegenwärtigen Premiers im Sinken ist, trifft sich insgeheim mit Stürmer und verspricht ihm, sich für seine Ernennung einzusetzen. Dazu benutzt er den gewohnten Treibriemen zwischen ihm und dem Palast: Anna Wyrubowa. Die Zarin erklärt sich sogleich einverstanden, da der empfohlene Anwärter die Unterstützung »unseres Freundes« genießt. Sie schreibt an ihren Mann: »Mein Liebling, hast du an Stürmer (als Ratspräsidenten) gedacht? Ich denke, daß man sich nicht an seinem deutschen Namen stoßen sollte. Wir wissen, daß er uns treu ergeben ist und mit neuen, tatkräftigen Ministern gute Arbeit leisten wird.« (Brief vom 4. Januar 1916) Nikolaus beherzigt ihren Rat, und Rasputin hat am Tag nach der Ernennung Stürmers eine Unterredung mit ihm bei der Geliebten Manasjewitsch-Manuilows, Elisabeth Lewin. Während Rasputin sich seines Erfolges freut, tobt die Duma. Unter den Abgeordneten gilt Stürmer als unfähiger Defätist und Lakai des verfluchten Muschiks.

Um die verheerenden Folgen dieser Ernennung abzuschwächen, bewegt Rasputin Nikolaus II. dazu, zur Eröffnung der Duma am 22. Februar 1916 höchstpersönlich zu erscheinen und eine zugleich würdige und väterliche Rede zu halten. Am festgesetzten Tag wohnt der Zar im Sitzungssaal des Taurischen Palais in Galauniform dem Gottesdienst bei und richtet dann ein paar banale Dankesworte an die gewählten Volksvertreter. Dumapräsident Rodsjanko antwortet Seiner Majestät. Beider Reden werden mit Ovationen beantwortet. Dennoch sind die Abgeordneten enttäuscht. Sie hofften, daß der Monarch die Gelegenheit ergreifen würde, um die Minister endlich als vor dem Parlament verantwortlich zu erklären, eine Maßnahme, die eine Mehrheit von ihnen seit Monaten verlangt. Als Nikolaus II. sich zurückzieht, nachdem er ein paar Hände gedrückt hat, bleibt unter den Volksvertretern ein Gefühl der Bitterkeit zurück.

Der immer schneller kreisende Ministerreigen verstärkt diesen Eindruck noch. Im Innenministerium wird der in Ungnade gefallene Chwostow durch Protopopow, einen anderen Protegé Rasputins, ersetzt. Der neue Inhaber des Portefeuilles ist ein Wirrkopf, dessen Stimmungsumschwünge selbst seinen Mitarbeitern Sorgen machen. Aber die Zarin erklärt, von »unserem Freund« geleitet, die »Herzenseigenschaften« des Genannten reichten aus, um seine chronische Sprunghaftigkeit vergessen zu lassen. Von Rasputin und der Zarin unterstützt, läßt Protopopow, den mehr Ambitionen als politische Überzeugungen leiten, seine einstigen Freunde aus dem »progressiven Block« links liegen und stellt sich entschieden in den Dienst des

Konservatismus und der Autorität. Die Duma – dieser Störenfried – wird nur hin und wieder für kurze Sitzungen einberufen, in deren Verlauf sie es nicht versäumt, die Macht anzugreifen. Der Abgeordnete Miljukow bezichtigt Ministerpräsident Stürmer sogar der Unfähigkeit, der Pflichtverletzung und der blinden Unterwürfigkeit gegenüber den Fanatikern, die den Thron umgeben. Die Zeitungen dürfen seine Rede nicht veröffentlichen, aber maschinengeschriebene Abschriften davon werden in den hintersten Winkel des Landes verschickt, bis an die Front. So wird die ganze Nation indirekt über die Kritik der Duma an den Ministern und der Zarenfamilie informiert. Angesichts dieser neuen Welle der Unzufriedenheit, findet sich Nikolaus II. damit ab, Stürmer zu opfern, was die Zarin zutiefst betrübt. Es schnüre ihr »die Kehle zu«, sagt sie, denn er sei »ein so loyaler, so rechtschaffener, zuverlässiger Mann!« An seiner Stelle erscheint eine neue Marionette, Alexander Trjepow, Bruder des verstorbenen Generals, während das Außenministerium an Nikolaus Pokrowskij übergeht. Keiner der beiden genießt die Gunst der Duma. Ihre Reden werden durch feindselige Rufe aus den Rängen der sozialistischen Linken unterbrochen. Von allen Seiten fordert man ihren Rücktritt.

In diesem Karussell der Köpfe bleibt nur Rasputin unabsetzbar. Je mehr die militärische und politische Lage sich verschlechtert, desto tiefer wurzelt er sich in den Herzen Ihrer Majestäten ein. Alexandra Fjodorowna verteidigt ihn mit Zähnen und Klauen gegen alle, die ihn abschieben möchten. Großfürst Nikolaus Michajlowitsch warnt den Zaren in einer feierlichen Botschaft davor, den Starez sich in öffentliche Angelegenheiten einmischen zu lassen: »Wenn es nicht in Deiner Macht steht, die Einflüsse auszuschalten, unter denen Deine geliebte, aber irregeleitete Gattin steht, solltest Du Dich zumindest selbst vor systematischen Interventionen hüten, die durch ihre Vermittlung geschehen.« Vergebliche Liebesmüh:

Nikolaus II. bringt lieber die Nation zur Verzweiflung, als daß er seine Frau verstimmt. Wenn er an der Front ist, gesteht er, verkörpert sie für ihn sein Auge und Ohr an der Hinterfront. Alexandra Fjodorowna ist von dieser Regentinnenrolle begeistert. Sie empfängt die Minister, diskutiert mit ihnen, macht Notizen, zieht Rasputin zu Rate, verläßt sich auf die Direktiven »unseres Freundes«, die sie wortgetreu ans Hauptquartier weiterleitet. Dabei träumt sie von einer berühmten Vorgängerin auf dem russischen Thron, die ebenfalls eine Deutsche war: Katharina II., Prinzessin von Anhalt-Zerbst. Rasputins Tochter Maria, die mit ihrem Vater nach Sankt Petersburg zurückgekommen ist, schreibt später treuherzig: »Die Zarin Alexandra vertrat jetzt ihren Mann an der Spitze der Regierung. Ich war, wie ihre beiden kleinen Töchter, außer mir vor Freude und Stolz, und wir versicherten ihr alle drei, daß ihre weltliche Herrschaft ruhmreicher sein würde als die von Katharina der Großen.«[40] Die Zarin ihrerseits erklärt ihrem Gatten stolz: »Ich geniere mich nicht mehr vor den Ministern … und ich fürchte sie nicht mehr, ich spreche mit ihnen Russisch, so schnell wie ein Wasserfall. Und aus Höflichkeit lachen sie nicht über meine Fehler. Sie merken, daß ich energisch bin, daß ich dir alles berichte, was ich höre und sehe, und daß ich wie eine Mauer, eine feste Mauer, hinter dir stehe.« (Brief vom 22. September 1916) Was die Minister tatsächlich vernehmen, wenn sie mit deutschem Akzent und falsch gebrauchten Begriffen Russisch spricht, ist die Stimme Rasputins. Und das demütigt und entsetzt sie zugleich.

Auf dem Höhepunkt seiner Macht angelangt, zieht sich Rasputin von Zeit zu Zeit nach Pokrowskoje zurück. Aber Trennung bedeutet für die in Gottes Liebe vereinten Seelen niemals Abwesenheit. Wenn »unser Freund« in der Ferne weilt, korrespondiert die Zarin unablässig per Telegrammverkehr mit ihm. Was auch geschehen mag, das mystische Band zwischen ihnen ist nie unterbrochen. Kurz vor Ostern beklagt sie sich,

10: »Ich habe ihn früher vom Thron gestürzt als ihr!«
Rasputin mit einer Figur des Zaren Nikolaus II. in der Hand,
Karikatur 1917.

daß das Fest der Wiederauferstehung Christi nicht in einer begeisterten Liebeskundgebung aller Christen »demjenigen« gegenüber ein Echo finde, der ihn vollkommen auf Erden vertrete. Wie sie dem Zaren darzulegen sucht, sind die Bosheiten, die gegen Rasputin im Umlauf sind, für sie gerade der Beweis, daß er ein zweiter Messias ist: »Während der Bibellesung zur Vesper dachte ich lange an unseren Freund«, schreibt sie ihm am 5. April 1916 in die Stawka. »Auch Christus wurde von den Schriftgelehrten und den Pharisäern verfolgt, die sich als unfehlbar ausgaben. Ja, wahrhaftig, ein Prophet gilt nichts in seinem Vaterland. Überall, wo sich ein solcher Diener Gottes findet, wuchert die Bosheit rings um ihn, man versucht, ihm Schaden zuzufügen, ihn uns zu entreißen … Unser Freund lebt nur für seinen Kaiser und für Rußland und muß sich unsretwegen so verleumden lassen … Er ist gut und großherzig wie Christus. Da du findest, daß seine Gebete dir helfen, die Prüfungen zu ertragen – und dafür haben wir Beispiele genug – hat niemand das Recht, ihm Schlechtes nachzusagen. Bleibe fest und nimm unseren Freund in Schutz.«

Die Allgegenwart des Gottesmannes wird in diesem Monat durch den Gesundheitszustand ihres Sohnes einmal mehr ans Licht gebracht. Seit ein paar Tagen klagt der Zarewitsch über Schmerzen im Arm. Aus seiner sibirischen Abgeschiedenheit heraus verkündet Rasputin: Er wird genesen! Und bald darauf verschwindet das Hämatom. Für Alexandra Fjodorowna ist jede Stunde, die vergeht, eine Gelegenheit, »unserem Freund« für seinen Schutz und erhellenden Beistand zu danken. Am Ostersonntag schickt er den Herrschern ein Telegramm: »Christus ist auferstanden. Es ist ein Fest- und Freudentag. In den Schicksalsprüfungen strahlt die Freude heller. Ich bin überzeugt, daß die Kirche unbesiegbar ist, und wir, ihre Kinder, sind fröhlicher, um der Auferstehung Christi willen.«[41] Diese Botschaft der Hoffnung erfüllt die Zarin mit einem überströmenden Glücksgefühl. Es gibt keinen Zweifel mehr: Die orthodoxe Armee wird den Eindringling besiegen, und später wird der Zarewitsch, endgültig von seiner Krankheit befreit, seinem Vater auf dem russischen Thron nachfolgen.

Am 22. April 1916 ist Rasputin erneut in Petrograd und stürzt sich mit Wonne wieder in die öffentlichen Angelegenheiten. Da er völlig überzeugt ist, ein Mann Gottes zu sein, glaubt er in naiver Einfalt, er sei ermächtigt, von allem etwas zu verstehen und alles zu lenken. So hat er nach seiner Meinung ein Wörtchen mitzureden, wenn es um die Ernennung eines Bischofs, aber auch, wenn es um die Absetzung eines Ministers geht, wenn die Auslösung einer Offensive befürwortet oder von der Erhöhung der Fahrkartenpreise für die Straßenbahn abgeraten werden muß, oder wenn es gilt, die Verwendung von Briefmarken als Zahlungsmittel zu beklagen … Seine mangelnde Kenntnis der politischen, strategischen oder administrativen Zusammenhänge ist in seinen Augen kein Hindernis für den Gebrauch des gesunden Menschenverstands. Ist er nicht der lebendige Beweis dafür, daß man zugleich ungebildet und hellsichtig sein kann? Nachdem er wieder einmal nach Herzenslust geschlemmt und komplottiert hat, kehrt er nach Sibirien zurück. Aber bereits im Juli taucht er wieder in Petrograd. Mittlerweile hat Stürmer das Amt des Innenministers Chwostow überlassen und dafür das Außenministerium übernommen, das man Sasonow entzogen hat. Und der Krieg geht unerbittlich weiter. Um der Armee ein Zeichen ihrer Fürsorge zu geben, beschließt Alexandra Fjodorowna, ihren Mann im Hauptquartier zu besuchen. Rasputin gibt ihr vor der Abreise seinen Segen. Natürlich möchte sie am liebsten in seiner Begleitung reisen. Aber sie weiß nur zu gut, welchen Skandal sie damit bei den um den Zaren versammelten Offizieren auslösen würde. Ohne den Starez fehlt ihrem kurzen Aufenthalt in der Stawka der rechte Zauber. Bei ihrem Zusammentreffen nach der Rückkehr in die Hauptstadt erstattet sie Rasputin in allen Einzelheiten Bericht.

Glücklicher als Ihre Majestät, kann Anna Wyrubowa es sich erlauben, sich mit dem heiligen Mann zu zeigen, der in den nächsten Tagen nach Pokrowskoje fahren will. Um diese Bewegungsfreiheit beneidet die in ihrer Herrscherinnenrolle gefangene Alexandra ihre Freundin. Sie wird ihn in Gedanken auf seiner Pilgerreise begleiten. Zum Glück bleibt Rasputin nicht lange in seinem Heimatdorf. Am 7. September 1916 ist er wieder in der Stadt und verlangt ungeduldig danach zu zeigen, was er kann. Um seinen Einfluß auf die Kirche zu untermauern, befördert er ein paar Priester seiner Wahl in Schlüsselpositionen. Daneben läßt er es sich aber auch nicht nehmen, Nikolaus II. zur Leitung der militärischen Operationen Ratschläge zu erteilen. Und jede seiner Empfehlungen wird durch die Ermahnungen der Zarin beglaubigt. Manche behaupten sogar – ohne den geringsten Beweis dafür zu haben –, daß die Zarin jede Nacht mit ihrem Beichtvater schlafe. Das verleumderische Gerücht sickert durch bis in die Armee. Nach den Abgeordneten beschuldigen nun die Soldaten die Regierung, das Land ins Verderben zu führen. Nicht wenige in ihren Reihen sagen, dieser Krieg sei nur deshalb ausgelöst worden, weil Frankreich dem Zaren schöne Augen gemacht habe, und es sei höchste Zeit, mit dem Blutvergießen aufzuhören. Gegen Ende 1916 sind mehr als dreizehn Millionen Männer unter die Fahnen gerufen, die Zahl der Gefallenen übersteigt zwei, die der Verwundeten viereinhalb Millionen. Es gibt keine einzige russische Familie, die nicht in ihrem Fleisch und Blut getroffen ist. Und da man für diesen entsetzlichen Aderlaß einen Schuldigen braucht, richten sich aller Augen auf den teuflischen Starez.

Rasputin hat die Zarenfamilie aufrichtig ins Herz geschlossen. Er sieht in Nikolaus II. einen zaghaften, einfachen, höflichen, schwankenden Menschen; in der Zarin eine exaltierte, ihren schwachen Nerven ausgelieferte Frau, die wegen ihres kranken Sohnes Qualen aussteht, protokollarische Verpflichtun-

11: »Das russische Herrscherhaus«, Karikatur von N. Iwanow.
Die Karikatur zeigt Zar Nikolaus II. und Zarin Alexandra Fjodorowna
als Marionetten in Rasputins Händen.

gen haßt und sich nur im Kreis ihrer Kinder und unter dem Blick der Ikonen glücklich fühlt. Und den Großfürstinnen bringt der heilige Mann eine echte Zärtlichkeit entgegen. Sie sind alle vier charmant, aber jede hat ihren Charakter. Olga, die Älteste, einundzwanzig, ist sanft, versonnen, fügsam, mit einem breiten, typisch russischen Gesicht. Tatjana, die zweite, neunzehn, ist energischer und praktischer veranlagt als ihre ältere Schwester und besitzt die natürliche Grazie einer Tänzerin. Und die dritte, Marie, siebzehn, hat etwas von einer Puppe und verbirgt hinter einer scheuen Koketterie Heirats- und Kinderträume. An der Jüngsten, Anastasia, fünfzehn Jahre, ist ein Junge verlorengegangen, sie hat nur Spiel und Schabernack im Sinn. Allen gemeinsam ist eine leidenschaftliche Zuneigung für den kleinen Bruder, den schwächlichen, blassen und eigensinnigen Alexej. Der Matrose Derewjenko[42] muß darüber wachen, daß er sich nicht verletzt, indem er gegen ein Möbel stößt. Manchmal trägt er ihn sogar in seinen Armen herum, damit er nicht zu müde wird. Beim Anblick dieser mit ihren Eltern vereinten Kinder kann Rasputin das innige Verhältnis, die Freundlichkeit, die Würde und Eleganz dieser Familie nur bewundern, die die Verehrung ganz Rußlands verdiente. Aber die bösen Zungen versteifen sich darauf, den Zaren und die Zarin zu beschmutzen und zu kritisieren. Und das alles, weil sie ihn, Rasputin, gewählt haben, um ihnen bei ihrer harten Herrscherarbeit beizustehen. Bei der Ehrerbietung, die er ihnen gegenüber empfindet, müßte er zwar begreifen, daß er sie in den Augen einer stupiden Öffentlichkeit nur in Verruf bringt, wenn er in ihrer Nähe bleibt. Er weiß ganz genau, daß er ihnen einen Dienst erwiese, wenn er sich entfernen, mindestens bis zum Ende des Krieges bescheiden in den Hintergrund treten würde. Aber damit kann er sich nicht abfinden. Sein Glaube, er habe den Auftrag erhalten, sie im Namen Gottes zu schützen, siegt über die Bedenken, ihnen einen schlechten Dienst zu erweisen, wenn er an ihrer Seite bleibt.

Als Beauftragter Gottes fühlt er sich gehalten, um jeden Preis seiner Aufgabe als Heiler und Führer nachzukommen, um so mehr, als er bei solcher Pflichterfüllung nicht auf die Lustbarkeiten der Hauptstadt verzichten muß. In seinem Kopf trifft die Vorstellung der heiligen Pflicht mit der eines komfortablen, ausschweifenden Lebens zusammen. Ein unabänderliches Geschick stößt ihn vorwärts. Was er auch tun mag, er kann seiner doppelten Bestimmung als Erheller des menschlichen Bewußtseins und unverbesserlicher Genießer nicht entrinnen. Zuweilen durchzuckt ihn mitten in seinen Orgien das Gefühl, sein eigenes und zugleich das Grab derjenigen zu schaufeln, die zu beschützen er beauftragt ist. Und das, während er Rußland doch mit allen Mitteln davor zu bewahren sucht, ins Verderben zu schlittern.

Insgesamt gesehen, sind seine von der Zarin an ihren Gatten weitergeleiteten Ratschläge nicht schlecht. So spricht er sich für eine Verlangsamung der Frontvorstöße aus, um die bereits schwer geprüften Truppen zu schonen, er ist auch dafür, daß man die Pogrome gegen die Juden und die Verfolgung der Krimtataren einstellt, dafür, daß die Züge, die Lebensmittel in die hungernden Großstädte transportieren, Vorrang erhalten, und dafür, daß die Spekulanten, welche die Preise in die Höhe treiben, verurteilt werden. Aber diese sporadischen Maßnahmen, zu denen er Nikolaus II. manchmal anregt, reichen nicht aus, ihn in den Augen der Öffentlichkeit zu rehabilitieren. Die große Mehrheit der Nation sieht in ihm den Mann, der zur Strecke gebracht werden muß, um den Zaren und die Zarin von ihrer krankhaften Besessenheit zu befreien. Selbst die Verwundeten, die Alexandra Fjodorowna weiterhin im Palastspital besucht, sind ihr für ihre kaiserliche Barmherzigkeit nicht mehr dankbar. Einst wurde sie mit Glückstränen von ihnen empfangen. Jetzt lächeln ihr nur noch wenige zu. Wenn sie unter sich sind, werfen sie ihr nicht nur ihre schwärmerische Bewunderung für Rasputin vor, sondern, schwerwiegender noch, ihre deutsche Herkunft. Hat sie nicht den Akzent des Feindes, wenn sie Russisch spricht? Dieselben, die sie vor kurzem noch zärtlich *Matuschka* (Mütterchen) nannten, nennen sie heute hinter ihrem Rücken *Nemka* (die Deutsche). Das ist Rasputin nicht verborgen geblieben. Er weiß, daß er mit seiner Beharrlichkeit sie beide zugrunde richtet. Aber es gibt kein Zurück. Das Rad ist ins Rollen gebracht. Manchmal hat er Bjeletzkij, den stellvertretenden Innenminister, der ihm gegenüber den Freundlichen spielt, im Verdacht, einen Mordanschlag auf ihn zu planen. Die gedungenen Mörder sind überall. In einem schwachen Augenblick vertraut er Freunden an: »Noch einmal habe ich den Todesengel verjagt. Aber er wird bestimmt wiederkommen. Er wird sich wie eine Hure an mich hängen.«[43]

Die Zarin jedoch ist von solchen Ängsten nicht betroffen. Sie weigert sich, den Tod »unseres Freundes« in Erwägung zu ziehen: Gott wird es nicht zulassen. Sie fürchtet vielmehr, daß der Starez mit seinen vielen Bittgesuchen ihrem Mann auf die Dauer lästig werden könnte. Denn selbst wenn er ihn zutiefst schätzt, bringt Nikolaus II. Rasputin nicht die bebende Verehrung Alexandra Fjodorownas entgegen. Er hört ihm gerne zu, achtet seinen Rat; aber er fällt vor ihm nicht in Gedanken auf die Knie. Ihn leitet Interesse, nicht Schwärmerei. So muß sie ihn manchmal daran erinnern, welches Glück sie beide haben, einen solchen Schutzengel zu besitzen. Sie schreibt ihm in die Stawka: »Verzeih mir, dich mit diesen Gesuchen zu belästigen, aber unser Freund schickt sie mir.«[44] Und später: »Ich habe volles Vertrauen in die Weisheit unseres Freundes. Sie wurde ihm von Gott geschenkt, um dir zu raten, was für dich und für unser Land gut ist. Er sieht weit in die Zukunft, darum kann man sich auf sein Urteil verlassen.«[45] Und der Zar, eher aufmerksamer Gatte als besonnener Herrscher, beugt sich den Forderungen des Starez, die seine Frau an ihn übermittelt. Oft greift er auch zu seinem gewohnten Mittel des passiven Widerstands. Anstatt ein Machtwort zu sprechen, sagt er lieber weder ja noch nein. Er weicht einer Parteinahme aus und verläßt sich darauf, daß die Zeit und die Umstände schon dafür sorgen werden, daß sich die beste Lösung findet. Der Gefühlsüberschwang der Zarin und die Ausflüchte des Zaren machen aus Rußland nach und nach eine Autokratie ohne Autokraten. In Friedenszeiten hätte das Land Rasputins Winkelzüge vielleicht verkraftet. Aber der Tod ist allgegenwärtig. Der Kontrast zwischen den Neurosen der Zarin und dem Leiden des Volkes ist allzu groß.

Im gemütlichen »Ecksalon« des Palasts in Zarskoje Sjelo hängt ein Gobelin, der »Marie-Antoinette und ihre Kinder« nach einem Gemälde von Elisabeth-Louise Vigée-Lebrun zeigt. Dieses Bild beschäftigt Alexandra Fjodorowna. Sie fragt sich, ob man ihr nicht die gleichen Vorwürfe macht wie der unglücklichen französischen Königin: inkonsequentes Verhalten, Standesdünkel, geheime Verbindung zum Feind ... Alles lächerlicher Tratsch! Aber die Gemahlin Ludwigs XVI. konnte sich auf keinen so ergebenen, gottnahen Ratgeber stützen wie Rasputin. Mit dem Starez als Beistand glaubt die Zarin weiterhin fest, gegen die Stürme der Politik und des Krieges gefeit zu sein.

X

<u>Der Sü</u>ndenbock

Chwostow hat mehrmals versucht, Rasputin umbringen zu lassen: zunächst durch Bjeljetzskij und Komissarow, dann durch den jungen Journalisten Boris Rjewskij, der in dieser Sache sogar den ungestümen Iliodor aufsuchte. Aber alle Komplotte sind fehlgeschlagen. Als Stürmer im Innenministerium an Chwostows Stelle tritt, rächt sich der durch seinen ehemaligen Vorgesetzten desavouierte Bjeljetzkij, indem er in der *Börsenzeitung* einen Bericht über die verschiedenen gegen den Starez angezettelten Mordversuche publiziert. Die Enthüllung solch niederträchtiger, stümperhafter Ränkespiele zementiert in der Öffentlichkeit endgültig den Eindruck der Verkommenheit des Regimes. An dieser schmutzigen, vor dem Hintergrund eines nationalen Desasters aufgerollten Polizeigeschichte entzünden sich die Leidenschaften. Der Gedanke an deutsche Spionage wird zur Obsession. Man wittert überall Verräter, an der Spitze des Staates zuallererst. Wie soll man der Zarin verzeihen, daß sie deutsches Blut in den Adern hat? Sie mag ihre Verbundenheit mit Rußland und der orthodoxen Kirche noch so sehr bei jeder Gelegenheit beweisen, man verdächtigt sie doch, insgeheim ihrer Herkunft treu geblieben zu sein. Die Beschuldigung, geheime Verbindungen mit dem Feind zu pflegen, trifft auch ihren spirituellen Führer Rasputin. Sehr rasch verdächtigt man beide, mit den Agenten des deutschen Kaisers in Beziehung zu stehen. Das materielle Wohlergehen des »verfluchten Muschiks«, seine kostspieligen

Gelage, sein weit gespanntes Beziehungsnetz in der Welt der Politik, das alles, heißt es, ist durch das Geld zu erklären, das er für den Verkauf von Informationen über die russischen Truppenbewegungen an Berlin erhält. Und tatsächlich hat sich Rasputin mit betrügerischen Finanzleuten und Schmarotzern umgeben, die ganz versessen darauf sind, ihm die Würmer aus der Nase zu ziehen. Aber er läßt sich nie dazu hinreißen, ein Militärgeheimnis auszuplaudern. Im übrigen hat er auch gar nicht die Fähigkeit dazu. Wenn er betrunken ist, schwadroniert er alles andere als aufschlußreich daher. Der französische Botschafter Maurice Paléologue, der ihn durch seine Spitzel beschatten läßt, kann gegen ihn nur Beschwerden wegen Grobheit und Prahlerei aufrechterhalten. Seine Schlußfolgerung ist, daß Rasputin nichts von einem Spion an sich habe, er sei vielmehr ein »Bauerntölpel, ein ungehobelter Naturbursche von krasser Unwissenheit«, der durch seine unbedachten Äußerungen die Regierungsautorität untergrabe und, ohne es zu wollen, Deutschland in die Hände arbeite.

Die geheimen Emissäre Wilhelms II. in Petrograd – und an solchen fehlt es nicht! – kolportieren die beleidigendsten Gerüchte über die Zarenfamilie und blähen sie auf, um die Moral im Hinterland zu untergraben. Wenn man den Regimegegnern glauben will, gibt es am Hof eine von Rasputin beherrschte »deutsche Partei«, deren uneingestandenes Ziel es ist, einen Separatfrieden abzuschließen. Das beweise die Tatsache, sagen sie, daß General Suchomlinow, der durch den Reichsrat verurteilte und wegen Bestechlichkeit und Hochverrats in der Peter- und Pauls-Festung gefangengesetzte ehemalige Kriegsminister, auf Verlangen des Starez freigelassen und in eine psychiatrische Heilanstalt überführt worden ist. Dieser Gnadenakt zeigt ihrer Meinung nach, daß der Gottesmann und die Zarin Verräter decken. Von da zur Überzeugung, daß sie sich anschicken, Rußlands Ehre den Teutonen zu opfern, ist nur ein kleiner Schritt, und er fällt den aufgeschreckten

Gemütern leicht. Man munkelt, es seien auf höherer Ebene bereits entsprechende Kontakte aufgenommen worden, die Familienbande zwischen der russischen und der deutschen Dynastie trügen über alle patriotischen Überlegungen den Sieg davon, Nikolaus II. könne seinem Vetter Wilhelm II. allem Anschein zum Trotz nichts abschlagen, und die Zarin, durch Rasputin angestachelt, habe die Beziehungen zum Hof ihres Heimatlandes nie abgebrochen. Gewiß, räumt man ein, der Zar sei einem solchen Abfall von der Sache der Alliierten grundsätzlich feindlich gesinnt, aber er sei in seine Frau und in den vulgären Bauern vernarrt, der sie beherrsche. Im Schatten des Thrones gebe es ein Komplott, an dem Rasputin, Alexandra Fjodorowna, Anna Wyrubowa, Stürmer und Protopopow beteiligt seien. Die Staatsangehörigen der baltischen Provinzen, die Ultramonarchisten des Reichsrats, der Heilige Synod, Finanziers und Industrielle unterstützten diese Strandräuber Rußlands in ihrer Aktion.

Die Nachrichten von der Front schüren die Polemik. Ein von General Brusilow kommandierter, großangelegter russischer Angriff, mit dem die österreichische Armee überrumpelt wurde, ist durch die Deutschen rasch aufgefangen worden. Auf den anderen Kriegsschauplätzen sind die russischen Streitkräfte unter Druck geraten oder werden zurückgedrängt. Rumänien, das an der Seite der Alliierten in den Krieg eingetreten ist, wird überrannt, ohne daß Rußland ihm zu Hilfe eilen konnte. Bestürzt erhält König Ferdinand I. von den »Mittelmächten« ein Friedensangebot. Wird er es akzeptieren? Nein, er lehnt ab. Das ist Wahnsinn. Wird jetzt nicht Nikolaus II. an der Reihe sein, um sich einem Gegner zu beugen, der überall dominiert? Was für eine Schmach fürs Vaterland!

Tatsächlich denkt der Zar nicht eine Sekunde daran, die Waffen niederzulegen. Und weder Rasputin noch Alexandra Fjodorowna raten ihm dazu. Aber für die Öffentlichkeit stellen sie weiterhin ein unauflösliches, verhängnisvolles Trio dar, des-

sen Anführer, so behaupten die falschen Eingeweihten, Rasputin ist. Er sitzt auf dem Rücken der Zarin. Und sie reitet mit
ihrem ganzen Gewicht auf den schwachen Schultern ihres
Gemahls. Dieses Bild wird zum Alptraum der Bevölkerung, in
den Städten, auf dem Land und selbst an der Front. Es zirkulieren die unwahrscheinlichsten Gerüchte über das, was sich
am Hof und im Hauptquartier zusammenbraue. Die Zensurbehörde beschränkt die Militärkommuniqués auf das strikte
Minimum. Transportprobleme und Mangel an Arbeitskräften
auf den Feldern erschweren den Nachschub. Es fehlt an
Lebensmitteln und an Brennholz. In den Straßen häufen sich
die Abfälle, streunende Hunde und verlumpte Bettler reißen
sich darum. Die Warteschlangen vor den Lebensmittelgeschäf-
ten werden immer länger. Die Fleischbänke sind leer. Der Preis
für Brot, Kartoffeln, Zucker steigt von Woche zu Woche. Es gibt
mehr und mehr Streiks, ohne bestimmten Anlaß. Ausgehun-
gerte, wütende Arbeiter protestieren gegen die Aushebung
neuer Rekruten, gegen die hohen Lebenskosten, gegen die
unerklärlichen russischen Niederlagen, gegen die Trägheit
der Regierung, gegen den Winter, der sich kalt und grau an-
kündigt.

Mehr und mehr ist unter den Liberalen von einem »schwarzen
Block« die Rede, der einen sofortigen Frieden mit Deutschland befürworte, und dem Rasputin, die Zarin, Stürmer,
Protopopow, der rechte Flügel der Duma und ein paar Ge-
schäftemacher mit Sympathien für Deutschland angehören
sollen. Ihm gegenüber, so glaubt man, stehe ein »gelber
Block«[46], derjenige der Progressisten, die eine Demokratisie-
rung des Regimes anstreben und verlangen, daß die Minister
unabhängiger von der Krone sein sollen, Rasputin entfernt
und der Krieg ehrlich und entschlossen fortgesetzt werde. Sei
es in den Salons, in den Restaurants oder in den Theater-
foyers, es haben alle denselben Namen auf der Zunge: Rasputin! Unter der Hand läßt man Fotografien des heiligen Mannes

zirkulieren – russischer Bauernkittel, zum Segen erhobene Hand, fesselnder Blick … Vertreter der Bolschewikenpartei bringen in der ganzen Stadt Karikaturen in Umlauf, auf denen die Zarin und ihr »Liebhaber« in obszönen Körperstellungen zu sehen sind. In den Kinos schreien Zuschauer, als sie in einer Wochenschau Nikolaus II. mit dem Kreuz des Heiligen Georg auf der Uniform auf der Leinwand erblicken: »Vater Zar treibt's mit Georgij, Mutter Zarin mit Grigorij!« Nach diesem Skandal wird das betreffende Bildmaterial behördlich verboten. In Hotels und Restaurants hält man es für ratsam, per Anschlagzettel bekanntzugeben: »Hier wird nicht von Rasputin gesprochen.« Die deutsche Propaganda läßt sich die Gelegenheit nicht entgehen, bei der Zivilbevölkerung das Mißtrauen und bei den Soldaten die Verwirrung zu schüren. Rasputin wird zum besten Verbündeten der feindlichen Kräfte. In Deutschland abgefaßte Schmäh- und Spottschriften führen das von den Kanonen begonnene Zermürbungsmanöver der russischen Armee zu Ende. Die Stellungen werden von Zeppelinen überflogen, auf denen ein großes Plakat zu sehen ist, das Nikolaus II. und Rasputin verhöhnt.[47]

Diese Art, die Unzufriedenheit des Volkes auszunützen, müßte dem Starez Mäßigung und Vorsicht nahelegen. Merkwürdigerweise elektrisiert sie ihn. Es ist ihm, als hätte er in der verhaßten Figur, zu der er geworden ist, endlich eine legendäre, ja mythische Dimension erreicht. Je mehr man von ihm spricht, ob gut oder schlecht, desto mehr fühlt er sich vom Wind des Ruhms getragen. Er geht nicht, er schwebt, er wiegt sich im Geraune der Beleidigungen. Dieser schwindelerregende Aufstieg muß den geheimen Absichten Gottes entsprechen. Das ist seine große Idee. Es besteht kein Grund, daß es nicht so weitergeht. Eines Tages stellt er vielleicht gar den Premier in den Schatten? Er – der einstige Lausejunge aus Pokrowskoje! Das Leben ist voll angenehmer Überraschungen für jene, die das Glück haben, Gott zu gefallen.

Und so eilt er voll Hochmut von Zecherei zu Zecherei, von einem Bett ins andre und brüstet sich überall mit der Macht, die er über Ihre Majestäten gewonnen hat. In gelösten Augenblicken vertraut er seinen Saufkumpanen an, daß Nikolaus II. ein rechtschaffener Mann mit löblichen Absichten sei, aber ein zu nachgiebiger Charakter, um regieren zu können, und daß er seiner Frau Platz machen sollte. Mit anderen Worten: ihm selbst. Ist er nicht ganz Rußland in Person? Er erklärt auch ohne zu zögern, mit seinem Verschwinden wäre das Ende der Romanow besiegelt und in Rußland bräche für eine Ewigkeit das Chaos aus. Selten hat er sich von der Geschichte so sehr auserwählt und getragen gefühlt.

Nicht nur die Deutschen lachen sich über den Skandal, den Rasputin an der Seite des Herrscherpaars auslöst, ins Fäustchen. Von seinem Zürcher Exil aus betrachtet ihn Lenin als besten Gehilfen im Kampf um die Vernichtung der russischen Armee und die proletarische Revolution, die darauf folgen wird.

Diesem rund um den Thron herum aufgestauten Groll bietet die Zarin mit einer Energie die Stirn, die an Leichtsinn grenzt. »Du kannst dir nicht vorstellen, wie mühsam das Leben hier ist«, schreibt sie am 10. November 1916 an den Zaren, »wie viele Prüfungen man ertragen muß und welcher Haß sich in dieser verdorbenen Gesellschaft Luft macht … Ach! meine Seele, ich bitte Gott, daß du spürst, welche Stütze unser Freund für uns ist. Wenn er nicht da wäre, weiß ich nicht, was aus uns würde. Er ist uns ein Fels des Glaubens und der Hilfe.« Und am 13. Dezember: »Warum verläßt du dich nicht vermehrt auf unseren Freund, der uns durch Gott den Weg zeigt? Bedenke, warum man mich haßt: das zeigt dir, daß man hart sein und den Leuten Furcht einflößen muß. Darum sei so, schließlich bist du ein Mann! Aber höre mehr auf ihn. Er lebt für dich und für Rußland … Unser Freund führt uns auf dem rechten Weg, das weiß ich. Fasse keinen wichtigen Entschluß, ohne mir

Bescheid zu sagen … Nur keine (vor der Duma) verantwortlichen Minister. Ich höre schon jahrelang immer wieder: ›Die Russen lieben die Peitsche‹. Das ist ihre Natur. Eine zärtliche Liebe und danach eine eiserne Hand zum Strafen und Regieren. Ach, ich möchte meinen Willen in deine Adern gießen! Die Heilige Jungfrau ist über dir, für dich, mit dir, denke an die Vision, die unser Freund gehabt hat!« Am nächsten Tag unternimmt sie einen neuen Vorstoß: »Sei also Peter der Große, Iwan der Schreckliche, Kaiser Paul I., zertrete sie allesamt unter deinen Füßen. Lächle nicht, garstiger Junge: so möchte ich dich sehen … Du mußt auf mich hören, nicht auf Trjepow. Laß die Duma auffliegen … Wir sind im Krieg, und in einem solchen Augenblick ist Krieg im Innern soviel wie Verrat … Erinnere dich: Selbst Monsieur Philippe[48] sagte, daß man Rußland unmöglich eine Verfassung geben könne, daß das der Untergang des Landes wäre: die echten Russen sind derselben Auffassung.«

Angesichts der Hartnäckigkeit, mit der Alexandra Fjodorowna die Welt nur mit Rasputins Augen sehen will, sprechen sich die Mitglieder der kaiserlichen Familie miteinander ab, um unter der Leitung der Zarenmutter eine wahre Sturmfront zu bilden. Maria Fjodorowna entschließt sich, ihren Sohn in Kiew aufzusuchen, um ihm zu erklären, welcher Gefahr er das Land und die Monarchie aussetze, indem er sich so blindlings den Forderungen seiner Frau und Rasputins beuge. Im Namen aller Romanows beschwört sie ihn, den Starez nach Sibirien zurückzuschicken, Stürmer und Protopopow, diese beiden Unfähigen, abzusetzen, von denen nichts als Bücklinge zu erwarten seien. Der Zar behandelt sie sehr von oben herab und verabschiedet sich von seiner Mutter, ohne ihr das leiseste Zugeständnis gemacht zu haben. Dann spricht Großfürstin Victoria, die Gattin Großfürst Kyrills, bei Alexandra Fjodorowna vor, um sie anzuflehen, sich ein für allemal von dem angeblichen Heiligen zu trennen. Sie rennt gegen eine Wand an. Auch die

*12: In der Dependance des Restaurants »Villa Rode«
fanden Rasputins Gelage statt.*

Schwester der Zarin selbst, Großfürstin Elisabeth, die Witwe Großfürst Sergejs, die ihr versichert, wenn sie auf ihrer Haltung beharre, treibe sie Rußland geradewegs in eine Revolution hinein, vermag sie nicht zur Vernunft zu bringen. Großfürst Nikolaus Michajlowitsch reist seinerseits nach Mogiljow und legt Nikolaus II. einen langen Brief vor, in dem er die zahlreichen Fälle von Einmischung der Zarin in die Staatsgeschäfte beklagt. Der Zar weigert sich, das Schreiben zu lesen, händigt es jedoch seiner Gattin aus, die sogleich außer sich gerät. Sie wirft der kaiserlichen Familie vor, mit ihren Feinden gemeinsame Sache zu machen, anstatt ihr auf ihrem Leidensweg beizustehen. Großfürst Paul, der Ihren Majestäten ebenfalls nahelegt, auf die Stimme des Volkes zu hören, den unglückseligen Muschik zu entfernen und Rußland eine weise Verfassung zu geben, erhält zur Antwort, der Zar habe als der Gesalbte des Herrn niemandem Rechenschaft abzulegen, er sei frei, seinen Rat dort zu suchen, wo er es für gut befinde, und er habe am Tag seiner Krönung geschworen, die absolute Macht zu wahren, um sie unversehrt an seine Nachkommen weiterzugeben.

Darüber informiert, daß die familiären Vorstöße ergebnislos geblieben sind, nimmt die Duma die Regierung mit scharfem Geschütz aufs Korn. Am 1. November 1916 läßt Miljukow, der Führer des progressiven Blocks, seiner Wut gleich zu Beginn der Sitzungsperiode freien Lauf: »Ist es Dummheit oder Verrat? Es wäre wahrhaftig zu viel Dummheit! Das alles läßt sich schwer nur mit Dummheit erklären!« Am 19. November tritt der Abgeordnete des rechten Flügels, Purischkjewitsch, zu einer scharfen Stellungnahme ans Rednerpult. Dann legt Innenminister Trjepow dem Parlament die allgemeine Regierungserklärung vor. Er wird mit Rufen wie »Nieder mit den Ministern! Nieder mit Protopopow!« empfangen. Ruhig und hochmütig beginnt Trjepow seine Rede. Dreimal zwingt ihn der Tumult der Linken, die Tribüne zu verlassen. Endlich läßt man ihn reden. An der Stelle, wo vom Beschluß die Rede ist, den Krieg unermüdlich weiterzuführen, wird sogar herzlich applaudiert. Die Atmosphäre scheint sich endgültig entspannt zu haben. Kaum wird die Sitzung wieder aufgenommen, beginnt Purischkjewitsch jedoch gegen die »okkulten Kräfte« zu wettern, »die Rußland entehren«. Dann appelliert er an die Regierung: »Es darf nicht mehr sein, daß die Empfehlung eines Rasputin genügt, um die verwerflichsten Leute in die höchsten Funktionen zu erheben! Rasputin ist heute gefährlicher, als es der falsche Dmitrij einst war! ... Los, die Herren Minister! Wenn Sie echte Patrioten sind, fahren Sie in die Stawka; werfen Sie sich vor dem Zaren nieder; haben Sie den Mut, ihm zu sagen, daß die Krise im Innern sich ausweiten kann, daß der Volkszorn grollt, daß die Revolution droht und daß der obskure Muschik Rußland nicht länger regieren darf.«[49] Ein paar Tage später schließt sich der Reichsrat, die Bastion des Absolutismus, dessen Mitglieder zur Hälfte vom Zaren ernannt werden, der Duma an und äußert feierlich den Wunsch, Ihre Majestät sei gegen die »Aktion der okkulten Kräfte« zu schützen.

Während die extreme Linke das Herrscherpaar zu diskreditieren sucht, um den Sturz des Regimes zu beschleunigen, träumt die extreme Rechte davon, eine kompromißlose, reine Autokratie wiederherzustellen und all jene aus dem Umkreis des Throns zu vertreiben, die der Dynastie schaden könnten. Die Anhänger dieser Richtung möchten die Duma auflösen, die Zensur verstärken, den Machtbereich der Polizei erweitern und das Standrecht einführen. Die Zarin gibt ihnen recht; der Zar schwankt. Er ist Ende November nach Zarskoje Sjelo zurückgekehrt. Bevor er wieder in die Stawka abreist, trifft er sich bei Anna Wyrubowa mit Rasputin. Er ist sorgenvoll und sagt, während er sich dem ehrfürchtig zu ihm aufblickenden Starez gegenüber in einen Sessel setzt: »Nun, Grigorij, bete mit Inbrunst; nun hat sich sogar die Natur gegen uns verschworen!«

Und dann erzählt er, daß die Schneestürme es unmöglich machen, Petrograd mit Getreide zu versorgen. Rasputin tröstet ihn mit ein paar Worten und versichert, die Schwierigkeiten der Stunde seien kein Grund für einen verfrühten Friedensschluß: Der Sieg werde dem Land gehören, das sich am unerschütterlichsten und am geduldigsten zeige. Der Zar antwortet, er teile diese Ansicht, und nach seinen Informationen fehle es in Deutschland ebenfalls an Lebensmitteln. Dann, an die Verwundeten und die Waisen denkend, seufzt Rasputin: »Man darf niemanden vergessen, denn alle haben dir ihr Liebstes gegeben!« Die Zarin, die bei dieser Unterredung zugegen ist, bekommt feuchte Augen. Wie kann man einen solchen Mann bloß hassen? Die Gottlosen, die ihn verteufeln, verdienten, gehängt zu werden! Indem er sich erhebt, um sich zu verabschieden, bittet der Zar wie gewohnt: »Grigorij, segne uns alle!« – »Heute sollst du mich segnen!« gibt der Starez zurück. Und der Kaiser segnet den Starez.[50]

Wie ein Echo auf Rasputins Worte, der riet, vor der Niederlage Deutschlands jede Art von Friedensverhandlung zu verweigern, mutet die sehr entschlossene Rede an, die Außenminister Pokrowskij vor der Duma hält: »Die Mittelmächte«, sagt Pokrowskij, »geben ihren Willen bekannt, den Krieg bis zum Endsieg weiterzuführen. Die unzähligen Opfer, die wir brachten, würden durch einen vorzeitigen Friedensschluß mit einem Feind, der erschöpft, aber noch nicht geschlagen ist, zunichte gemacht.« Die Duma klatscht Beifall. In der Öffentlichkeit ist man deswegen noch nicht beruhigt: Sich zu weigern, einen Friedensvertrag zu unterzeichnen, ist eines, den Krieg zu gewinnen, etwas anderes! Das Land leidet weiterhin unter dem Hunger, die schlechten Nachrichten von der Front und die politischen Erschütterungen setzen ihm zu. Und Alexandra Fjodorowna schreibt unerschütterlich weiter an ihren Mann, um ihm nahezulegen, die Duma spätestens bis Februar aufzulösen und sich besser nach »Vater Grigorijs« Wünschen zu richten: »Vertraue dem Rat unseres Freundes. Selbst die Kinder (die Großfürstinnen und der Zarewitsch) sehen, daß nichts gelingt, wenn wir nicht auf ihn hören, und daß sich alles zum Guten wendet, wenn wir ihm gehorchen. Unser Weg ist schmal, aber wir müssen ihm geradlinig folgen, nach Gottes und nicht nach menschlichem Willen. Man muß die Dinge nur unerschrocken und tief gläubig ins Auge fassen … Ich segne dich, ich liebe dich, ich küsse und liebkose dich unendlich, mein lieber kleiner Mann.«[51] Am nächsten Tag dringt sie weiter in ihn: »Man darf nicht sagen: ›Ich habe einen kleinen Willen.‹ Bloß, du fühlst dich schwach, du zweifelst an dir, und du neigst dazu, auf andere zu hören.«

Seit einiger Zeit hat sich mit Rasputin eine unheimliche Veränderung vollzogen. Obwohl ihn die Zarin mit Beweisen der Zärtlichkeit und der Verehrung überschüttet, fühlt er sich von Todesahnungen bedrängt. Nachdem die Zahl seiner Feinde und ihre Unfähigkeit, ihn zu vernichten, ihn zunächst nur vor Stolz fast platzen ließen, fühlt er sich plötzlich des Kampfes müde, den er ihnen jeden Tag liefert. Die kläffende Meute hinter ihm weicht ihm nicht von den Fersen. Er beginnt langsam zu glauben, daß sie ihn schließlich doch anfallen und zerfetzen wird. Während er mit Freunden zu den Klängen eines Zigeunerorchesters feiert, läßt ihm eine düstere Vorahnung das Blut in den Adern erstarren. Alles entfärbt sich rings um ihn. Der Wein schmeckt nach Asche. Die Frauen, die ihm ihre Lippen darbieten, sind lauter Blutegel. Er erhöht die Alkoholdosis, um den Schwächeanfall zu überwinden. Einmal betrunken, ist seine Angst wieder weggeschwemmt. Aber die Euphorie dauert nur eine Nacht. Kaum graut der Morgen, nagen wieder Zweifel an ihm. Sein Sekretär Aron Simanowitsch berichtet, daß er ihm in einem solchen Augenblick der Schwäche eines Abends sein für Ihre Majestäten bestimmtes Testament anvertraut habe: »Ich spüre, daß ich das Leben vor dem 1. Januar verlassen werde. Ich will das russische Volk, Papa (den Zaren), die russische Mama (die Zarin), die Kinder und das russische Land wissen lassen, was sie unternehmen müssen. Wenn ich von ganz gewöhnlichen Mördern umgebracht werde, namentlich von meinen Brüdern, den russischen Bauern, hast du, Zar von Rußland, für deine Kinder nichts zu befürchten. Sie werden während Jahrhunderten regieren. Wenn ich aber von den Bojaren, den Aristokraten umgebracht werde, und sie mein Blut vergießen, so werden ihre Hände fünfundzwanzig Jahre lang von meinem Blut befleckt sein. Sie werden Rußland verlassen müssen. Die Brüder werden sich gegen die Brüder erheben, sich gegenseitig umbringen und sich hassen, und fünfundzwanzig Jahre lang wird es im Land keinen Adel mehr geben. Zar der russischen Erde, wenn du die Glocke läuten hörst, die dir zu Ohren bringt, daß Grigorij ermordet wurde, wisse, daß wenn einer der Deinen meinen Tod verschuldet hat, keiner der Deinen, keines deiner Kinder noch mehr als zwei Jahre leben wird. Sie werden vom russischen Volk umgebracht werden … Man wird mich töten. Ich bin nicht mehr unter den Lebenden. Bete! Bete! Sei stark! Denke an deine gesegnete Familie.«[52]

Nur wenige Monate vorher hatte Rasputin, nachdem er mit seinen beiden Töchtern und der Zarenfamilie der Ostermesse beigewohnt hatte, einen Schwindelanfall erlitten und war mit einem erstickten Schrei in den Polstern der Kalesche, die ihn wegbrachte, zusammengebrochen. Man hatte sogleich vor einer Kirche angehalten. Nachdem er sich von seinem Unwohlsein erholt hatte, erklärte der Starez Maria und Warwara, die ihn erschrocken mit Fragen bestürmten: »Fürchtet euch nicht, meine Täubchen. Ich hatte bloß eine grauenhafte Vision: Meine Leiche lag in dieser Kapelle, und eine Minute lang habe ich körperlich meine Agonie empfunden … So eine Agonie! … Betet für mich, meine Lieben, meine Stunde schlägt bald.«[53]

Trotz dieser wiederholten Vorahnungen denkt er nicht daran,

Petrograd zu verlassen und in sein friedliches Pokrowskoje zurückzukehren. Selbst wenn er dem tragischen Ende, das auf ihn lauert, entgehen könnte, er würde es nicht tun. Sein Todestag ist seit seiner Geburt schon in Gottes Kalender eingetragen. So wie Christus lange vor seiner Kreuzigung wußte, welche Marter er erleiden würde, so muß auch er – denkt er mit makabrer Eitelkeit – zu einer bestimmten Stunde von bestimmter Hand getötet werden, damit sein Name auf ewig über der russischen Steppe erglänzt. Da seine Ermordung so unausweichlich ist wie die anderen Wechselfälle seines Daseins, muß er seine Tage weiter genießen, bevor er vor dem Herrn erscheint, der alles vorgesehen, alles gewollt, alles angeordnet, alles vergeben hat.

XI

DER TODESSTOSS

Während der stürmischen Dumasitzung vom 19. November 1916 sitzt ein Mann auf der Publikumsgalerie und folgt der vehementen Rede des Abgeordneten Purischkjewitsch so aufmerksam wie ein Gläubiger den Worten eines Apostelpredigers. All die gegen Rasputin, diesen infamen Beschmutzer des Herrscherpaars und Zerstörer Rußlands, ausgestoßenen Verwünschungen stacheln in ihm den Eifer des Fanatikers an. Was hier gesagt wird, hat er, weniger eloquent, schon hundertmal im Kreis seiner Freunde gesagt. Prinz Felix Felixowitsch Jusupow, neunundzwanzig Jahre, gehört einer der nobelsten und reichsten Familien des Landes an. Eine allzu behütete Kindheit hat aus ihm einen zwielichtigen, launenhaften, raffinierten, faulen und impulsiven Menschen gemacht. Seit frühester Jugend fühlt er sich zu Bildern des Lasters und des Todes hingezogen. Ein Kunstwerk braucht bloß seltsam zu sein, und schon erklärt er, es sei ihm nahe. In seinen Ansichten und in Äußerlichkeiten, wie der Frisur zum Beispiel, gibt er sich als Dandy. Als Heranwachsender gefiel sich der junge Mann mit der schlanken Gestalt, dem feinen Gesicht und dem sehnsüchtigen Blick in Frauenkleidern. Selbst jetzt kitzeln die Blicke reifer Männer, ihre Komplimente, ihre Annäherungsversuche noch seinen Stolz. Aber er verachtet deswegen die Frauen keineswegs. Bloß gehen sie ihm auf die Nerven, weil sie, aus Veranlagung oder Gewöhnung, mit tausend lächerlichen Zuvorkommenheiten bedacht sein wollen. »Gewohnt, selbst vergöttert zu werden«, wird er später schreiben, »wurde ich es bald überdrüssig, einer Frau den Hof zu machen. Tatsächlich liebte ich nur mich selbst.«[54] Seine gesellschaftliche Position erlaubt es ihm, zu seiner Homosexualität zu stehen und zugleich ein Minimum an Schicklichkeit zu wahren. Im Gegensatz zu den Ausschweifungen Rasputins sind die seinen elegant. Er verkehrt in den Zigeunerschenken so gut wie in den Aristokratenzirkeln von Petrograd und Zarskoje Sjelo. Die Großfürsten betrachten ihn als einen der Ihren. Auf ihren Bällen, ländlichen Festessen, von Musik umrahmten Abendmahlzeiten und Galavorstellungen hat er mit einem Neffen des Zaren, dem drei Jahre jüngeren Großfürsten Dmitrij Pawlowitsch, Freundschaft geschlossen. Die beiden sind ihrem Charme wechselseitig erlegen und von nun an unzertrennlich. Der Zar und die Zarin, die für Dmitrij eine tiefe Zuneigung hegen, sehen diese zweideutige Beziehung nicht gern. Das Gerücht von Jusupows Homosexualität ist bis zu ihnen gedrungen. Als dieser von einem frivol angehauchten Studienaufenthalt in Oxford zurückkehrt, scheint er entschlossener denn je, sich über die öffentliche Meinung hinwegzusetzen. Dem Zaren scheint der Augenblick gekommen, diesen Extravaganzen ein Ende zu setzen. Er verbietet Dmitrij, sich mit seinem Freund zu treffen, selbst im Versteckten, und die Zarin rät Felix, zu heiraten, was die bösen Mäuler zum Schweigen bringen würde. Zum Glück hat der junge Mann mittlerweile die schöne Prinzessin Irina Romanowa[55], eine Nichte des Zaren, kennengelernt und sich, seinen Neigungen von gestern untreu werdend, richtiggehend in sie verliebt. Er setzt auf Offenheit und macht ihr gegenüber aus seinen einstigen Vorlieben kein Hehl: Sie trägt ihm die alten Sünden nicht nach, und am 22. Februar 1914 wird mit kaiserlicher Zustimmung die Hochzeit gefeiert. Die Verbindung erweist sich entgegen allen Erwartungen als harmonisch. Der sitzengelassene Dmitrij ist gekränkt, findet sich dann aber damit ab. Felix dagegen trägt frohlockend seinen neuen Status als Ehemann zur Schau, ohne deswegen auf seine schwärmerische Vorliebe für die Subtilitäten der Kunst und den Rausch der Nichtswürdigkeit zu verzichten.

Nun hat sich aber die ganze Familie Jusupow geschlossen ins Lager der erbitterten Rasputin-Gegner gestellt. Seit Kriegsbeginn umgibt Felix eine Atmosphäre systematischer Feindseligkeit gegen den Starez und die »deutsche Partei«, die, sagt man, den Hof verseucht. Ist sein Vater, Prinz Jusupow, 1915 nicht auf Betreiben dieser Clique seines Amtes als Gouverneur von Moskau enthoben worden? Und hat die Zarin nicht unter demselben Einfluß Fürstin Sinaida Jusupowa die Tür gewiesen, als diese sie vor dem Wundertäter warnen wollte? »Ich hoffe, Sie nie wiederzusehen!«[56] hat sie ihr am Schluß ihrer Unterredung kaltschnäuzig an den Kopf geworfen. Solche Kränkungen vergißt man nicht. Von ihrem Gut auf der Krim aus, wohin sie sich zurückgezogen hat, schreibt Fürstin Sinaida an ihren Sohn und legt ihm ihren Rettungsplan für Rußland dar. Ihrer Meinung nach muß, solange der Krieg andauert, »der Verwalter (so heißt in der Geheimsprache der Jusupows der Zar) entfernt« und die »Nichteinmischung« der Zarin in die Angelegenheiten des Kaiserreichs durchgesetzt werden (Brief vom 25. November 1916[57]). Am 3. Dezember insistiert sie Felix gegenüber: »Es wird sehr einfach sein, sie (die Zarin) unschädlich zu machen, indem man sie für krank erklärt … Das ist unumgänglich, und es eilt.«[58] Was Rasputin betrifft, so gibt sie mehr oder weniger deutlich zu verstehen, daß man ihn ins Exil schicken oder physisch beseitigen müsse.

Durch die Äußerungen in seiner Familie und seinem Bekanntenkreis genährt, nimmt in Jusupows Vorstellungen allmählich der Plan eines patriotischen Mordes Gestalt an. Seine morbiden Neigungen drängen ihn mit einer gewissen Lust zu einer solchen Tat. Er kostet den Kontrast zwischen seinen mondänen Liebhabereien und dem Greuel des Mordes aus, den er begehen will. Ein als Mörder verkleideter Ästhet. Die Verbindung der Orchidee mit dem Mist. Von seiner fixen Idee besessen, macht er Politikern gegenüber Anspielungen, aber man weicht ihm vorsichtig aus. Ein Militär dagegen, Oberst Suchotin, der im Krieg verwundet wurde und sich zur Erholung in Petrograd befindet, pflichtet ihm voll und ganz bei. Er trifft sich auch mit seinem ehemaligen Freund, Großfürst Dmitrij, der soeben aus der Stawka zurückgekehrt ist. Von ihm erfährt er, daß sogar im Hauptquartier die Notwendigkeit erwogen wird, Rasputins skandalöser Karriere ein Ende zu setzen. Aber wie soll man sich bei dem unter ständigem Polizeischutz lebenden Starez Zutritt verschaffen? Der Prinz, der vor ein paar Jahren einmal mit ihm bekannt gemacht worden war, bedauert nun, nicht eine regelmäßige Beziehung zu ihm unterhalten zu haben. Wie soll man es anfangen, welchen Vorwand erfinden, um eine Unterredung herbeizuführen?

Und da erhält er einen Anruf von Fräulein Golowina, einer überzeugten Rasputin-Anhängerin, die ihm mitteilt, daß der heilige Mann ihn bei einer der nächsten Zusammenkünfte bei ihrer Mutter gerne treffen würde. Ist das nicht ein Wink des Schicksals? Jusupow frohlockt. Er bemüht sich, bei dieser »Prüfung« noch einnehmender, noch wortgewandter zu erscheinen als sonst. Rasputin fühlt sich durch seine Respektbezeigungen geschmeichelt – wo ihn doch die Aristokraten gewöhnlich verachten. Gerührt durch die Jugend, die Eleganz und gespielte Fröhlichkeit seines Gesprächspartners nennt er ihn sogleich »der Kleine«, bittet ihn, ihm Zigeunerromanzen vorzusingen und geht mit der Überzeugung nach Hause, daß er in der allernächsten Umgebung des Zaren einen neuen Verbündeten gefunden hat.

Ihr Verhältnis bekommt bald eine ungezwungene Herzlichkeit. Felix, der seine Abneigung gegen den triumphierenden Bauerntölpel unterdrückt, stattet ihm fleißig Besuche ab, zunächst bei Frau Golowina, dann in seiner Wohnung an der

Gorochowajastraße. Er muß sich überwinden und diesem Menschen, den er verabscheut, Bewunderung und Sympathie vorheucheln. Um sein Vertrauen zu gewinnen, fleht er ihn an, ihn von einer nervösen Erschöpfung zu heilen, unter der er seit ein paar Monaten leidet. Rasputin fordert ihn auf, sich auf einem Sofa hinzulegen, blickt ihm unverwandt in die Augen und streicht ihm mit der Hand leicht über die Brust. »Ich spürte eine Kraft, die in mich eindrang und mein ganzes Wesen mit Wärme durchströmte«, schreibt er später. »Ich glitt allmählich in einen Halbschlaf, als hätte man mir ein starkes Narkotikum verabreicht. Nur Rasputins Augen glänzten vor mir: zwei phosphoreszierende Strahlen, die sich bald näherten, bald von mir entfernten.«[59] Schließlich holt ihn Rasputin aus der Hypnose, indem er ihn am Ärmel zupft. Als er, noch ganz benommen, wieder auf den Beinen steht, fragt sich der Prinz, durch welches Wunder er die übernatürliche Kraft, die diesen Muschik erfüllt, wohl werde überwinden können. Rasputin dagegen scheint mit dem Ergebnis zufrieden zu sein. »Es ist Gott zu verdanken!« sagt er. »Du wirst sehen, bald wirst du dich besser fühlen.« Und er lädt ihn ein, ihn zu besuchen, so oft er will.

Bei den nächsten Malen wirft sich Rasputin, von seinem Besucher sichtlich begeistert, in die Brust, gibt absurde Sentenzen von sich und prahlt mit seiner quasi magischen Macht über das Herrscherpaar: »Ich mache keine Umstände mit ihnen; und wenn sie sich meinem Willen nicht fügen, schlage ich einmal so recht mit der Faust auf den Tisch und gehe. Dann laufen sie mir hinterher und flehen mich an zu bleiben!« Seinen Reden nach wagt ihm kein Minister die Stirn zu bieten. »Alle verdanken mir ihre Position. Wieso sollen sie mir nicht gehorchen?« Auch das weibliche Geschlecht steht unter seiner männlichen Herrschaft, behauptet er: »Die Frauen sind schlimmer als die Männer, mit ihnen muß man anfangen! So verfahre ich, wenn ich all diese Damen ins Bad mitnehme. Ich sage zu ihnen: ›Und nun zieht euch aus und wascht den Muschik.‹ Wenn sie sich zieren, habe ich sie schnell überzeugt ... und der Stolz, mein Lieber, der ist nicht von Dauer!« Und weiter: »Die Zarin ist eine überaus weise Herrscherin. Eine zweite Katharina ... Aber er, was begreift er schon? Er ist ein Unschuldslamm.« Er räumt zwar ein, daß man ihn in gewissen Kreisen haßt, erklärt sich jedoch für unbesiegbar: »Denen, die gegen mich schimpfen, wird Unheil geschehen! ... Die Aristokraten möchten mich zunichte machen, da ich ihnen den Weg versperre. Im Volk dagegen bin ich geachtet, denn mit Kaftan und groben Stiefeln bekleidet, bin ich zum Ratgeber der Herrscher geworden. Das ist Gottes Wille! Gott ist es, der mir diese Kraft gibt!« Den Krieg indes sollte man seines Erachtens so schnell wie möglich beenden. Der Starrsinn Ihrer Majestäten sei absurd. »Er (der Zar) weigert sich immerzu. Auch sie (die Zarin) will nichts davon wissen ... Wenn ich etwas befehle, sollten sie wirklich meinen Willen ausführen ... Sobald diese Frage erledigt ist, werden wir Alexandra während der Minderjährigkeit ihres Sohnes zur Regentin ernennen. Ihn schicken wir nach Livadia zur Erholung. Das wird ihn herzlich freuen!«[60] Einmal geht Rasputin im Rausch gar so weit, Felix nach Kriegsende einen Ministerposten zu versprechen. Bei diesem unsinnigen Vorschlag steht ihm der Größenwahnsinn des Trunkenbolds im Gesicht geschrieben.

Während er ihn so sieht und reden hört, spürt der Prinz, wie die Lust auf den rituellen Mord in ihm wächst. Purischkjewitsch schleudert mit seiner leidenschaftlichen Anklage vor der Duma nur noch den Funken ins Pulverfaß. Dieser Abgeordnete der extremen Rechten, ein Mann der Härte und der Gewalt, ist für seinen Kult der Monarchie, seinen abgründigen Antisemitismus und seine Angst vor revolutionären Komplotten bekannt. Er wittert überall Intrigen und Verrat. Als Verfechter des totalen Krieges begnügt er sich nicht mit Worten, er organisiert auch Krankentransporte, Truppenverbandsplätze und Kantinen für die Soldaten. Seine Angriffe gegen

Rasputin vor der gesetzgebenden Versammlung haben dem jungen Zuhörer die letzten Skrupel genommen. Am 21. November 1916 sucht Jusupow ihn in seinem Sanitätszug auf. Die beiden Männer einigen sich darauf, das »Untier« so schnell wie möglich zur Strecke zu bringen. Am nächsten Tag treffen sie sich in Jusupows Palast mit Suchotin und Großfürst Dmitrij. Felix erklärt sogleich seinen Plan: Er will Rasputin damit ködern, daß seine Frau ihn kennenlernen möchte, und ihn so in sein Haus locken. Tatsächlich ist Prinzessin Irina bei ihren Schwiegereltern auf der Krim. Das weiß Rasputin aber nicht. Immer auf weibliche Bekanntschaften erpicht, wird er der Einladung des Prinzen arglos Folge leisten. Bleibt festzulegen, wie man ihn umbringen will. Eine Schußwaffe zu gebrauchen, wäre unvorsichtig, denn Jusupows Palais steht genau dem Polizeikommissariat gegenüber, und durch die Schüsse würde unweigerlich die Polizei alarmiert. Deshalb bietet sich Gift als beste Lösung an. Dann wird es darum gehen, die Leiche verschwinden zu lassen. Nichts leichter als das: Man schlägt ein Loch ins Eis und versenkt sie in der Newa. Um sich alle Chancen zu sichern, beschließen die Verschwörer, noch jemanden mit medizinischen Kenntnissen beizuziehen, der, wenn nötig, als Fahrer dienen kann. Purischkjewitsch schlägt den Chefarzt seines Sanitätstrupps, Doktor Stanislaus Lasowert, vor. Er wird diskret befragt, willigt ein, sich an einem Attentat zu beteiligen, das Rußland retten wird, und verspricht außerdem, das Gift zu beschaffen. Die Verschwörer sind nun zu fünft: Jusupow, Suchotin, Purischkjewitsch, Großfürst Dmitrij und Lasowert. Alles Patrioten, die bereit sind, im Interesse des Staates ihren Ruf und ihre Freiheit aufs Spiel zu setzen.

Durch das bevorstehende Ereignis immer fieberhafter erregt, beschließt Felix, dem Leben des Starez in der Nacht vom 16. auf den 17. Dezember ein Ende zu machen. Bis dahin ist er jeden Abend beschäftigt. Um keinen Verdacht zu erregen, muß er bis zu dem schicksalhaften Tag weiterleben, als wäre nichts geschehen. Aber er kann sich nicht enthalten, den Abgeordneten Basilius Maklakow[61] in seine Pläne einzuweihen. Er schlägt ihm sogar vor, die Tat auszuführen. Maklakow schiebt eine bevorstehende Reise nach Moskau vor, um das Ansinnen abzulehnen, erklärt aber, er stimme dem heilsamen Unternehmen vorbehaltlos zu. Er läßt seinen Besucher einen auf seinem Arbeitstisch liegenden, mit einer Gummihülle versehenen, zwei Kilo schweren Bleiknüppel mitnehmen, eine gefährliche Waffe. Felix vertraut sich auch Dumapräsident Rodsjanko an, der wie Maklakow das Vorhaben unterstützt, eine persönliche Beteiligung jedoch ausschließt. Der Prinz fiebert wie ein Schauspieler, bevor er die Bühne betritt. Unfähig, sich zu beherrschen, schreibt er an seine Mutter und seine Frau auf der Krim, um sie andeutungsweise über die bevorstehende große Abrechnung zu informieren. Prinzessin Irina antwortet ihm: »Lieber Felix, danke für deinen wahnsinnigen Brief. Ich verstehe nur die Hälfte davon. Ich merke, daß du im Begriff bist, eine Verrücktheit zu begehen. Bitte, paß auf. Laß die Hände von schändlichen Angelegenheiten.«[62] Der rührige Purischkjewitsch hat ebenfalls Mühe, den Mund zu halten. Da er weiß, daß sein Kollege Maklakow so »denkt« wie er, will er ihn ins Vertrauen ziehen. Aber Maklakow gesteht ihm, daß er von Felix bereits alles erfahren hat und beunruhigt ist. Er alarmiert Kerenskij, den Führer der Linken. Der hat nur eine Sorge: Wird durch die Beseitigung Rasputins nicht das Prestige der Monarchie gestärkt? In der Tat – wer weiß, wie die Öffentlichkeit reagieren wird? Wer weiß, ob die Verschwörer, indem sie den Starez »liquidieren«, nicht den Sieg des Sozialismus in Frage stellen? Die »Arbeiterpartei« der Duma sieht in ihm einen unentbehrlichen Trumpf im Kampf gegen das Regime.

Unterdessen kostet Rasputin schon in Gedanken das Vergnügen aus, bei einer erlesenen Lustpartie die Frau des »Kleinen«, die bezaubernde Prinzessin Irina, kennenzulernen. Er sieht diesem Abend ebenso ungeduldig entgegen wie sein Mörder sich darauf vorbereitet. Da in Jusupows Palais gerade Reparaturarbeiten im Gange sind, wohnt Felix bei seinen Schwiegereltern. Was tut's: Er hat beschlossen, den Starez in seinem weitläufigen Familienpalast an der Mojka zu empfangen. Dafür läßt er im Kellergeschoß eigens ein geräumiges Lokal herrichten. Die niedrige Decke wird mit alten Laternen geschmückt. Zwei Kellerfenster gehen auf den Kai hinaus. Die Wände sind mit roten Wandteppichen ausgekleidet. Ein doppelter Rundbogen teilt den Raum. Auf der einen Seite ein Eßsaal mit seinem Kamin aus rötlichem Granit, in dem ein Holzfeuer lodert; auf der andern ein behaglicher Raum zum Ausruhen, ein mit Spiegeln und kleinen Säulen verzierter Intarsienschrank aus Ebenholz neben Sesseln mit hohen Rückenlehnen und einem weißen Bärenfell am Boden. Überall kostbare Möbel, Ziergegenstände, auserlesener Trödel, jedes Objekt vom Hausherrn sachkundig ausgewählt.

Am 16. Dezember abends um elf ist alles bereit. Die Dienstboten haben sich zurückgezogen, nachdem sie den Samowar, Gebäck, Flaschen und Gläser auf den Tisch gestellt haben. Lasowert zieht sich Gummihandschuhe über, zerreibt die Zyankalikristalle zu Pulver, greift auf der Platte ein paar mit rosa Sahne gefüllte Törtchen heraus, schneidet sie entzwei und streut eine kräftige Dosis Gift hinein, bevor er sie Rand auf Rand wieder zuklebt. Dann wirft er seine Handschuhe ins Feuer. Beißender Rauch entweicht dem Kamin. Hustend und fluchend hasten die fünf Männer die Wendeltreppe hoch, die in Felix' Büro führt. Da holt der Prinz aus seinem Sekretär zwei Fläschchen flüssiges Zyankali hervor. Es ist abgemacht, daß Suchotin und Purischkjewitsch den Inhalt in zwei der großen Gläser schütten werden, die auf dem Geschirrbord stehen. Das soll zwanzig Minuten nach der Abfahrt Jusupows geschehen, der Rasputin an der Gorochowajastraße abholen wird. So hat das Gift nicht Zeit zu verdunsten. Das Szenario ist bis in die

letzten Einzelheiten geregelt. Der als Fahrer verkleidete Lasowert verläßt mit dem in einen dicken Gehpelz und eine Mütze
mit Ohrenklappen eingemummten Jusupow das Haus, und sie
besteigen den Wagen.

In der Wohnung an der Gorochowajastraße versuchen unterdessen Maria und Warwara, die beiden Töchter Rasputins, die
bei ihm leben, ihren Vater zu veranlassen, auf dieses merkwürdige nächtliche Rendezvous zu verzichten. Aber er erklärt ihnen, indem er Jusupows Einladung annehme, hoffe er, dem
der Zarin feindlich gesinnten Block näherzukommen, Alexandra Fjodorowna mit ihrer Schwester Elisabeth zu versöhnen
und in der ganzen kaiserlichen Familie wieder Frieden zu stif-
ten.

»Ja, meine Täubchen, es ist alles auf dem besten Weg.« Und da
sie ihm ihre Vorbehalte gegen Felix eingestehen, der ein hin-
terhältiger, feiger und perverser Mensch sei, beruhigt er sie:
»Er ist schwach, sehr schwach. Er ist ein Sünder. Aber sein Herz
hat Reue empfunden, und er holt mich, um über seine Schwäche zu siegen und seine Gesundheit wiederherzustellen, die
alles andere als robust ist.«

Im selben Augenblick wird Felix in seinem Wagen plötzlich
von Gewissensbissen gepackt. Die Aussicht, einen Mann in sein
Haus zu locken, den umzubringen er sich geschworen hat, erschreckt ihn, als verletze er damit die Gesetze der Gastfreundschaft. Er bedauert fast, das Verbrechen unter seinem Dach
geplant zu haben. Aber er kann nicht mehr zurück. Das Automobil hält vor dem Haus des Starez an. Der Pförtner hat
Weisung erhalten, den Besucher einzulassen und ihn die
Dienstbotentreppe hinaufzuschicken. Auf dem Flur vor Rasputins Wohnung angelangt, klingelt Felix an der Tür. Rasputin
selbst erscheint. Er ist im Festanzug: ein mit blauen Kornblumen besticktes, weißes Seidenhemd, eine weite, schwarze
Samthose, himbeerroter Gürtel, neue Stiefel, Haare und Bart
kokett frisiert. »Als er auf mich zutrat«, wird Jusupow später

notieren, »schlug mir der starke Geruch einer billigen Seife entgegen, der mir bewies, welch ganz spezielle Aufmerksamkeit er an jenem Tag seiner Toilette gewidmet hatte. Ich hatte ihn noch nie so sauber und gepflegt gesehen.« Rasputin hofft, daß Jusupows Mutter, deren feindselige Einstellung er kennt, nicht an der Zusammenkunft teilnehmen wird. Felix beruhigt ihn: Nur seine Frau werde da sein; die Mutter sei auf der Krim. »Ich mag sie nicht, deine Mama«, brummt Rasputin. »Ich weiß, daß sie mich haßt. Sie ist mit Elisabeth befreundet.[63] Beide zusammen intrigieren gegen mich und bringen verleumderischen Tratsch über mich in Umlauf. Die Zarin selbst sagte mir mehrmals, sie seien meine erbittertsten Feindinnen. Heute abend kam doch auch Protopopow bei mir vorbei, und ich mußte ihm schwören, dieser Tage nicht auszugehen. ›Man wird dich umbringen‹, erklärte er mir. ›Deine Feinde wollen dir übel mitspielen!‹ Aber das wird vergebliche Mühe sein; es wird ihnen nicht gelingen; ihre Arme sind nicht lang genug … Na, genug geredet! Gehen wir!«[64] Felix hilft ihm, seine Galoschen über die Stiefel zu ziehen und einen schweren Gehpelz über die Schultern zu werfen. In diesem Aufzug erscheint ihm Rasputin noch größer und kräftiger als sonst: ein unzerstörbarer Bär. Und diesen Bär lockt er jetzt in die Falle. »Ich wurde von grenzenlosem Mitleid übermannt«, schreibt er später. »Ich fragte mich, wie ich ein so feiges Verbrechen hatte ersinnen können.«[65] Ihn verblüfft das Vertrauen, das sein künftiges Opfer ihm entgegenbringt. Wo bleibt die Hellsichtigkeit dieses Menschen, von dem man behauptet, daß er Gedanken lesen und die Zukunft vorhersagen kann? Ist er sich nicht des Schicksals bewußt, das ihn erwartet, und gleichzeitig sehnlich bestrebt, sich ihm unterwerfen, um Gottes Willen zu gehorchen? Auf der Straße muntert die kalte Luft Felix wieder auf. Lasowert, als Chauffeur verkleidet, öffnet die Wagentür. Rasputin und der Prinz setzen sich nebeneinander. Von der Gorochowajastraße zum Palais an der Mojka ist es nicht weit.

Ein paar Minuten später fährt das Automobil in den Palasthof ein und hält vor der Außentreppe an.

Auf dem Weg ins Kellergeschoß dringt den beiden Männern gedämpftes Stimmengewirr und der Klang eines Grammophons ans Ohr, das ein amerikanisches Liedchen schmettert: *Yankee Doodle*. Auch das gehört zum Programm. Da Rasputin sich wundert, erklärt ihm Felix, seine Frau habe ein paar Freunde empfangen und sei eben im Begriff, sich von ihnen zu verabschieden. Sobald alle weg seien, komme sie nach. Unterdessen werde man sich am besten ein paar Leckerbissen und ein Glas Wein zu Gemüte führen. Rasputin ist einverstanden, aber Felix ist dermaßen nervös, daß er sich irrt und ihm zuerst Gebäck anbietet, das nicht vergiftet ist. »Davon will ich keins«, sagt Rasputin. »Es ist mir zu süß!« Kurz danach streckt ihm Felix, der sich zusammengerissen hat, die Platte mit den zyankaligefüllten rosa Sahnetörtchen entgegen. Der Starez hat sich eines anderen besonnen und greift zu, einmal, ein zweites Mal. Er kaut mit Genuß und redet munter weiter. Während er doch auf der Stelle tot umfallen sollte, zeigt er nicht das leiseste Unbehagen. Über diese Widerstandsfähigkeit verblüfft, bietet ihm Felix Wein an. Aber wieder greift er fehl und gibt ihm ein nicht vergiftetes Glas. Endlich, da Rasputin sich beklagt, er habe noch Durst, gelingt es Felix, ihm den von Suchotin und Purischkjewitsch präparierten Trank zu reichen, dessen erster Schluck ihn tot umfallen lassen wird. Der Starez trinkt mit kleinen Schlucken, unbewegt, und blickt seinen Mörder mit boshaftem Schalk in den Augen an, als ob er sagen wollte: »Siehst du, du kannst machen, was du willst, du vermagst nichts gegen mich!« Kurz darauf, nachdem sein Blick auf Felix' Gitarre gefallen ist, bittet er ihn plötzlich: »Spiel mir doch was Heiteres vor. Ich höre dir so gerne zu.« – »Mir ist nicht recht danach zumute«, stammelt Felix, am Rand der Nervenkrise. Dann, als Rasputin insistiert, greift er doch zur Gitarre und stimmt eine melancholische Romanze an. Sein sehr heller Tenor erscheint ihm auf einmal falsch, unwirklich, klanglos. Erwacht er nicht bald aus diesem Delirium? Während er mit beklommenem Herzen und wirrem Kopf weitersingt, nickt Rasputin ein.

Es ist bereits halb drei Uhr früh. Im oberen Stockwerk machen die andern Verschwörer Lärm. Rasputin blickt auf, fragt, was das Gepolter zu bedeuten habe. Verwirrt versichert ihm Felix, offenbar brächen die Gäste seiner Frau jetzt auf, sie werde sicher gleich herunterkommen. Danach überläßt er den Starez seinem Rausch und eilt in sein Büro hinauf. Die Freunde stürzen ihm entgegen. »Das Gift hat nicht gewirkt!« sagt er, ganz kleinlaut. Die andern werden von Panik ergriffen. »Dabei war die Dosis kolossal! Hat er alles geschluckt?« – »Alles!« antwortet Felix. Die fünf Komplizen wechseln fassungslose Blicke. Unter diesen Umständen müssen sie dringend eine neue Strategie festlegen. Nach einer fieberhaften Diskussion, bei der jeder seine Meinung äußert, beschließen sie, alle zusammen hinunterzugehen, sich auf Rasputin zu stürzen und ihn zu erwürgen. Schon schicken sie sich an, im Gänsemarsch die Treppe hinunterzusteigen. Auf den ersten Stufen ändert Felix jedoch seine Meinung. Er handle lieber ohne fremde Hilfe, sagt er. Die andern pflichten ihm bei. Mit einer Entschlossenheit, die ihn selber erstaunt, nimmt er den Revolver von Großfürst Dmitrij an sich und kehrt allein in den Kellerraum zurück, wo der Starez, gesenkten Hauptes, schwer atmend, noch immer an seinem Platz sitzt. »Ich hab' einen schweren Kopf und ein Brennen im Magen«, stößt Rasputin hervor. Und verlangt nochmals Madeira. Nachdem er sein Glas geleert hat, wischt er sich den Bart und schlägt vor, die Nacht bei den Zigeunern zu beenden. Wie kann einer ans Schlemmen und Feiern denken, nachdem er eine Dosis Gift geschluckt hat, die einen Ochsen umbringt? Die Vergnügungssucht des Todgeweihten jagt Felix Grauen ein: Er sieht darin eine Ungeheuerlichkeit der menschlichen Natur. Er hält die Pistole hinter seinem Rücken versteckt und blickt abwechselnd auf sein Gegenüber und zu einem Kruzifix aus Bergkristall und ziseliertem Silber hinüber, das auf dem Ebenholzschrank steht. Im stillen bittet er das göttliche Wahrzeichen um Hilfe im Kampf gegen die teuflischen Kräfte, die diesen scheinbar unverwundbaren Körper am Leben erhalten. Während Rasputin ahnungslos oder unbekümmert aufsteht und sich für Details des alten Schrankes zu interessieren scheint, sagt Jusupow mit bebender Stimme: »Grigorij Jefimowitsch, es wäre besser, Sie würden das Kruzifix anschauen und ein Gebet sprechen!« Bei diesen Worten kommt ein Ausdruck der Ergebenheit und Milde in Rasputins Züge. Man könnte meinen, er habe soeben begriffen, weshalb man ihn hierhergebracht hat, und er sei einverstanden, durch die Hand seines Gastgebers zu sterben. Als würde er einem Befehl seines Opfers gehorchen, hebt Felix langsam den Revolver, zielt aufs Herz und drückt ab. Mit einem wilden Aufschrei bricht der Starez auf dem Bärenfell zusammen.

Kaum haben sie den Schuß gehört, stürzen die Freunde herbei. In ihrer Hast stoßen sie an einem Schalter an, und das Licht geht aus. Flüsternd prallen sie in der Dunkelheit gegeneinander und bleiben dann stehen, aus Angst, über die Leiche zu stolpern. Endlich hat einer den Schalter ertastet, und das Licht geht wieder an. Rasputin liegt rücklings mitten auf dem Bärenfell. Er hat die Augen geschlossen, die Hände verkrampft. Ein Blutfleck breitet sich auf seinem schönen, mit blauen Kornblumen besticktem Seidenhemd aus. Ab und zu geht ein Zucken über sein Gesicht, aber die Lider bleiben geschlossen. Bald bewegt er sich nicht mehr. Doktor Lasowert stellt fest, daß der Starez wirklich tot ist. Allgemeine Erleichterung. Die Gesichter entspannen sich, wie jene rechtschaffener Handwerker nach getaner Arbeit. Man schleppt die Leiche auf die Steinfliesen hinüber, um Blutspuren auf dem Bärenfell zu vermeiden, die den Untersuchungsbeamten ein Indiz liefern könnten. Dann steigen die fünf Verschwörer langsam wieder ins Büro hinauf. Jeder von ihnen sieht sich als Retter des Vaterlands und der Dynastie. Morgen wird ganz Rußland es ihnen danken.

Es ist drei Uhr morgens. Wie geplant sollen Suchotin und Lasowert nun Rasputins Rückkehr simulieren, um einen möglichen ersten Verdacht zu zerstreuen. Suchotin, der die Rolle des Starez zu spielen hat, wirft sich den Gehpelz des Toten über seinen Militärmantel und setzt dessen Pelzmütze auf. Lasowert schlüpft wieder in seine Fahreruniform. Dann brechen die beiden auf, gefolgt von Großfürst Dmitrij im offenen Wagen von Purischkjewitsch. Nachdem sie Rasputin zum Schein nach Hause gebracht haben, werden sie im geschlossenen Wagen des Großfürsten bloß wieder zurückfahren müssen, um die Leiche abzuholen und sie auf die Petrowskij-Insel zu transportieren.

Purischkjewitsch und Felix bleiben allein im Palast zurück, um auf die Rückkehr ihrer Komplizen zu warten. Zur Entspannung sprechen sie über Rußlands Zukunft, nachdem das Land endlich von dem Dämon befreit ist, der es verunstaltet hat. Aber Felix beschleicht plötzlich ein merkwürdiges Gefühl. Er muß noch einmal nach dem Toten sehen. Rasch läuft er wieder in den Keller hinunter. Gott sei gelobt! Der Starez liegt immer noch reglos auf den Fliesen. Für alle Fälle tastet ihm Felix nach dem Puls. Kein Pochen. Nichts. Angewidert schüttelt er den Arm, der leblos zu Boden fällt. Er will schon in sein Büro zurückkehren, als er auf dem Gesicht des Toten ein leichtes Zucken zu sehen meint. Kaum merklich hebt sich das linke Lid. Und plötzlich schlägt Rasputin die Augen auf. Zu Tode erschrocken will Felix fliehen, aber die Beine versagen ihm den Dienst. Und schon ist Rasputin auf den Füßen, mit phosphoreszierendem Blick und Schaum vor dem Mund steht er da. Er brüllt: »Felix! Felix!« Und stürzt auf ihn los, packt ihn an der Kehle. Felix, halb erstickt, scheint es, als ringe er mit dem Teufel selbst. Weder das Gift noch die Kugel haben dem ungeheuerlichen Muschik etwas anhaben können. Er ist stärker als

13: Zimmer im Palais des Fürsten Jusupow in Petrograd,
in dem am 16. 12. 1916 der Mordanschlag von Fürst Jusupow,
Dmitrij Pawlowitsch und Purischkjewitsch auf Rasputin stattfand.

der Tod. Stärker selbst als Gott. Alles ist verloren! Mit letzter
Anstrengung gelingt es Felix, sich aus der fürchterlichen Um-
klammerung zu befreien. Rasputin fällt rücklings zu Boden, in
der einen Hand hält er röchelnd das Schulterstück, das er von
der Uniform seines Mörders weggerissen hat. Sogleich stürzt
Felix die Treppe hinauf und schreit nach Purischkjewitsch, der
oben geblieben ist: »Schnell! Schnell! Kommen Sie! Er lebt
noch!«

Purischkjewitsch lädt seinen Revolver, rast die Treppe hinunter
und kommt gerade recht, um zu sehen, wie Rasputin, der aus
dem Kellerraum entwichen ist, im Hof schwerfällig auf eines
der Tore zusteuert. Genau jenes, das nicht verschlossen ist.
Taumelnd läuft der Starez davon. Er wird ihnen entkommen.
Und immer wieder röhrt er mit schrecklicher Stimme: »Felix!
Felix! Ich werde alles der Zarin erzählen!« Der inzwischen
ebenfalls herbeigeeilte Jusupow wird bei diesem Ruf von einer
Art religiöser Furcht ergriffen. Und wenn sie sich alle ge-
täuscht hätten? Wenn Rasputin wirklich ein Gottesmann wäre?
Purischkjewitsch schießt zweimal auf den Ausreißer und ver-
fehlt ihn. Wütend beißt er sich in die linke Hand, um dem Zittern Einhalt zu gebieten, das ihn befallen hat, dann zielt er
wieder. Im Rücken getroffen hält Rasputin inne. Er wankt.
Purischkjewitsch holt ihn ein, zielt auf den Kopf und drückt ab.
Diesmal bricht der Starez zusammen, kommt mit dem Gesicht
auf den Boden zu liegen. Außer sich vor Wut versetzt ihm
Purischkjewitsch einen heftigen Stiefeltritt an die Schläfe. Rasputin zuckt zusammen, robbt bäuchlings weg und bleibt
schließlich in der Nähe des Gitters endgültig liegen. Überzeugt, daß sein Opfer jetzt wirklich tot ist, eilt Purischkjewitsch
mit großen Schritten ins Haus. Felix, der die Erschießung mit-
verfolgt hat, tritt näher, mit schlotternden Knien. Er kann den
Blick nicht von dem im Schnee liegenden Körper abwenden.
Er fürchtet, er könnte sich unversehens wieder aufraffen, wie
soeben noch. Aber nein. Es ist zu Ende. Es wird für den Starez

keine dritte Auferstehung geben. Durch die Schüsse aufgeschreckt, sind inzwischen Dienstboten herbeigelaufen. Es sind Leute, denen man vertrauen kann. Sie werden nichts ausplaudern.

Felix ist vor Aufregung völlig zerschlagen. Er steigt in sein Büro hinauf, sucht das Badezimmer auf und übergibt sich. Zwischen zwei Brechreizen stammelt er mit der Stimme des Toten: »Felix! Felix!« Purischkjewitsch ist ihm gefolgt und versucht, ihn zu trösten. Aber soeben meldet der Kammerdiener, es seien zwei Polizeibeamte da, die sie zu sprechen wünschten. Sie haben die Schüsse gehört und wollen sie deswegen zur Rede stellen. Sehr selbstsicher erklärt ihnen Purischkjewitsch, er habe soeben Grigorij Rasputin umgebracht, »der den Untergang des Landes angezettelt hat«. Die Polizisten, die vom Rang der anwesenden Persönlichkeiten – ein Prinz und ein Abgeordneter! – beeindruckt sind, versprechen, den Mund zu halten, und sind sogar bereit, die Leiche in die Halle tragen zu helfen.

Nachdem sie weg sind, will Felix den Toten ein letztes Mal sehen. Beim Anblick des neben dem Eingang ausgestreckten, von Wunden übersäten Körpers, des verschwollenen Gesichts, des blutverschmierten Barts, wird er von einem jähen Irrsinn gepackt. Wie rasend läuft er in sein Büro hinauf, packt den mit einer Gummihülle versehenen Bleiknüppel, den er von Maklakow erhalten hat, kehrt um und schlägt, wieder unten, blindwütig auf Gesicht und Bauch des Toten ein. Blutbespritzt keucht er immer wieder: »Felix! Felix!« Purischkjewitsch und den Dienstboten gelingt es schließlich, ihn wegzureißen. Kaum haben sie ihn in sein Büro gebracht, verliert er das Bewußtsein.[66]

Mittlerweile sind Suchotin und Lasowert im geschlossenen Automobil zurückgekommen, um die Leiche in Empfang zu nehmen. Noch ganz aufgewühlt, erzählt ihnen Purischkjewitsch, welch unerwartetes Nachspiel dieser Mord noch gefunden hat. Sie beschließen, Felix ausruhen zu lassen, wickeln Rasputin in ein Tuch ein, laden ihn ins Auto und machen sich auf den Weg nach der Petrowskijbrücke, zwischen den Inseln Petrowskij und Krestowskij. Der Wagen hält mit ausgeschalteten Scheinwerfern dicht am Brückengeländer an. Die Verschwörer haben vor, die Leiche über die Brücke in ein vorher ausfindig gemachtes Eisloch zu werfen. Sie haben es so eilig, daß sie vergessen, den Körper zu beschweren, damit er unter Wasser bleibt. Schon haben sie ihn hochgehoben und lassen ihn übers Geländer in die kleine Newa fallen. Der Gehpelz, eine Galosche und die Mütze des Opfers, die eigentlich hätten verbrannt werden sollen, werden ebenfalls versenkt. Alles ist ausgeräumt. Alles in Ordnung. Jeder geht mit dem befriedigenden Gefühl nach Hause, seine Zeit nutzbringend verbracht zu haben. Es ist sechs Uhr dreißig in der Frühe.

Im Jusupow-Palais ist Felix in einen dumpfen Schlaf gefallen. Als er erwacht, glaubt er, aus einem Alptraum aufzutauchen. Was ist wahr, was unwahr an den Bildern, von denen er umgetrieben wird? Mit Hilfe seines Kammerdieners beseitigt er die letzten Blutspuren, die den Untersuchungsbeamten einen Hinweis auf das Drama liefern könnten. Dann denkt er sich eine plausible Erklärung für die Schüsse aus: Einer seiner Gäste hätte in betrunkenem Zustand zum Scherz auf einen Wachhund des Hauses geschossen. Auf Jusupows Befehl erschießt der Diener einen Hund, schleift ihn auf den Spuren Rasputins durch den Hof, und läßt den Kadaver dann gut sichtbar auf einem Schneehaufen liegen. Mit dieser Inszenierung zufrieden, läßt Felix die Dienstboten noch einmal versprechen, nichts von der ganzen Geschichte verlauten zu lassen. Gewaschen, rasiert, gekämmt und parfümiert hat er die Selbstsicherheit eines Grandseigneurs wiedergefunden. Beinahe würde er sich als Kriegsheld fühlen.

Seine erste Sorge ist, wieder den Palast seines Schwiegervaters, Großfürst Alexanders, aufzusuchen, wo er seit den Umbauar-

beiten in seinem eigenen Palais wohnt. Nach der überstande-
nen Schreckensnacht verlangt es ihn nach einem Tapeten-
wechsel. Sein Schwager Theodor kommt ihm entgegen. Er war
über den Mordplan informiert und hat die ganze Nacht kein
Auge zugetan. »Nun?« fragt er ängstlich. »Rasputin ist tot!«
antwortet Felix. »Aber ich kann nicht reden. Ich bin todmü-
de.« Und er läßt den verdutzten Schwager stehen, schließt sich
in sein Zimmer ein, sinkt aufs Bett und fällt sogleich in einen
bleiernen Schlaf.

XII

Die Untersuchung

Der Alarm wird von dem Polizisten Wlasjuk ausgelöst, einem der beiden Beamten, die nach den Schüssen im Palais Jusupow vorgesprochen haben. Obwohl er Felix und Purischkjewitsch versprochen hat, er werde schweigen, fühlt Wlasjuk sich verpflichtet, seinem Vorgesetzten Kaljaditsch, dem Kommissar des Mojkaviertels, Bericht zu erstatten. Man bringt ihn zum Kommandanten des zweiten Petrograder Bezirks, General Grigorjew, wo er seine Aussagen wiederholt. Ungläubig ruft der General in Rasputins Stadtwohnung an. Eine Hausangestellte antwortet, Prinz Jusupow habe ihren Herrn am Vorabend im Wagen abgeholt, und der Starez sei noch nicht zurückgekehrt. Diese Aussage wird von Rasputins Töchtern bestätigt. Grigorjew, der eine Riesenaffäre wittert, benachrichtigt der Reihe nach den Gouverneur von Petrograd, General Balk, den Chef der Ochrana, den Polizeidirektor und schließlich den Innenminister. Außer sich vor Sorge ruft Maria Rasputin ihrerseits Fräulein Golowina und Anna Wyrubowa zu Hilfe. Diese beeilen sich, der Zarin mitzuteilen, daß der Starez verschwunden sei. Alexandra Fjodorowna, ihrerseits zu Tode erschrocken, beauftragt die beiden, bei Felix nachzufragen, ob er sich letzte Nacht mit Rasputin getroffen habe. Entgegen aller Wahrscheinlichkeit streitet dieser zunächst ab. Da spricht aber General Grigorjew persönlich im Palast seines Schwiegervaters vor. Auf die höflichen Fragen seines Besuchers hat Felix eine schlagfertige Antwort parat: »Rasputin kommt nie zu mir.« Und als der andere die Revolverschüsse erwähnt, die man bis auf die Straße gehört habe, tischt er ihm die Geschichte des Hundes auf, den ein Besucher im Rausch bei ihm erschossen habe. Da konfrontiert ihn Grigorjew mit dem Geständnis Purischkjewitschs, der dem Polizisten Wlasjuk erklärte, er habe soeben Rasputin umgebracht. Unbeirrbar erwidert Felix: »Ich nehme an, daß Purischkjewitsch, der betrunken war, den Hund mit Rasputin verglich und sein Bedauern darüber ausdrücken wollte, daß nur der Hund und nicht der Starez erschossen worden sei.« Angesichts der in das Imbroglio verwickelten Prominenz sehr verlegen, tut der General, als gäbe er sich mit dieser Erklärung zufrieden, und zieht sich zurück.

Nach seinem Weggang treibt Felix Fräulein Golowina gegenüber die Kühnheit auf die Spitze, indem er sie bittet, nach Zarskoje Sjelo zu telephonieren und bei der Zarin eine Audienz für ihn zu erwirken. Er wolle sich ein für allemal vor ihr rechtfertigen, sagt er. Zuerst erhält er Nachricht, Ihre Majestät erwarte ihn. Dann, als er sich schon auf den Weg machen will, ruft ihn Anna Wyrubowa an und erklärt ihm, die Zarin habe, durch die Ereignisse erschüttert, ein Unwohlsein erlitten und sehe sich außerstande, ihn zu empfangen. Er solle sich schriftlich erklären. Daraufhin meldet man ihm, General Balk wünsche ihn auf der Polizeipräfektur zu sprechen. Er begibt sich dorthin und erfährt vom General, daß die Zarin im Palast an der Mojka eine Haussuchung angeordnet hat. Das nimmt Felix sehr übel auf. Ohne sich aus der Fassung bringen zu lassen, wendet er ein, seine Frau sei die Nichte des Zaren und das Domizil der kaiserlichen Familienmitglieder sei unantastbar. Eine derartige Maßnahme könne nicht ohne die ausdrückliche Weisung des Zaren selbst ins Auge gefaßt werden. So zurechtgewiesen, sieht Balk fürs erste von der geplanten Haussuchung ab, erklärt aber, auf eine Strafuntersuchung könne er nicht verzichten.

Das ist für Felix ein halber Sieg. Um dem Dringendsten abzuhelfen, eilt er an den Ort des Dramas zurück, um sich zu vergewissern, daß wirklich alle Spuren beseitigt sind. Bei Tageslicht sind auf der Treppe noch braune Flecken zu erkennen. Mit Hilfe seines Dieners beeilt er sich, sie wegzuputzen. Kaum haben sie die Arbeit beendet, sprechen Polizeiinspektoren im Palais vor, um die Dienstboten zu befragen. Diese haben die nötigen Instruktionen erhalten und sagen weiterhin aus, sie wüßten von nichts. Nachdem sie die Antworten schriftlich protokolliert haben, nehmen die Polizisten den Hundekadaver mit, zwecks Autopsie. Auch von dem Schneehaufen werden Blutspuren sichergestellt. Bei der Expertise wird sich bald zeigen, daß es sich um Menschenblut handelt.

Sobald die Polizisten weg sind, geht Felix mit vor Aufregung hohlem Bauch zum Mittagessen zu Dmitrij. Hier treffen bald auch zwei weitere Verschwörer ein, Suchotin und Purischkjewitsch. Gemeinsam mit ihnen verfaßt Felix einen Brief an die Zarin, in dem er nochmals die Geschichte mit dem Hund erzählt, der von einem betrunkenen Gast erschossen worden sei. »Mir fehlen die Worte«, schließt er, »um Ihrer Majestät zum Ausdruck zu bringen, wie sehr mich all das Geschehene erschüttert, und wie erstaunlich mir die gegen mich erhobenen Anschuldigungen erscheinen.« Nachdem sie das Schreiben nochmals gelesen haben, in dem Felix seine Unschuld beteuert, schwören die Komplizen, fortan an dieser Fabel festzuhalten, wie unwahrscheinlich sie auch sei. Dann bricht Purischkjewitsch auf, um mit seinem Sanitätszug an die Front zurückzufahren. Durch seine parlamentarische Immunität geschützt, hat er nichts zu befürchten.

Im Verlauf des Nachmittags spricht Felix, der dem weiteren Verlauf der Ereignisse nicht so unbesorgt entgegensieht wie Purischkjewitsch, bei Justizminister Makarow vor, um zu sehen, woran er ist. Er erzählt auch hier seine Lügengeschichte, die er schon fast auswendig kennt, so oft hat er sie den Behörden

*14: Fürst Felix Jusupow,
beteiligt an der Ermordung Rasputins, um 1916.*

schon aufgetischt. Als er zur Episode mit dem stark angeheiterten Purischkjewitsch ansetzt, der vor dem Polizisten Wlasjuk sein Geschwafel losläßt, unterbricht ihn Makarow: »Ich kenne Purischkjewitsch sehr gut; ich weiß, daß er keinen Tropfen trinkt; wenn ich mich nicht irre, ist er sogar Mitglied einer Antialkoholikervereinigung!« Einen Augenblick aus der Fassung gebracht, gibt Felix seinem Gesprächspartner zu bedenken, daß jemand, der gewöhnlich enthaltsam ist, sich bei besonderen Gelegenheiten sehr wohl eine kleine Entgleisung gestatten könne: »Er konnte es gestern nicht so leicht ablehnen, mit uns anzustoßen, denn ich weihte meine Wohnung ein«, schiebt er als Erklärung für den angeblichen Ausrutscher seines Gastes vor. Der Minister scheint sich damit zufriedengeben zu wollen und versichert ihm, wenn er es wünsche, könne er Petrograd verlassen, um zu seiner Frau zu fahren. Beruhigt nimmt sich Felix noch Zeit, seinen Onkel Rodsjanko, den Präsidenten der Duma, aufzusuchen, der in das Komplott eingeweiht ist. Dieser beglückwünscht ihn mit Polterstimme, und seine Gemahlin dankt ihm überschwenglich für die vollbrachte Glanzleistung. Als er in den Palast von Großfürst Alexander zurückkehrt, um seine Koffer zu packen (er will noch am selben Abend wegfahren), reißt ihn das Klingeln des Telephons immer wieder aus seinen Vorbereitungen heraus. Von allen Seiten rufen Freunde und Bekannte an, um ihm zu gratulieren. Er läßt sich seine Befriedigung und seinen Stolz nicht anmerken und behauptet, es sei nichts Wahres an den Gerüchten, die über ihn im Umlauf seien, er habe mit dieser makabren Angelegenheit nichts zu tun. Endlich kommt er weg und trifft gerade noch rechtzeitig am Bahnhof ein. Auf dem Bahnsteig wird er von einem Gendarmerieoberst angehalten: »Auf Befehl Ihrer Majestät, der Zarin, ist Ihnen die Ausreise aus Petrograd untersagt. Sie haben ins Palais von Großfürst Alexander zurückzukehren und bis auf weiteres dort zu bleiben.« Innerlich kochend gehorcht er. Auch Großfürst Dmitrij hat man für die Dauer der Untersuchung ohne Begründung unter Arrest gestellt.

In Zarskoje Sjelo wartet unterdessen die Zarin zu Tode verängstigt jede Minute auf eine Nachricht von dem Verschwundenen. Anna Wyrubowa, die bei ihr ist, versucht sie zu beruhigen, indem sie immer wieder beteuert, noch sei nicht alle Hoffnung verloren. Aber Alexandra Fjodorowna fürchtet das Schlimmste. Sie schreibt an ihren in der Stawka von Mogiljow zurückgehaltenen Mann: »Wir sind alle versammelt – kannst du dir unsere Gefühle, unsere Gedanken vorstellen? Unser Freund ist verschwunden. Diese Nacht gab es bei Jusupow einen großen Skandal, eine große Zusammenkunft, Dmitrij, Purischkjewitsch usw., alle betrunken. Die Polizei hat Schüsse gehört. Purischkjewitsch kam herausgerannt und schrie, unser Freund sei umgebracht worden. Jetzt sind die Polizei und die Gerichtsbeamten bei Jusupow. Ich hoffe noch auf Gottes Barmherzigkeit. Vielleicht hat man ihn nur irgendwohin weggebracht. Bitte schicke Wojejkow[67] her; wir sind nur zwei Frauen mit unseren schwachen Köpfen. Ich behalte Anna (Wyrubowa) hier, denn jetzt werden sie über sie herfallen. Ich kann, ich will nicht glauben, daß er umgebracht worden ist. Gott erbarme sich unser. Was für eine unerträgliche Angst! (Ich bin ruhig, ich kann nicht daran glauben.) Komm unverzüglich.«[68]

Je mehr Zeit vergeht, desto mehr wird die düstere Vorahnung der beiden Frauen zur Gewißheit. »Er ist ermordet worden«, schreibt Anna Wyrubowa in ihr Tagebuch. »Unter Beteiligung von Großfürst Dmitrij Pawlowitsch, das ist sicher ... Und auch von Irinas Mann (Felix Jusupow) ... Man hat die Leiche noch nicht gefunden ... Die Leiche; mein Gott, die Leiche ... Horror! Horror! Horror!« Und weiter: »Wie können sie bloß leben, seine Mörder? ... Mama (die Zarin) fiel mir weiß wie ein Blatt Papier in die Arme. Sie weinte nicht; sie zitterte am ganzen Leib. Und ich, völlig kopflos vor Schmerz, machte mich aufgeregt um sie zu schaffen. Ich hatte solche Angst. Ein solches Entsetzen in der Seele. Mich dünkte, Mama werde entweder sterben oder den Verstand verlieren.«

Da sie fürchtet, die Post werde zu langsam zugestellt, telegraphiert die Zarin an ihren Mann, wiederholt den Inhalt ihres Briefes und bittet ihn nochmals, sofort zurückzukehren. Dann holt sie aus einer Schublade ein Kruzifix hervor, das ihr der Starez geschenkt hat, drückt es an die Lippen und sagt zu Anna: »Weine nicht. Ich spüre, daß sich ein Teil der Kraft des Verstorbenen auf mich überträgt. Du siehst, ich bin die Zarin, stark und mächtig! O, ich werde es ihnen zeigen!« Und sie hängt sich Rasputins Kreuz um den Hals.

Schon am Morgen des 17. Dezember 1916 haben Arbeiter auf dem Weg über die Petrowskijbrücke auf dem Brückengeländer Blutspuren entdeckt. Sie melden ihre Beobachtung der Polizei, und am 18. Dezember in der Frühe beginnt man, an Ort und Stelle zu suchen. Die Zarin telegraphiert wieder an Nikolaus: »Ich habe in der Palastkapelle gebetet. Man hat noch keine Spur gefunden. Die polizeilichen Ermittlungen gehen weiter. Ich fürchte, daß diese beiden Elenden ein abscheuliches Verbrechen begangen haben, aber wir haben noch nicht alle Hoffnung aufgegeben. Bitte reist heute ab. Ich brauche euch so furchtbar.«

Inzwischen haben die Polizisten auf einem der Widerlager der Brücke noch weitere Blutspuren entdeckt, und unweit davon eine Galosche. Rasputins Töchter erkennen sie wieder. Sie gehörte tatsächlich ihrem Vater. Sogleich stürzt sich ein Taucher unters Eis. Vergeblich. Am 19. nehmen die Polizisten ihre Nachforschungen flußabwärts wieder auf. Zweihundert Meter weiter unten, an einer teilweise aufgetauten Stelle, lenkt ein treibender Pelzmantel ihre Aufmerksamkeit auf sich. Der Taucher springt wieder ins Wasser, und diesmal findet er unter dem dicken Eispanzer des Flusses die Leiche. Man muß das Eis aufschlagen, um den Toten zu befreien. Dann wird er ins

Militärspital von Tschesma bei Zarskoje Sjelo überführt. Maria und Warwara, die man zur Identifikation hergebeten hat, stehen schaudernd vor der gefrorenen Leiche ihres Vaters. »Sein Schädel war eingeschlagen, das Gesicht voller Prellungen«, wird Maria schreiben; »die Haare waren blutverklebt. Man hatte ihm das rechte Auge herausgeschlagen, es hing an einem Fetzen Fleisch über der Wange.«

Professor Kosorotow nimmt unverzüglich die Autopsie vor. Er stellt fest, daß eine Kugel in die Brust eingedrungen ist und Magen und Leber durchschlagen hat; eine andere, ein Rückenschuß, hat eine Niere durchbohrt; und eine dritte hat das Opfer an der Schläfe getroffen und ist ins Gehirn eingedrungen. Merkwürdig: im durchlöcherten Magen ist keine Spur von Gift festzustellen. Soll man daraus schließen, daß das dem Gebäck und dem Wein beigefügte Zyankali schon nicht mehr die nötige Frische hatte, als Rasputin es zu sich nahm, oder daß der von Lasowert gelieferte Stoff tatsächlich unwirksam war? Die Untersuchungsbeamten ergehen sich in Vermutungen. Wie auch immer, die Leiche wird in die Spitalkapelle gebracht und von einer der treuesten Anhängerinnen des Verstorbenen, der ehemaligen Nonne Akulina Laptinskaja, gewaschen und angekleidet. Nach der Totenwache gesteht sie den beiden Töchtern Rasputins, daß der Körper des ihr anvertrauten Toten mit unglaublicher Brutalität verstümmelt worden sei; man habe ihm nicht nur das Gesicht, sondern auch die Hoden zu Brei geschlagen. »Mich dünkt, ich werde nie mehr essen können«, sagt sie. Die Zarin schlägt vor, daß der Starez auf einem Anna Wyrubowa gehörenden Grundstück in der Nähe des Dorfes Alexandrowka begraben und daß so schnell wie möglich ein Denkmal für ihn errichtet werden soll.

Der am Vorabend aus der Stawka von Mogiljow zurückgekehrte Nikolaus II. gibt sich zutiefst betroffen und erklärt den beiden Töchtern Rasputins: »Euer Vater ist auf dem Weg zur Belohnung, die ihn erwartet. Und ihr bleibt nicht lange allein.

Ihr werdet meine Kinder sein, ich werde euch als Vater dienen. Ich werde für euren Lebensunterhalt aufkommen.«[69] Tatsächlich scheint ihn ein kalter Zorn gegen die Mörder und zugleich eine heimliche Erleichterung zu erfüllen, »unseren Freund« endlich losgeworden zu sein. Als dankte er dem Schicksal, das ihn, der seine Frau zu sehr liebte, um sich ihrem Willen zu widersetzen, nun von der mysteriösen Macht befreite, der sie so lange schon unterworfen war. Nach Aussage des Palastkommandanten Wojejkow hatte der Herrscher, als er die Nachricht von Rasputins Tod erfuhr, sich nicht enthalten können, mit ein paar Schritten sich die Beine zu vertreten und dazu leise vor sich hin zu pfeifen. Großfürst Paul erklärt ebenfalls, daß ihm Nikolaus II. am Tag nach der Todesnachricht erstaunlich gelassen vorgekommen sei. Auf seinem Gesicht meinte man sogar eine gewisse Heiterkeit abzulesen. Echt empört reagiert der Monarch dagegen auf ein von Großfürstin Elisabeth, der Schwester der Zarin, an Felix Jusupows Mutter, Prinzessin Sinaida, gesandtes Telegramm: »Meine Gebete und Gedanken sind mit Ihnen. Gott segne Ihren Sohn für seine patriotische Tat.«[70] Bei jeder Gelegenheit beteuert der Zar: »Ich schäme mich vor Rußland, daß meine Verwandten ihre Hände mit dem Blut dieses Muschiks befleckten!« Im Grunde empört ihn nicht der Mord an Rasputin, sondern die Tatsache, daß daran zwei Angehörige der kaiserlichen Familie beteiligt gewesen sind: Dmitrij und Felix.

In Petrograd hingegen rühmt man die Mörder für ihre Entschlossenheit. Kaum haben die Zeitungen den Tod des Starez verkündet, bricht in der Stadt der Jubel los. Man beglückwünscht sich in den Salons, auf der Straße fallen sich Unbekannte in die Arme, in den Kirchen zündet man vor der Ikone des Heiligen Dmitrij, des Schutzheiligen des »großfürstlichen Mörders«, Weihekerzen an. In den Warteschlangen vor den so karg beschickten Lebensmittelläden flüstern die Klatschweiber einander zu: »Einem Hund gehört ein Hundetod!« Da gewisse Gazetten dem gottlosen Jubel ihre Stimme leihen, verbietet die Zensur, künftig auch nur Rasputins Namen in der Presse zu erwähnen. Aber die fröhlichen Kommentare gehen weiterhin von Mund zu Mund.

Auf dem Land sind die Reaktionen gemischter. Die einfachen Leute bedauern es unverhohlen, daß »der einzige Muschik, der dem Thron nahe kam«, von den Herren umgebracht wurde. In der Tiefe der bäuerlichen Bevölkerung keimt der Gedanke an eine Verschwörung der Großen dieser Welt, die verhindern wollen, daß der Zar auf die Stimme des Volkes hört. In den Augen dieser kleinen Leute wird Rasputin, der Wüstling, zum Vorkämpfer für die Heimat der Vorväter. Mochte er auch alle Laster haben, er war doch einer der Ihren. Er hat die Seele der weltabgeschiedenen Dörfer, der grenzenlosen Weiten, der gebeugten, im Dunkeln lebenden Geschöpfe in die Paläste der Hauptstadt gebracht, und man hat ihn hingemordet. Warum? Wurde mit diesem Mord nicht Rußland selbst mitten ins Herz getroffen?

Am 21. Dezember 1916 um neun Uhr morgens begeben sich der Zar, die Zarin und ihre vier Töchter in Trauerkleidung nach Alexandrowka zum Begräbnis. Die Zarin hat Maria und Warwara Rasputin untersagt, an der Trauerfeier teilzunehmen, die zu schmerzlich für sie wäre und die Aufmerksamkeit der Journalisten auf sich zu ziehen droht. Bevor man den Sarg schloß, hat man dem Toten eine kleine Ikone auf die Brust gelegt, ein Geschenk »unseres Freundes«, auf deren Rückseite die Zarin und die Großfürstinnen ihre Unterschriften gesetzt haben. Der Hofgeistliche, Vater Wasiljew, liest vor dem offenen Grab die Gebete. In Nebel und Kälte entbieten die Zarenfamilie, Anna Wyrubowa und ein paar enge Vertraute dem Magier ihren letzten Gruß. Alexandra Fjodorowna legt einen Strauß weißer Blumen nieder und wirft die erste Handvoll Erde auf den Sarg. Leichenblaß, mit tränengeröteten Augen, sieht sie aus wie eine Witwe. Es wird erzählt, sie habe das blutverschmierte Hemd des Märtyrers angefordert, um es wie eine Reliquie aufzubewahren.

Gleich nach seiner Rückkehr aus Mogiljow hat der Zar die Anordnungen der Zarin bekräftigt. Das gegen Felix und Dmitrij erlassene Verbot, die Hauptstadt zu verlassen, wird aufrechterhalten. Die beiden stehen bis auf weiteres unter Arrest. Diese Maßnahme erscheint den meisten Verwandten des Thrones unannehmbar. Die Vertreter des Hauses Romanow tun sich zu einer Koalition zusammen, um die Aufhebung der Sanktionen zu verlangen. In ihrem Auftrag spricht Großfürst Alexander, sein Cousin und Schwager, bei Nikolaus II. vor und bittet ihn, die Untersuchung dieser Angelegenheit einstellen zu lassen. Wie es seine Gewohnheit ist, sagt der Zar weder ja noch nein. Gleich darauf wird er in einem Brief von Großfürst Paul und einem Telegramm seiner eigenen Mutter, der ehemaligen Zarin, ebenfalls gebeten, davon abzusehen, zwei dem Herzen der Dynastie so teure Schuldige vor Gericht zu ziehen. Gleichzeitig werden auch der Ministerpräsident, der Innenminister und der Justizminister von den Großfürsten belagert. Angesichts all der hochgestellten Persönlichkeiten, die einen Freispruch verlangen, fühlen sich die Regierungsleute gedrängt, das Dossier zu schließen. Sie sind um so mehr dazu geneigt, als im russischen Reichsgesetzbuch die Anklage von Mitgliedern der kaiserlichen Familie nicht vorgesehen ist. Um Großfürst Dmitrij richten zu können, müßte man ihm zuerst seinen Titel und seine Vorrechte absprechen. Und wie könnte man im Falle eines öffentlichen Prozesses vermeiden, daß durch die Enthüllung von Rasputins Schandtaten, mit denen die Mörder ihre Tat rechtfertigen, das Prestige der Monarchie besudelt würde?

Nachdem er das Für und Wider erwogen hat, findet sich Nikolaus II. schließlich damit ab, daß die Strafverfolgung gegen die Verantwortlichen eingestellt wird. Er verfügt jedoch zwei – tatsächlich harmlose – Strafmaßnahmen. Großfürst Dmitrij erhält den Befehl, sofort nach Persien aufzubrechen und sich daselbst General Baratow zur Verfügung zu stellen, der die in der Region mobilisierten Truppen befehligt. Felix dagegen wird auf das Gut von Rakitnoje in der Nähe von Kursk verbannt. Weder Purischkjewitsch noch Suchotin noch Lasowert werden bestraft.

Dmitrijs komfortables Exil löst bei den Romanows jedoch weiterhin feindselige Reaktionen aus. Man sieht darin einen neuen Beweis für Alexandra Fjodorownas rachsüchtige Haltung gegenüber den Seitenlinien der Verwandtschaft des Zaren. Großfürstin Maria Pawlowna tritt für ihren Bruder ein und fleht Nikolaus II. in einer von sechzehn Familienmitgliedern unterschriebenen Petition darum an, in Anbetracht der Jugend und der schwachen Gesundheit Dmitrijs sein Urteil rückgängig zu machen. »Der Aufenthalt in Persien wird für den Großfürsten den Tod bedeuten«, steht in dem Dokument. »Möge der Herr Ihrer Majestät nahelegen, Ihren Entscheid zu revidieren und Pardon zu gewähren.« Aber diesmal bleibt Nikolaus unerbittlich. Er schickt die Petition mit folgender Marginalie an die Absender zurück: »Niemand hat das Recht zu töten. Ich weiß, daß viele der Unterzeichneten das Gewissen plagt, denn Dmitrij Pawlowitsch ist nicht allein in diese Sache verwickelt. Ich wundere mich, daß ihr einen solchen Brief an mich gerichtet habt. Nikolaus.« Dmitrij und Felix können sich nur noch fügen. Unverzügliche Abreise. Beide werden von einem Offizier und einem hohen Polizeibeamten zum Bahnhof begleitet.

Im Zug, der ihn aus Petrograd wegträgt, gibt sich Felix trübseligen Gedanken hin. Er fühlt sich durch Ihre Majestäten ungerecht verurteilt, wo ihm doch die gute Gesellschaft nur Beifall spendet und ihn bedauert. Letzten Endes ist nicht Rasputin das Opfer, sondern er. Tatsächlich schmerzt es ihn weniger, die Hand zum Mord dieses widerlichen Menschen geboten zu haben, als sich der Lichter und Freuden der Hauptstadt beraubt zu sehen. Für wie lange? Vom monotonen Geratter der

Räder gewiegt, trauert er seinem teuren Dmitrij nach, den er so brüsk verlassen mußte, nachdem er mit ihm doch so schöne Augenblicke der Furcht, des Zweifels und der Begeisterung erlebt hat. Anstelle seines brüderlichen Gesichts sieht er nur eine verschneite Ebene vor sich, die unter dem nächtlichen Himmel hingebreitet ist, so weit das Auge reicht. »Wie viele gehegte Träume!« schreibt er später. »Wie viele enttäuschte Hoffnungen! Wann und unter welchen Umständen werden wir uns wiedersehen? Die Zukunft war düster: Ich wurde von unheilvollen Ahnungen bestürmt.«[71]

XIII

Rasputin postum

Auch durch seinen Tod ist Rasputin nicht zum Schweigen gebracht. Selbst zwischen vier Bretter eingenagelt, spukt er weiter in den Köpfen herum. Sogar jene, die sich über seine Beseitigung zunächst freuten, beginnen zu zweifeln, ob die Mörder recht hatten. In linken Kreisen fürchtet man, daß die Liberalen mit dem Versiegen dieser Skandalquelle den wunderbarsten Vorwand für ihre Attacken gegen das Regime verloren haben. Die Rechte findet, die niederträchtige Hinrichtung werfe ein schlechtes Licht auf die hohen Persönlichkeiten, die sich das Ganze ausgedacht haben. Ihre Schändlichkeit stehe derjenigen ihres Opfers nicht nach. Mit ihren gepflegten Händen und großen Namen sind sie nicht besser als der, den sie zu beseitigen beschlossen haben. Anstatt das Herrscherpaar reinzuwaschen, haben sie es mit dem Blut eines Muschiks besudelt. Noch schlimmer: Nach begangener Untat nützten sie ihre Verwandtschaft mit dem Zaren aus, um Straflosigkeit zu fordern. Und Nikolaus II., zu schwach, um gegen ihre Bitten taub zu bleiben, hat die Strafverfolgung einstellen lassen. Es gibt in Rußland also zweierlei Recht: eins für die kleinen Leute, ein anderes für die Aristokraten. Wenn die Mörder schuldig sind, einen wehrlosen Menschen hingeschlachtet zu haben, so macht sich der Zar noch schuldiger, indem er sie nicht bestraft. Er hat familiäre Erwägungen über die Achtung der Gesetze gestellt. Er ist nicht mehr der Vater der Nation, sondern der Beschützer einer Kaste. War das nicht schon seit

Beginn seiner Regierungszeit so?, lassen sich Skeptiker vernehmen.

Für viele Leute ist Rasputins Tod nicht nur eine Beleidigung Ihrer Majestäten, die ihn zu ihrem Freund gemacht hatten, er ist auch ein schlechtes Omen für die Monarchie. Rasputin hatte seine Freunde oft gewarnt, daß mit seinem Verschwinden auch das Schicksal der Dynastie besiegelt sein würde: »Wenn ich sterbe oder wenn ihr mich fallenlaßt, werdet ihr euren Sohn und die Krone verlieren, bevor sechs Monate vergangen sind.« Diese Warnung macht nun allenthalben die Runde und wird mit abergläubischer Furcht kommentiert. Rußland glaubt gern an Zeichen aus dem Jenseits. In der Masse des Volkes fragt man sich schließlich, ob der Starez nicht doch wahrhaftig ein Gesandter Gottes gewesen sei und ob die Verschwörer, indem sie ihn mit einer solchen Brutalität hinopferten, nicht zugleich den Sturz des Throns und die Kapitulation des Vaterlands in die Wege geleitet haben. In ein paar Tagen wird das Land vom Gefühl einer unmittelbar bevorstehenden Katastrophe überfallen, die noch schrecklicher sein wird als das Gemetzel im Jusupow-Palais. Ein Gefühl von Scham, von Angst und Niederlage breitet sich überall aus. Weil Rasputin nicht mehr da ist, fühlt sich, ob oben oder unten auf der sozialen Stufenleiter stehend, plötzlich jedermann bedroht. Die einen fürchten, daß Gott, über das scheußliche Verbrechen empört, sich von Rußland abwenden wird, die andern, daß der kompromittierte Zar nicht mehr imstande ist, das Reich zu regieren.

Aber wer war eigentlich dieser zugleich angebetete und geschmähte Rasputin: ein Meister der Mystifikation oder ein Magier? Diejenigen, die trotz seiner hundertfach angeprangerten Laster an ihn glauben, behaupten, er gehöre einer besonderen Gattung an und ihm stehe ein Platz im orthodoxen Martyrologium zu. Auf dieser ehrwürdigen Liste sind alle Arten von Heiligen zu finden: heilige Krieger, heilige Anachoreten und Bekehrer, Heilige der Meditation, der Ekstase, der Barmherzigkeit ... Warum sollte in dieser glorreichen Schar nicht ein heiliger Sünder Aufnahme finden? Denn Rasputin, sagen manche, ist ein wunderbares Beispiel dieser Kategorie: Er hat einen unerschütterlichen Glauben, eine oft bewiesene Heilergabe, die Fähigkeit, die Zukunft vorauszusehen ... Bloß sind diese außergewöhnlichen Qualitäten bei ihm mit einem Lebenshunger und einer Genußsucht verbunden, die im Volk, weit entfernt von aller Verdammung, vielmehr Vertrauen für ihn wecken müßten. Gerade weil er alle menschlichen Begierden kannte und mit ihnen teilte, hat der Himmel ihn als Tröster zu seinen Mitmenschen entsandt. Der heilige Sünder ist Gott lieber als die heiligen Prediger. Er rechtfertigt für sich allein schon das Erbarmen des Allerhöchsten für seine Geschöpfe.

Den Anhängern der Legende des heiligen Sünders stehen die gegenüber, die verkünden, Rasputin sei ein Scharlatan, der sich nur von materiellen Interessen habe leiten lassen. Obwohl sie ihm eine merkwürdige magnetische Macht zugestehen, sehen sie in seinem Tun nur Berechnung, Durchtriebenheit, Begierde und Liebedienerei. Für sie ist er ein Schurke, der das Vertrauen seiner allzu gutgläubigen Verehrer und vor allem seiner Verehrerinnen mißbrauchte, um sich vor der Welt aufzuspielen und seine niedrigsten Instinkte auszuleben. Nach einem kurzen Aufflackern des Mystizismus setzt sich in Rußland allmählich diese Ansicht durch. In intellektuellen Kreisen wundert man sich sogar, daß man dem Phänomen so viel Bedeutung zumessen konnte. Das läßt sich ihrer Ansicht nach nur durch den ausgesprochenen Hang des russischen Volkes erklären, an okkulte Mächte zu glauben. Die Volksseele ist tatsächlich tief empfänglich für Mysterien. Sie ist kindlich, offenherzig, spontan und irrational, den Extremen zugeneigt. Selbst die gebildeten oder sog. gebildeten Leute dürsten nach verhüllten Offenbarungen, glauben an bedeutsame Fügungen und den Einfluß der Gestirne. Ja, es gibt in dieser Zeit eine immense Naivität im Land, die mit dem Bedürfnis einhergeht, sein Schicksal in die Hände eines mit übernatürlichen Fähigkeiten begabten Hirten zu legen. Dieses Bedürfnis zeigt sich in den Salons wie in den Schlafgemächern, in Schenken wie in öffentlichen Bädern, in den sibirischen Isbas so gut wie in den Wandelgängen des Zarenpalasts. Wenn Rasputin gedeihen und seine Macht bis in mythische Dimensionen wachsen konnte, so, weil er im Volk wie im Umkreis des Throns einer spirituellen Notwendigkeit entsprach. Ohne die Verblendung der Zarin und die Schwäche des Zaren wäre er ein schwärmerischer Landstreicher geblieben, hätte, von Dorf zu Dorf pilgernd, von der öffentlichen Arglosigkeit gelebt und mit mehr oder weniger Überzeugungskraft Gottes Wort verkündet. Durch ihre Ängste als Mutter irregeführt, hat Alexandra Fjodorowna den Kult seiner Heiligkeit begründet. Von Anna Wyrubowa und ein paar anderen unterstützt, hat sie sich ihren Heiligen mit Haut und Haar erschaffen und ihn ermuntert, sich in alles einzumischen. Sie rühmte sich, seine Anhängerin zu sein, während er die Verkörperung ihrer wahnwitzigsten Träume war, der Auslöser eines Desasters, das er gerade noch voraussehen konnte, bevor er starb.

Was wird jetzt, nach seinem Tod, geschehen? Ob als wahrer oder falscher Prophet – er hat doch sein ganzes Gewicht in die Waagschale der Geschichte geworfen. Jene, die an ihn glaubten, fühlen sich verwaist und wissen nicht mehr, wem sie sich anvertrauen sollen. Jene, die ihn als Hochstapler verschrien, fragen sich, durch welches Wunder das an kollektivem Wahnsinn leidende Rußland noch gerettet werden könne. Tatsächlich hat Rußland Rasputin abgesondert wie ein Körper im Fieber Bläschen ausschlägt. In dem Zustand der moralischen Verwirrung, in dem sich seine Landsleute befanden, war sein Kommen unvermeidlich. Er war das Produkt eines ganzen Volkes, in dem der Aufruhr schwelte. Vielleicht hätte eine solche

Figur nirgendwo anders auftauchen können als in diesem unermeßlichen Land der Weiten, der Trugbilder und der Frömmigkeit.

Rasputins Witwe Praskowja trifft am 25. Dezember 1916 in Sankt Petersburg ein. Ihr Mann ist vier Tage vorher beerdigt worden. Sie sucht ihre beiden Töchter in ihrer alten Wohnung an der Gorochowajastraße auf. Aber durch die Fenster hindurch werden sie von den Nachbarn belästigt, und man beschimpft sie, sobald sie die Nase hinausstrecken. Um dem Wirbel zu entgehen, ziehen sie um. Dann, da sie vor den Schmähungen nirgends Zuflucht finden, kehren sie entmutigt nach Pokrowskoje zurück.

Nikolaus II. ist nach dem Begräbnis in die Stawka von Mogiljow zurückgekehrt. Nun regiert wieder die Zarin. Der Gedanke an Rasputin läßt sie nicht los. Sie schreibt an ihren Mann: »Unser lieber Freund betet im Jenseits für dich. Er ist uns noch so nahe! Ich glaube, daß schließlich alles gut werden wird. Darum mußt du hart sein, mein Liebling, und dich mit eiserner Faust durchsetzen!« Fast jeden Tag bringt sie Blumen auf Rasputins Grab. Und in Augenblicken des Zweifels bittet sie, seiner gedenkend, um Schutz und Rat. Innenminister Protopopow teilt ihren Glauben daran, daß der Starez beständig an ihrer Seite ist. Er zögert nicht, Tische rücken zu lassen, um den Geist des Verstorbenen anzurufen. Alexandra Fjodorowna weiß ihm Dank dafür, daß er immer ihrer, das heißt der Meinung des Starez ist, der sich von jenseits des Grabes zu Wort meldet. Sie will nicht sehen, daß der Regierungsmann, auf den sie jetzt ihre Hoffnung setzt, nicht mehr ganz bei Verstand ist. Eine nervenkranke Frau und ein verweichlichter Stümper herrschen über ein kriegführendes Land. Sie können sich weder auf die Aristokratie stützen, die sich in ihren Rechten verhöhnt fühlt, noch auf das von den Entbehrungen erschöpfte und von den Intrigen der Mächtigen angewiderte Volk. So ist die Zarin nicht nur von der Gesellschaft, sondern auch von der Familie ihres Mannes abgeschnitten. Ihre Majestäten sind völlig isoliert.

Da er fürchtet, die sich ringsum bemerkbar machende Feindseligkeit könnte die Zarin verletzen, läßt ihr Protopopow durch die Ochrana täglich Lobesbriefe schicken: »Unsere geliebte Herrscherin, Mutter und Beschützerin unseres lieben Zarewitschs, bewahren Sie uns vor den Bösen. Retten Sie Rußland!« Die Zarin läßt sich durch diese auf Bestellung verfaßten Liebesbeweise täuschen und erklärt Großfürstin Victoria[72]: »Noch vor kurzem glaubte ich, daß mich Rußland haßte. Heute bin ich eines Besseren belehrt. Ich weiß, daß mich nur die Petrograder Gesellschaft haßt, diese korrupte, gottlose Gesellschaft, die nur ans Tanzen und Dinieren denkt und sich nur um ihr Vergnügen und ihre Ehebrüche kümmert, während auf allen Seiten das Blut in Strömen fließt … Das Blut! … Das Blut! … Jetzt ist es mir eine große Besänftigung zu wissen, daß ganz Rußland, das wahre Rußland, das Rußland der einfachen Leute und der Bauern zu mir hält. Wenn ich Ihnen die Telegramme und die Briefe zeigen würde, die ich erhalte, wüßten Sie Bescheid.«[73] In ihren Gedanken wird dieses Rußland, das sie liebt, das Rußland Rasputins. Wenn sie bedenkt, daß sie zu Lebzeiten »unseres Freundes« in einer einzigen Person ganz Rußland vor Augen hatte, kann sie das entsetzliche Ausmaß ihres Verlusts um so besser ermessen. Was ihr im Leben auch zustößt, es führt sie auf ihn zurück. Ihre zugleich tyrannische, nervöse und verblendete Haltung beunruhigt ihre Umgebung. In den Wandelgängen der Duma wird immer häufiger die Möglichkeit erwogen, die Zarin in eine Anstalt einzuweisen, den Zaren abzusetzen und unter der Regentschaft von Großfürst Nikolaus Nikolajewitsch dem Zarewitsch das Zepter zu übergeben. Als man Nikolajewitsch in dieser Frage heimlich konsultiert, verlangt er eine Bedenkfrist und lehnt dann ab. Daraufhin wenden sich ein paar Abgeordnete an den jüngeren Bruder des Zaren, Michail. Namhafte Generäle schließen sich dem Komplott an. Während die Soldaten an der Front zu Tausenden für eine Sache fallen, an die sie nicht mehr glauben, wankt im Land selbst der Thron. Man weiß nicht mehr, wer auf dem Schiff das Ruder führt.

Die Lebensmittelversorgung der Hauptstadt ist unregelmäßig; die Preise klettern in die Höhe, und die Löhne bleiben zurück; die Kälte macht in den verlotterten Wohnungen, in denen die Heizung fehlt, das Elend noch schlimmer; die Nachrichten von der Front sind schlecht; es werden Lebensmittelkarten eingeführt; die Menge stürmt die leeren Läden. Schon seit Anfang Februar 1917 flackern beim geringsten Anlaß Unruhen auf. Am 23. wird von den Gewerkschaften eine Demonstration zum »Internationalen Tag der Arbeiterinnen« organisiert. Dem Umzug der Frauen schließen sich streikende und entlassene Arbeiter an und sogar Deserteure, die bis jetzt den Fahndungen entgangen sind. Die Polizei greift nicht ein. Am Tag darauf eine neue Kundgebung, an der Spitze rote Fahnen. Man singt die *Marseillaise*, brüllt: »An die Wand mit Protopopow! Nieder mit der Autokratie! Nieder mit dem Krieg! Nieder mit der deutschen Zarin!« Die Polizei treibt die Störenfriede auseinander, ein paar Verwundete bleiben zurück. Am dritten Tag nimmt der Streik besorgniserregende Ausmaße an. Er wird von der bolschewistischen Partei inszeniert. Alle Fabriken sind geschlossen. Die Polizei schießt auf die Demonstranten. Am 26. Februar, einem Sonntag, scheint sich die Stadt beruhigt zu haben, und Nikolaus II., der nicht an eine Revolution glauben mag, begnügt sich damit, dem neuen Kommandanten von Petrograd aus der Stawka folgendes Telegramm übermitteln zu lassen: »Ich erteile Befehl, ab morgen den Unruhen in der Hauptstadt ein Ende zu machen, da man sie in dieser ernsten Zeit des Krieges gegen Deutschland und Österreich nicht dulden kann.«

Am 27. Februar greift der Aufstand, weit davon entfernt, zum Erliegen zu kommen, auf die Kasernen über. Eines nach dem andern erheben sich die zaristischen Garderegimenter. Tatsächlich haben diese Soldaten nichts mehr mit den Elitetruppen gemein, die einst den Ruhm und den Fortbestand des Reiches garantierten. Es handelt sich um neu eingezogene Reservisten, vorgerückte Altersklassen, deren hauptsächliche Sorge es ist, der Entsendung an die Front zu entgehen. Alle haben den Krieg satt und pfeifen auf die Disziplin. Dem Beispiel des Regiments Pawlowskij folgend, strömen die Gardisten aus Wolhynien, Litauen, Moskau, die Regimenter von Preobrajenskij und Semionowskij ohne ihre Offiziere, ohne Fahnen hinaus auf die Straßen und fraternisieren mit dem Volk. Ihrer Macht und ihres guten Rechtes sicher, umzingeln die Rebellen die Peter- und Pauls-Festung, schließen die Türen der Gefängnisse auf, setzen den Justizpalast in Brand, stürmen das Waffenlager und verteilen Gewehre ans Volk. Bald marschiert eine rasende Menge dem Taurischen Palais entgegen, wo die in der Falle sitzenden Abgeordneten darauf gefaßt sind, daß man sie allesamt erschießt. Kerenskij läuft hinaus, redet die Aufrührer feierlich an, beglückwünscht sie und fordert sie auf, die Minister zu verhaften und alle strategischen Punkte der Innenstadt zu besetzen. Es wird auf der Stelle ein zwölf Mitglieder zählendes »provisorisches Komitee« gebildet, und sein Präsident Rodsjanko übernimmt die Aufgabe, vom Zaren die Einsetzung eines »Vertrauensministeriums« zu verlangen. Gleichzeitig tagt in einem anderen Saal des Taurischen Palais unter dem Vorsitz des hitzigen Kerenskij der erste Sowjet der Arbeiter und Soldaten.

Es gibt keine Oberhäupter mehr, keine Verbote, keine Traditionen. In fünf Tagen hat die Straße gesiegt. Die zu Tode erschrockenen Bürger hängen rote Fahnen an ihre Fenster, um das Wohlwollen des Pöbels zu gewinnen. Beschlagnahmte Automobile fahren kreuz und quer durch die Stadt, vollgepfropft mit bewaffneten, in die Luft schießenden Individuen. Auf Denunziation des Nachbarn kann jeder aus x-beliebigen

Gründen ins Gefängnis geworfen werden. Wütende Arbeiter reißen die kaiserlichen Wahrzeichen von den Fassaden der Paläste und der Läden. Es sind mehr doppelköpfige Adler auf den Gehsteigen als auf den Frontgiebeln der öffentlichen Gebäude zu finden. Die Offiziere entfernen das Zeichen des Kaisers von ihren Epauletten. Für die Soldaten ist der militärische Gruß abgeschafft worden. In den Augen der neuen Machthaber ist jede Hierarchie suspekt.

Endlich wird sich die Zarin der Gefahr bewußt und telegrafiert ihrem Mann: »Zugeständnisse unvermeidlich. Die Straßenkämpfe gehen weiter. Mehrere Einheiten sind zum Feind übergelaufen.« Diesmal sieht sich Nikolaus II. gezwungen, das Hauptquartier zu verlassen und nach Zarskoje Sjelo zurückzukehren. Aber der Zug des Zaren, der Mogiljow in der Nacht vom 28. Februar verließ, wird von zwei mit Kanonen und Maschinengewehren bewaffneten Kompanien aufgehalten, die ihm die Durchfahrt verweigern. Der Zar erwägt, nach Moskau, der Stadt seiner Krönung, zu fahren. Inzwischen erhält er jedoch die Nachricht, daß auch die zweite Hauptstadt in die Hände der Rebellen gefallen ist. In seiner Ratlosigkeit beschließt er, nach Pskow, dem Hauptquartier des von General Ruzski befehligten nordischen Heers auszuweichen. Am 1. März 1917 trifft er dort ein und muß erfahren, daß die Duma eigenmächtig die Bildung einer provisorischen Regierung beschlossen hat, mit Fürst Lwow als Präsident. General Alexejew, der Generalstabschef des Hauptquartiers von Mogiljow, der sich Stunde für Stunde über den Verlauf der Ereignisse auf dem laufenden hält, ergreift die Initiative, und schlägt den verschiedenen die Armeekorps befehligenden Generälen vor, dem Kaiser zum Wohl des Landes dringend die sofortige Abdankung nahezulegen. Ihre Antworten werden eilends nach Pskow übermittelt. Alle, auch Großfürst Nikolaus Nikolajewitsch, Vizekönig des Kaukasus, drängen darauf, daß Ihre Majestät sich dem Wunsch der höchsten Offiziere fügen und die Krone niederlegen soll. Angesichts des einstimmig vernichtenden Urteils akzeptiert Nikolaus II., niedergeschlagen, gedemütigt, den Vorschlag, zugunsten seines zwölfeinhalb Jahre alten Sohnes Alexej abzudanken. Da man ihm meldet, daß Gutschkow und Schulgin ihn aufsuchen wollen, um darüber zu reden, wartet er ihre Ankunft ab, ehe er die Abdankungsurkunde unterzeichnet, die Alexejew bereits vorbereitet hat.

Die beiden Delegierten der Duma erfüllt das Gefühl, historische Augenblicke zu erleben, als sie in Pskow eintreffen. Sie sind noch ganz von dem schrecklichen Aufruhr in Petrograd erfüllt. Nikolaus II. empfängt sie sehr gefaßt in seinem Waggon und beruhigt sie: er habe durchaus die Absicht abzudanken. Dabei hat ihm mittlerweile Doktor Fjodorow, sein Leibarzt, zu bedenken gegeben, daß die schwache Gesundheit seines Sohnes diesem kaum erlauben werde, einmal zu regieren. Der Zar dankt deshalb zugunsten seines jüngeren Bruders Michail ab. Dieser Entscheid stellt Gutschkow und Schulgin zufrieden, sie kehren mit der Gewißheit in die Hauptstadt zurück, der Verzicht des Zaren werde die Aufständischen besänftigen. Ach, weit gefehlt! Als die Delegierten am Bahnhof Petrograd aus dem Zug steigen und der versammelten Menge verkünden, daß Michail Nikolaus II. auf dem Thron folgen werde, nimmt diese ihre Erklärung mit Buhrufen auf: »Nieder mit den Romanows! Nikolaus oder Michail, das ist gehupft wie gesprungen! Alles einerlei! Schluß mit der Autokratie!« Die Duma gedenkt Großfürst Michail die Frage dennoch vorzulegen. Tatsächlich hat dieser nicht die geringste Lust, in einem Klima derartiger Wirren den Thron zu besteigen. Er zieht es vor, seinerseits zu verzichten und beugt sich offiziell der Autorität der künftigen verfassunggebenden Versammlung, die in ein paar Monaten gewählt werden soll.

Auf dem Weg zurück nach Mogiljow notiert der durch die Weigerung seines Bruders verletzte Nikolaus II. in seinem

Tagebuch: »Alles um mich herum ist nur Niedrigkeit, Feigheit und Betrügerei.« Wieder im Hauptquartier angelangt, übergibt er das Oberkommando über die Armee General Alexejew. Seine einzige Hoffnung ist jetzt, daß sein politisches Zurücktreten dem russischen Patriotismus einen neuen Auftrieb gibt und den glücklichen Ausgang des Krieges beschleunigen hilft. Die Mutter des Zaren, die aus Kiew nach Mogiljow geeilt ist, versucht ihren entthronten Sohn zu trösten. Nach einem langen, immer wieder von Seufzern und Tränen unterbrochenen Gespräch besteigt Nikolaus seinen Zug. Er tritt die Reise nach Zarskoje Sjelo an, wo er nicht mehr als Monarch, sondern als einfacher Bürger eintreffen wird. Als ein beliebiger russischer Offizier. Auf dem gegenüberliegenden Geleise steht Maria Fjodorowna tränenüberströmt am Fenster ihres Waggons und segnet ihn mit weit ausholenden Kreuzzeichen. Am 8. März 1917 richtet er eine letzte Botschaft an die Truppen und rät ihnen, sich der provisorischen Regierung zu unterwerfen und bis zum Sieg zu kämpfen.

Kaum in Zarskoje Sjelo eingetroffen, ermißt er so recht seine Einsamkeit und seine Erniedrigung. Am Gittertor weigern sich die Wachtposten, ihn passieren zu lassen, ohne den Befehl des diensthabenden Offiziers erhalten zu haben. Der erscheint auf der Außentreppe und schreit: »Wer da?« – »Nikolaus Romanow!« meldet der Posten. »Passieren lassen!« Endlich ist Nikolaus wieder mit seiner Familie vereint. Die beiden Ehegatten fallen einander in die Arme. Die Zarin flüstert zwischen zwei Schluchzern: »Verzeih mir, Nikolaus!« Er antwortet: »Ich bin's, ich selbst bin an allem schuld!«

Kaum hat Alexandra Fjodorowna in Zarskoje Sjelo ihren Mann wiedergefunden, bringt sie ein neuer Schock vollends aus der Fassung. Sie hatte aus Rasputins Wohnung ein Heiligtum zu Ehren »unseres Freundes« machen wollen. Die gewaltsamen Ereignisse hinderten sie indes, den frommen Wunsch in die Tat umzusetzen. Die provisorische Regierung bringt dem

Andenken des Gottesmannes nicht die geringste Ehrfurcht entgegen. Bald erscheint in den *Russischen Nachrichten* die lakonische Meldung: »Die Wohnung Grigorij Rasputins sowie sein ganzes Mobiliar wurde für sechzehntausend Rubel von Herrn Varenne, Besitzer des Cafés *L'Empire,* gekauft.«

Kurz darauf trifft eine weitere Schreckensmeldung im Palast von Zarskoje Sjelo ein: Nicht nur die Wohnung des Starez wurde entweiht, nun fällt man auch über seine sterblichen Überreste her. Auf einen Befehl der provisorischen Regierung gräbt eine Gruppe Soldaten Rasputins Sarg aus. Sie legen ihn in eine ursprünglich für einen Klaviertransport gebrauchte Kiste und überführen ihn nach Petrograd, wo er in einem Winkel der einstigen kaiserlichen Ställe abgestellt wird. Am nächsten Tag wird die Kiste auf einen Lastwagen verladen, der sie aus der Stadt hinausbringen soll. Kerenskij hat befohlen, die Leiche »irgendwo auf dem Land« zu begraben. Unterwegs hat der Lastwagen in der Nähe von Lesnoje im Hinterland der Hauptstadt eine Panne. Es laufen Neugierige herbei und verlangen den Inhalt der Kiste zu sehen. Der Sarg kommt zum Vorschein. Man macht ihn auf. Beim Anblick der Leiche mit dem schwarz verfärbten pergamentenen Gesicht entscheidet der Delegierte des Ständigen Ausschusses der Duma, ein gewisser Kuptschinskij, daß man sie mit Benzin überschütten und an Ort und Stelle verbrennen solle. Eine gewaltige Flamme lodert zum Himmel. Die Verbrennung auf einem improvisierten Scheiterhaufen mit ein paar in der Nähe gefällten Bäumen dauert sechs Stunden. Der Wind zerstreut die Asche. Kuptschinskij läßt ein auf den 10. März datiertes Protokoll aufnehmen, das von allen an der Einäscherung beteiligten Personen unterschrieben wird. Die Zarin sieht in dieser ruchlosen öffentlichen Verbrennung den Beweis, daß Rasputin wirklich ein Märtyrer ist, der die Verehrung künftiger Generationen verdient.

Der Zar und seine Familie sind jetzt in Gesellschaft einiger weniger Getreuer in Zarskoje Sjelo eingesperrt. Die Gefangenen dürfen nicht mit der Außenwelt Kontakt aufnehmen, und ihre Korrespondenz wird kontrolliert. Immerhin können sie in einem eigens dafür eingezäunten und von Soldaten bewachten Teil des Parks spazierengehen. Kerenskij, der ihnen seine Aufwartung macht, begegnet ihnen mit eisiger Höflichkeit. Für Nikolaus hat er immerhin das Verdienst, den Krieg an der Seite der Alliierten bis zum Ende weiterführen zu wollen. Er ist auch einer Ausreise der kaiserlichen Familie ins Ausland nicht abgeneigt. Als Exilland scheint sich England anzubieten, ist doch Nikolaus ein Vetter von König George V. In Londoner Regierungskreisen befürchtet man jedoch, daß es bei der Ankunft des Ex-Zaren auf britischem Boden zu Arbeiteraufständen kommen könnte. Außerdem ist die Zarin deutscher Herkunft. Die revolutionäre Propaganda hat das Paar in ganz Europa als Volksfeinde dargestellt. Nun sollen sie halt auf eigene Gefahr in diesem Rußland bleiben, das sie so schlecht verstanden und regiert haben!

In Zürich triumphiert Lenin. Die Fäulnis breitet sich überall aus. Kerenskij, der den gutmütigen Lwow an der Spitze der provisorischen Regierung ablöst, ist der Aufgabe nicht gewachsen. Er kann die Soldaten zur Fortsetzung des Krieges aufrufen, wie er will, er predigt über ihre Köpfe hinweg. Bei der leisesten Drohung der Aufständischen von Petrograd wird er verschwinden. Die Zeit ist reif für den Führer der Bolschewiki, ins Mutterland zurückzukehren und dem Regime den Todesstoß zu versetzen. Er beginnt in Bern mit Vertretern des deutschen Kaisers zu verhandeln und erhält mühelos die Bewilligung, mit seiner Frau und siebzehn Kampfgenossen in einem Spezialwaggon durch Deutschland nach Rußland zu reisen. Er hat ein dreifaches Ziel: die zu liberale Clique Kerenskijs stürzen, die Diktatur der Sowjets einführen und so schnell wie möglich einen Separatfrieden abschließen.

Kaum ist er im April 1917 in Petrograd eingetroffen, wo ihm

von seinen Parteigenossen ein triumphaler Empfang bereitet wird, beginnen die Kundgebungen gegen die provisorische Regierung. Anfang Juli versuchen die Bolschewiki einen Massenaufstand herbeizuführen, mit dem Ziel, die Macht an sich zu reißen. Aber die meisten führenden Köpfe werden bei Haussuchungen und vorangehenden Verhaftungen außer Gefecht gesetzt, und Lenin selbst kann seiner bevorstehenden Festnahme nur entgehen, indem er verkleidet aus der Stadt flieht und sich nach Finnland absetzt. Da Kerenskij neue subversive Manöver der Bolschewiki oder eine Wiedererstarkung der Monarchisten fürchtet, beschließt er, den Zaren und seine Familie nach Tobolsk in Sibirien abzuschieben. Am 1. August 1917 verlassen sie Zarskoje Sjelo mit dem Zug. Von Tjumen aus setzen sie die Reise auf drei Schiffen fort und fahren die Tobol hinunter. Am 5. August passiert die kleine Flotte das Dorf Pokrowskoje, den Geburtsort Rasputins. Das Haus des Starez sticht durch sein stattliches Äußeres und seine Größe aus den anderen Holzhütten hervor. Auf der Brücke versammelt, gedenken die Verbannten wehmütig des verstorbenen Freundes. Durch die Fensterscheiben seines Hauses hindurch scheint sein Geist sie in Sibirien willkommen zu heißen.

In Tobolsk wird die kaiserliche Familie mit ihrer Gefolgschaft im Haus des Provinzgouverneurs untergebracht. Aus der Garnison von Zarskoje Sjelo ist ihnen ein militärisches Sonderkommando zur Bewachung zugeteilt. Was der Zar am meisten entbehrt, sind Nachrichten. Als er aus einem mittelmäßigen, auf Packpapier gedruckten Lokalblatt erfährt, daß sich an der Front der deutsche Druck verstärkt und im Hinterland die bolschewistische Bewegung an Boden gewinnt, verzweifelt er an seinem Vaterland. Durch die anhaltenden Wirren der Straße ermutigt, ist Lenin aus Finnland zurückgekehrt und macht, von einem gewissen Trotzkij unterstützt, der provisorischen Regierung das Leben schwer. In der Nacht vom 23. auf den 24. Oktober will diese den Kampf gegen die revolutionären

Militärkomitees aufnehmen, die sich fast überall gebildet haben und mit ihren subversiven Aktionen die Verteidigung des Landes zu unterlaufen drohen. Die Bolschewiki schlagen mit einem bewaffneten Aufstand von solcher Gewalt zurück, daß Kerenskij zur Flucht gezwungen ist. Die öffentlichen Gebäude werden nacheinander gestürmt. Die im Winterpalais verschanzten Minister sehen sich in die Enge getrieben und werden unterschiedslos verhaftet. Die Provinzstädte schließen sich der Bewegung an. Selbst Moskau muß vor den Revolutionären kapitulieren. In immer rascherer Folge werden Dekrete verabschiedet: Abschaffung des Grundbesitzes, Schaffung eines ausschließlich aus Bolschewiki zusammengesetzten Rats der Volkskommissare unter dem Vorsitz Lenins, Gründung einer Staatssicherheitspolizei, der Tscheka …

Nikolaus II. erfährt vom Fall Petrograds und Moskaus, die ganz in die Hände der Bolschewiki übergegangen sind, erst am 15. November. Dann beginnt man in Brest-Litowsk über einen Separatfrieden zu verhandeln. Entsetzt muß der Ex-Zar feststellen, daß seine Abdankung nichts genützt hat. Trotz des feierlichen Versprechens, das er den Alliierten gegeben hat, entschließt sich Rußland in Schmach, Elend und Chaos zur Kapitulation. Das Thermometer ist auf 38 Grad unter Null gesunken. Man schlottert in den Zimmern. Auch die Zarin beklagt Rußlands Niedergang und fragt sich, was wohl Rasputin dazu gesagt hätte, der gegen den Krieg war und doch einsah, daß man ihn fortsetzen mußte. Aber sie ist merkwürdig sanftmütig in ihrem Unglück. Die Härten des Exils scheinen sie geläutert zu haben. Sie schreibt an Anna Wyrubowa, die in Petrograd geblieben ist: »Ich fühle mich als Mutter dieses Landes und ich leide um es wie um mein Kind, trotz all der Schrekken und Sünden. Du weißt, daß man mir die Liebe nicht aus dem Herzen reißen kann, und man kann auch Rußland nicht daraus herausreißen, seinem ganzen schnöden Undank gegen den Zaren zum Trotz.« (Brief vom 10. Dezember 1917) Und weiter: »Mein Gott, wie liebe ich mein Vaterland mit all seinen Fehlern! ... Jeden Tag lobe ich den Herrn dafür, daß er uns hier gelassen und nicht weit weg (ins Ausland) geschickt hat.« (Brief vom 13. März 1918) Kurz nach diesem letzten Brief übersiedelt die bolschewistische Regierung nach Moskau, da Petrograd für die Angriffe der Konterrevolutionäre allzu anfällig erscheint.

Nicht lange darauf trifft aus der neuen Hauptstadt ein Volkskommissar ein, Jakowljew, der den Auftrag hat, die Gefangenen an einen aus Sicherheitsgründen geheimgehaltenen Ort zu bringen. Der kleine Alexej ist jedoch krank. Es kommt nicht in Frage, mit ihm zu reisen oder ihn von seiner Mutter zu trennen. Nach schmerzlichen Verhandlungen einigt man sich auf einen Kompromiß: Alexandra Fjodorowna muß sich entschließen, mit ihrem Gatten und ihrer Tochter Maria abzureisen; die drei anderen Großfürstinnen und der Zarewitsch sollen nachkommen, sobald der Junge wieder gesund ist. Am 10. Mai endlich sind alle Familienmitglieder wieder in Jekaterinburg vereint. Das ist der Verbannungsort, den die bolschewistische Regierung für sie ausersehen hat. Hier wohnen sie im Ipatjew-Haus, benannt nach seinem Besitzer, einem wohlhabenden Kaufmann aus der Gegend. Alle ertragen den Freiheitsentzug tapfer und mit Würde. Die lächelnde Liebenswürdigkeit der jungen Mädchen, die Fröhlichkeit des Jungen, die stolze Zurückhaltung der Mutter und die Gelassenheit des Ex-Zaren beeindrucken sogar ihre Kerkermeister. Bei den Verbannten befinden sich noch ihr Leibarzt, Doktor Botkin, und vier Dienstboten. Sie werden gehalten wie in einem Gefängnis: Das Essen ist scheußlich, die neuen Wärter sind grob, die Dauer der Spaziergänge im Garten rigoros beschränkt. Jeder Tag bringt sein Maß an Demütigungen.

Während die Exilierten kein Ende ihres Martyriums absehen können, beginnt sich die Opposition gegen die Bolschewiki zu organisieren. Den Sowjets feindlich gesinnte Generäle, Alexejew, Denikin, Miller, Kutjepow, Denisow, Krasnow, rekrutieren Armeen aus »weißen« Freiwilligen, die den »roten« Truppen des Volkskommissars für Verteidigung, Trotzkij, erfolgreich von allen Seiten die Stirn bieten. In Sibirien rücken die regierungstreuen Kräfte so weit vor, daß sie bald Jekaterinburg bedrohen. Für Lenin gibt es keine Zeit zu verlieren: Der Ex-Zar darf auf keinen Fall seinen Parteigängern in die Hände fallen. Einmal befreit, würde er für die Monarchisten eine »lebende Flagge« darstellen. Mit dem Einverständnis des Präsidenten des exekutiven Zentralkomitees, Swerdlow, schickt man einen Abgesandten nach Sibirien, der die Sache an Ort und Stelle regeln soll. Ein gewisser Jurowskij wird zum Kommandanten des Ipatjew-Hauses ernannt, das man als »Haus mit Sonderbestimmung« bezeichnet. Er ist ein schwerfälliger, peinlich genau arbeitender Rohling. Darauf bedacht, sich der Aufgabe gewachsen zu zeigen, mit der die Moskau ihn betraut hat, bietet er für die »Liquidierung« ein paar Vollstrecker auf, elf zuverlässige Leute, fast alles Letten oder österreichisch-ungarische Kriegsgefangene. Dann, nachdem die Operation bis in alle Einzelheiten von der Tötung bis zur Beseitigung der Leichen geplant ist, schreitet er zur Tat.

In der Nacht vom 16. auf den 17. Juli 1918 (nach dem neuen Kalender) werden die Mitglieder der kaiserlichen Familie, Doktor Botkin und die Dienstboten brutal geweckt, und man bringt sie alle in einen unbenutzten Kellerraum hinunter. Um drei Uhr fünfzehn in der Frühe stürmen die elf Mörder in den Raum, Waffen im Anschlag, und eröffnen das Feuer. Es ist ein Blutbad. Die von Kugeln und Bajonettstichen durchlöcherten Leichen werden auf einem Lastwagen aus der Stadt hinausgefahren, mit Schwefelsäure bespritzt, mit Benzin übergossen und verbrannt. Was übrigbleibt, verscharrt man in einem Minenschacht.

Am 18. Juli teilt Swerdlow während einer gewöhnlichen Sitzung des Rats der Volkskommissare mit, Ex-Zar Nikolaus II. sei am Vorabend in Jekaterinburg hingerichtet worden. Kein Wort über das Schicksal der anderen Familienmitglieder. Im Saal protestiert niemand, und es werden keine weiteren Erklärungen verlangt. Es handelt sich nicht um ein historisches Ereignis, nur um einen Zwischenfall. Lenin, auf dessen Betreiben hin das Massaker angerichtet wurde, beantragt mit der größten Ruhe, zur Tagesordnung überzugehen.

Rasputins Vorhersage hat sich Punkt für Punkt erfüllt: Mit seinem Tod hatte auch dem russischen Reich die Stunde geschlagen. Die Romanows haben ihn, den sie zu ihrem geistigen Führer erkoren, nur um eineinhalb Jahre überlebt. Tatsächlich hatte er, im Glauben, sie zu schützen, Lenin hilfreich in die Hand gearbeitet.

Es gibt ein geheimnisvolles Band zwischen diesen beiden Männern, die äußerlich gesehen alles zu Gegnern macht. Beide sind Fanatiker: Lenin ist eine eiskalte Natur, ein berechnender, von einer fixen Idee beherrschter Theoretiker, einer, dem jedes menschliche Gefühl abgeht; Rasputin ist ein wollüstiger, allen Lastern zugeneigter Wüstling, den die Überzeugung beseelt, daß Gott ihn versteht und inspiriert. Der eine stützt sich auf die Schriften von Karl Marx, der andere auf die Bibel. Beide sind von einem maßlosen Ehrgeiz beherrscht, wobei sich der eine in einer unerbittlichen Logik und der andere in einer primitiven Frömmigkeit und den Genüssen des Fleisches gefällt. Während des Krieges freut sich Lenin über die russischen Niederlagen und wünscht Deutschlands Sieg herbei, denn er weiß, daß bei einem russischen Sieg das zaristische Regime gestärkt und idealisiert aus der Schicksalsprüfung hervorginge. Je mehr Rußland also leidet, je mehr Tote es an der Front und je mehr Unzufriedene es im Land selbst gibt, desto größer werden in seinen Augen die Chancen für die Revolution. Sein Ziel ist die Machtergreifung um jeden Preis. Rasputin dagegen war von Anfang an gegen den Krieg. Da es ihm nicht gelang, Nikolaus II. davon abzubringen, bemühte er sich, durch seinen Rat das Schlimmste zu verhüten, und betete unermüdlich für den Triumph der russischen Armee. Lenin setzte ganz auf ein Debakel, das den Sturz des Zaren, Rasputin auf einen militärischen Erfolg, der die Rettung der Monarchie herbeiführen würde.

Dabei haben beide nur das Glück des Volkes im Sinn, beide reden in seinem Namen. Rasputin sieht sich als der Fürsprecher der kleinen Leute beim Herrscher. Für ihn ist ein materieller und moralischer Erfolg nur in der Vereinigung der unbekannten Massen mit dem Zaren denkbar, unter Ausschluß der Aristokratie, die immer als Spielverderber auftrat. Lenin dagegen ruft zur Beseitigung des Zaren, zur Abschaffung des Privatbesitzes, zu einer umfassenden Diktatur der Arbeiter und Bauern auf. Rasputin träumt von einem patriarchalischen, traditionellen und mystischen Rußland, Lenin von einem noch nie dagewesenen, von den Unterdrückten von gestern regierten und entschieden atheistischen Rußland. Rasputin fühlt sich als Russe bis ins Mark, Lenin gibt sich international und hofft, daß die Revolution nach und nach auf ganz Europa übergreifen wird. Rasputin verurteilt die Herrschaft des Geldes nicht, Lenin verabscheut den Kapitalismus. Rasputin sieht die Vergangenheit als ein Vorbild, dem man nacheifern muß, indem man es durch Gerechtigkeit, Frömmigkeit und Nächstenliebe verbessert; für Lenin gilt es, mit sämtlichen alten Institutionen gründlich aufzuräumen und eine neue Welt aufzubauen, mit neuen, von Klassenvorurteilen, Reichtum und Religion befreiten Menschen.

Sie haben sich nie kennengelernt, haben wohl nicht einmal ihre Vorstellungen je miteinander konfrontiert. Der eine ein einfacher Muschik, der andere ein verbissener Intellektueller – ist ihnen die merkwürdige Konvergenz ihrer Schicksale bewußt geworden? Grundverschieden nach Herkunft, Temperament und Kultur, haben sie dennoch – jeder auf seiner Seite –

dazu beigetragen, die Festung der Autokratie zu schleifen. Rasputin brachte sie durch den Skandal seiner Anwesenheit bei Hof und seinen auf das Herrscherpaar ausgeübten Einfluß ins Wanken. Lenin vollendete das Zerstörungswerk, indem er dem Volk Glück, Wohlstand und Frieden versprach, wenn nur derjenige zu Fall gebracht sein werde, der für alles Unglück der Welt verantwortlich war: der Zar.

Rasputins Blut im Kellerraum des Jusupow-Palais hat im Blut der Romanows an den Kellerwänden des Hauses Ipatjew seine Entsprechung gefunden. Der Kreis hat sich geschlossen. Nach Jahrhunderten der Monarchie wird das russische Volk sich andere Gebieter suchen müssen, die es dienend und untertänig verehren kann. Sie werden Lenin, Stalin, Chruschtschow, Breschnjew heißen und das Dogma von der Notwendigkeit der Volksherrschaft aufrechterhalten. Für Rasputin indes werden die Revolutionäre trotz des Beitrags, den er zum Zusammenbruch des Reichs geleistet hat, nur Verachtung übrig haben.

ANMERKUNGEN

1 Eine Dekatine ist etwas größer als ein Hektar.
2 Vgl. Maria Rasputin, *Raspoutine, mon père*. (Rasputin, mein Vater). Paris 1966.
3 Ebd.
4 Vgl. Andréï Amalrik, *Raspoutine*. Paris 1982.
5 Die angegebenen Daten entsprechen denjenigen des Julianischen Kalenders, der damals in Rußland gültig war. Zu Beginn des 20. Jh. stand er dem Gregorianischen Kalender um 13 Tage nach.
6 Anastasia wird später Großfürst Nikolaus Nikolajewitsch heiraten.
7 So hieß im damaligen Rußland die gesetzgebende Versammlung.
8 Zitiert von Michel de Enden, *Raspoutine*. Paris 1976.
9 Die politische Geheimpolizei.
10 General Gwerasimow, *Tsarisme et terrorisme, Souvenirs de 1909–1912* (Zarismus und Terrorismus, Erinnerungen von 1909–1912). Paris 1934.
11 Anna Wyrubowa, *Glanz und Untergang der Romanows*. Zürich 1930.
12 Vgl. Andrej Amalrik, a.a.O.
13 Vgl. *Enquête sur la chute du régime tsariste*. Moskau 1925–29.
14 So bezeichnete man zur Zeit von Nikolaus II. die Mitglieder der Partei der Konstitutionellen Demokraten Rußlands. Sie vertraten den Standpunkt der liberalen Kreise.
15 Sophija Tjutschewa, zitiert von Andréï Amalrik, a.a.O.
16 Vgl. Andréï Amalrik, a.a.O.
17 Maria Rasputin, a.a.O.
18 Nach dem Bericht Iliodors, vgl. Andréï Amalrik, a.a.O.
19 Koseform von Grigorij.
20 Maria Rasputin, a.a.O.
21 Zugleich als Wahrsager und als Heiler wirkende Zauberpriester der Völker Sibiriens.
22 Maria Rasputin, a.a.O.
23 Zitiert von Yves Ternon, *Raspoutine, une tragédie russe*. Paris 1991. Nach Alexander Spiridowitsch, Raspoutine, 1863–1916. Paris 1930.

24 Es gibt eine merkwürdige Namensanalogie zwischen dem Kloster Ipatjew in Kostroma, wo der erste Vertreter der Dynastie der Romanow die Ankündigung seines Schicksals erhielt, und dem Ipatjew-Haus im sibirischen Jekaterinburg, wo der letzte russische Zar mit seiner Familie von den Bolschewiken ermordet werden sollte.

25 Vgl. Yves Ternon, a.a.O.

26 Nach dem Gregorianischen Kalender am 28. Juni.

27 Vgl. Andréï Amalrik, a.a.O.

28 Nach dem Gregorianischen Kalender der 3. August.

29 Schenken.

30 Vgl. Andréï Amalrik, a.a.O.

31 Erste Eisenbahnlinie Rußlands von Petrograd nach Moskau, die auf Initiative Nikolaus' I. gebaut wurde.

32 Trotz des im Prinzip für Schenken und Restaurants geltenden Verbots.

33 Die Zarin, zuweilen auch »Chefin« genannt.

34 Brief vom 22. Juni 1915.

35 Vgl. Yves Ternon, a.a.O.

36 Nach dem Krieg wurde seine Unschuld eindeutig bewiesen.

37 In der kaiserlichen Familie übliche Abkürzung für Nikolaus Nikolajewitsch.

38 Johannes Maximowitsch wird erst im Juni 1916 kanonisiert werden.

39 Vgl. Yves Ternon, a.a.O.

40 Maria Rasputin, a.a.O.

41 Vgl. Yves Ternon, a.a.O.

42 Nicht mit dem Arzt gleichen Namens zu verwechseln.

43 Vgl. Andréï Amalrik, a.a.O.

44 Brief vom 2. Mai 1916.

45 Brief vom 21. September 1916.

46 Vgl. Yves Ternon, a.a.O.

47 Ebd.

48 Der Heiler aus Lyon, der vor Rasputin die Gunst der Zarin genoß.

49 Vgl. Maurice Paléologue, *La Russie des tsars pendant la Grande Guerre.* Paris 1922.

50 Vgl. Anna Wyrubowa, a.a.O.

51 Brief vom 15. Dezember 1916.

52 Zitiert von Aron Simanowitsch, *Raspoutine;* übernommen von Yves Ternon, a.a.O.

53 Maria Rasputin, a.a.O.

54 Prinz Felix Jusupow, *Avant l'exil* (Vor dem Exil). Paris 1952.

55 Irina ist die Tochter Großfürstin Xenias, der Schwester des Zaren, und Großfürst Alexander Michajlowitschs, seines Vetters.

56 Prinz Felix Jusupow, a.a.O.

57 Ebd.

58 Ebd.
59 Ebd.
60 Prinz Felix Jusupow, *Mémoires*. Paris 1990.
61 Bruder des ehemaligen Ministers Nikolaj Maklakow.
62 Zitiert von A. De Jonge, *The Life and Times of Grigori Rasputin,* übernommen von Yves Ternon, a.a.O.
63 Die ältere Schwester der Zarin, Witwe des Großfürsten Sergej.
64 Prinz Felix Jusupow, a.a.O.
65 Ebd.
66 Die Umstände von Rasputins Tod sind hier nach den Berichten von Felix Jusupow und von Wladimir Purischkjewitsch wiedergegeben, die nur in Einzelheiten voneinander abweichen.
67 Den Palastkommandanten.
68 Brief vom 17. Dezember 1916.
69 Maria Rasputin, a.a.O.
70 Anna Wyrubowa, a.a.O.
71 Prinz Felix Jusupow, *Mémoires*. Durch die bolschewistische Revolution vertrieben, konnte Felix Jusupow 1919 aus Rußland fliehen. Er hielt sich daraufhin an verschiedenen Orten in Europa und in den Vereinigten Staaten auf, vor allem aber in Frankreich, wo er seine letzten Lebensjahre verbrachte. Im Exil veröffentlichte er seine Erinnerungen, und im Exil starb er 1967 auch. Seine Frau, Prinzessin Irina, folgte ihm drei Jahre später ins Grab.
72 Enkelin der Königin Victoria, Prinzessin von Sachsen-Coburg, nach der Scheidung von Großfürst Ernst von Hessen mit Großfürst Kyrill, einem Cousin von Nikolaus II., verheiratet.
73 Maurice Paléologue, *Alexandra Federowna. Der Roman der letzten Zarin*. Berlin 1933.

Bibliographie

Allard, Paul: *Les Raspoutine espions,* Paris 1936.

Amalrik, Andréï: *Raspoutine,* Paris 1982.

Bikov, P. M.: *Les Derniers Jours des Romanov,* Paris 1931.

Bogdanovitch: *Journal de la générale Bogdanovitch,* Paris 1926.

Bompard, Maurice: *Mon ambassade en Russie,* Paris 1937.

Botikine, Tatiana: *Au temps des tsars,* Paris 1980.

Carrière d'Encausse, Hélène: *Le Malheur russe,* Paris 1988.
  – *Lénine, la Révolution et le pouvoir,* Paris 1979.

Chambrun, Charles de: *Lettres à Marie, 1914–1917,* Paris 1941.

Decaux, Alain: *Destins fabuleux,* Paris 1987.

De Jonge, A.: *The Life and Times of Grigori Rasputin,* New York 1982.

Djanoumova, H.: *Mes rencontres avec Raspoutine,* Paris 1923.

Enden, Michel de: *Raspoutine,* Paris 1976.

Enquêtes sur la chute du régime tsariste, compte rendu sténographique des interrogatoires et dépositions faites en 1917, Moskau 1925–1929.

Eugénie de Grèce: *Le Tsarévitch, enfant martyr,* Paris 1990.

Ferrand, Jacques: *Romanoff, un album de famille* (et son complément), Paris 1989–1990.

Ferro, Marc: *La Révolution de 1917* (2 Bde.), Paris 1966–1976
  – *Nicolas II,* Paris 1990.

Fuhrmann, J.: *Rasputin, A Life,* New York 1990.

Fulop-Miller, René: *Raspoutine et les femmes,* Paris 1930.
  – *Raspoutine, la fin des tsars,* Paris 1968.

Gilliard, Pierre: *Le Tragique Destin de Nicolas II et de sa famille,* Paris 1938.

Grey, Marina: *Enquêtes sur le massacre des Romanov,* Paris 1987.
  – *Qui a tué Raspoutine?* Paris 1987.

Grunwalt, Constantin de: *Le Tsar Nicolas II,* Paris 1965.
  – *Société et civilisation russes au XIXᵉ siècle,* Paris 1975.

Guerassimov: *Tsarisme et terrorisme. Souvenirs 1909–1912,* Paris 1934.

Guillot, Rénée-Paule: *Raspoutine et les devins du tsar,* Paris 1978.

Kerenski, Alexandre: *La Révolution russe,* Paris 1928.
  – *La Vérité sur le massacre des Romanov,* Paris 1936.
  – *La Russie au tournant de l'Histoire,* Paris 1967.

Lettres de l'impératrice Alexandra Federovna à l'empereur Nicolas II (2 Bde.), Berlin 1922.

Lettres des grands-ducs à Nicolas II, Paris 1926.

Marie de Russie: *Éducation d'une princesse,* Paris 1931.

Massie, Robert K.: *Nicolas et Alexandra,* Paris 1969.

Milioukov, Seignobos et Eisenmann: *Histoire de Russie* (Band III), Paris 1932.

Mourousy, Paul: *La Confession de Raspoutine,* Monaco 1995.

Nicolas II: *Journal intime,* Paris 1915 und 1939.

Oakley, Jane: *Raspoutine,* Paris 1990.

Paléologue, Maurice: *La Russie des tsars pendant la Grande Guerre* (3 Bde.), Paris 1922.

– *Alexandra Federowna. Der Roman der letzten Zarin,* Berlin 1933.

Paley: *Souvenirs de Russie, 1916–1919,* Paris 1923.

Platnonov, S.: *Historie de la Russie,* Paris 1929.

Pourichkevitch, Vladimir: *Comment j'ai tué Raspoutine,* Paris 1924.

Radziwill, princesse Catherine: *Nicolas II., le dernier tsar,* Paris 1933.

– *La Malédicition sur les Romanov,* Paris 1934.

Rasputin, Maria: *Der Roman meines Lebens,* Stuttgart 1930.

Rodzianko, M. V.: *Le Règne de Raspoutine,* Paris 1929.

Salisbury, H.: *La Neige et la Nuit: la Révolution en marche,* Paris 1980.

Sazonov, S.: *Les Années fatales,* Paris 1927.

Simanovitch, Aron: *Raspoutine par son secrétaire,* Gallimard 1930.

Sokoloff, Nicolas: *Enquête judiciare sur l'assassinat de la famille impériale russe,* Paris 1924.

Souvorine, Alexis: *Journal intime,* Paris 1927.

Spiridovitch, Alexandre: *Les Dernières Années de la cours à Tsarkoïe Selo* (2 Bde.), 1928–1929.

– *Histoire du terrorisme russe,* Paris 1930.

– *Raspoutine, 1863–1916,* Paris 1930.

Tchoulkov, G.: *Les Derniers Tsars autocrates,* Paris 1928.

Ternon, Yves: *Raspoutine, une tragédie russe,* Paris 1967.

Trotski, Léon: *Histoire de la Révolution russe,* Bd. 1, Paris 1967.

Troyat, Henri: *Nicolas II, le dernier tsar,* Paris 1961.

Wassiliev, A. T.: *Police russe et révolution,* Paris 1936.

Witte: *Mémoires, 1849–1915,* Paris 1921.

Wyrubowa, Anna: *Glanz und Untergang der Romanows,* Leipzig 1930.

Youssoupov, prince Félix: *La Fin de Raspoutine,* Paris 1929.

– *Avant l'exil,* Paris 1952.

– *Mémoires,* Paris 1990.

BILDNACHWEIS

Alle in diesem Band enthaltenen Bilder stammen vom Archiv für Kunst und Geschichte, Berlin.

PERSONENREGISTER

INHALT